解 説
経 済 統 計
―― 日本経済分析のために ――

一橋大学経済研究所編

岩 波 書 店

はしがき

　日本でも，戦後には経済統計の蒐集が特にさかんになった．まだまだアメリカなどに比べると不十分と云わなければならないが，それでも私たち経済分析を専門にするものには応接にいとまがないくらい，経済統計の資料は次から次へと出されている．それもなまのままの数字だけでなく，なまの数字をいわば加工してこしらえているもの，たとえば物価指数とか鉱工業生産指数とかいう種類の統計は，戦後の時期に一段と進歩したように思われる．

　同時に経済統計を利用することも，今日では戦前の比ではない．政府がその政策を考えるときに広く利用するだけでなく，労働組合が賃金闘争をするにあたって統計数字にものを云わせようとすることも多いし，民間の会社でもコストの状態を動態的に比較するために，いろいろな経済統計にたよる．当然のことながら，経済学者もその研究の対象をますます実証面にむけるようになって，逆に統計の方が立ちおくれを示すような状態になってきた．このように，経済統計の発達をつうじて，ものごとがすべて客観的且つ実証的に考えられるようになってきたことは，まことに結構であるが，同時にそこには，行きすぎの危険のあることも否めない．「活字になれば，うそでもほんとになる」ということが云われるが，統計などでも小数点以下のこまかい数字までがはじきだされて而もそれが印刷されてしまうと，私たちはうっかりそれを無批判的に受けとってしまうことが多いのである．

　経済統計については，この種の危険が特に強調されねばならない．長年の伝統をもった毎年の米の収穫量の数字にしてさえも，その正確性がとかく問題となっているのである．この例などは，統計技術上の欠陥というよりは，社会制度的な理由に基づく誤差もあるけれど，主観が介入する余地のないと云われる統計技術の面でも，一義的にはきめかねることが多い．たとえば終戦直後の1946年の物価の一般的な高さは戦前（1934～36年平均）にくらべてどの程度であったかという問題にしても，その当時の日本に生活していた私たちには一つの実感ともいうべきものがあったが，数年をへだてた今日になって統計でこれを調べようと思うと，16倍という答えもあれば，46倍という答えもあり，あるいは57倍という数字もあったりして，何かの参考にしようとするとき，どれをとってよいのか分らない状態である．しかし，こうした倍率は，でたらめにはじきだされたものではない．それぞれに根拠があって特定の方法を用いた結果がこうなったのであって，経済統計もそれを加工するという段になると，技術的には非常に厄介な問題が続出してくるのである．どういう目的に使うかということと関連させて方法論をきめなければならぬばあいも

多い.

　今日のように経済統計の利用される機会が多くなればなるほど，そしてそれが重要な政策の基礎となることもまれでないことを思えばなおさらのこと，経済統計，ことに加工された経済統計の扱いは慎重であらねばならない．普通公けにされている各種の統計表には，精粗さまざまの注が付されてはいるものの，それぞれの統計がもっている特徴や制約ないしは短所などを十分に知りつつそれを利用しようとするものにとっては，必ずしも満足と云いがたいばあいが多い．

　そこで私たちは，日本の経済統計のうち，何らかの加工をとおして作られたものを中心として，1929年から最近までの統計を吟味し，それが正しく利用されるために必要なことがらを，なるべく詳しく解説する——ということを本書の目的とした．そのためには，必要に応じて私たちが新たに加工してこしらえた統計もある．また同時に，戦前と戦後との比較は，大きな社会経済的な断層を中間にもっているだけに，しばしば技術的に困難なことがあるのだが，この点をできるだけ誤りなく解決することにも留意した．本書は以上のような目的をもったものであるから，新しい統計を真先に掲載するということよりは，採用した統計を厳選したことと，説明の部分に特に力を入れたこととが主眼である．

　本書中の項目は，原則として国民所得の流れに即応して配列した．説明の部分は「利用上の注意」と「解説」と「参考」とに分けられてある．「利用上の注意」の欄は，読んで字のごとくであるが，必要に応じて当該統計の加工方法を同時にそこで説明したばあいもある．読者は，ここに掲げた統計を利用されるようなばあい，是非この欄は読んでいただきたい．「解説」の欄は，それぞれの統計の動きぐあいが何を意味するかという点について出来うる限りこれを客観的に説明することを試みたものであり，その理解のために役立つような補助的統計をここに載録したばあいもある．「参考」の欄では，主として外国の類似統計との比較や参考文献を扱った．なお，本書にはさらに改善すべき余地があることはいうまでもないが，これらは後日を期して次第に完璧なものに近づけたいと思っている．

　本書は一橋大学経済研究所の設立十周年記念事業としてはじめられ，研究所の全員がこれに参与した．作業の途中においては，関係官庁の統計部門の方々や，その他各方面に大変お世話になった．ここにいちいち御名前を挙げることは控えるが，私たちは，おしなべて，統計業務という地味な縁の下の力持ち的仕事に日夜たずさわっておられる方々のすべてに，心から感謝したい．なお研究調査の過程において，私たちは，昭和26年度，27年度と両年にわたって，文部省科学試験研究費による補助をうけたし，また本書刊行のためには東京商科大学奨学財団の理解ある援助をうけた．更にはこのような書物の出版にさいしてつきものの細微で骨のおれる仕事は，岩波

書店の係りの方々の根気と努力なくしては成就しえなかっただろう．これらのすべてにたいして私たちは，この機会に謝意を表したい．

 1953 年 3 月

一橋大学経済研究所長
都 留 重 人

目　次

- A　国　民　所　得 1
  - A-1　国民所得の変動 4
  - A-2　生産国民所得 6
  - A-3　分配国民所得 10
  - A-4　所得分布の変遷 12
  - A-5　国民総生産額の支出構造 14
  - A-6-a　民間国内総資本形成 16
    ——資金調達面からの推計
  - A-6-b　民間国内総資本形成 18
    ——資金使用面からの推計
  - A-7　個人消費支出 20
  - A-8　国　富 22
- B　人口と労働力 24
  - B-1　総人口 26
  - B-2　都市・農村人口 30
  - B-3　就業人口の産業別構成 34
  - B-4　労働力人口 38
  - B-5　労働時間と労働日数 40
- C　生　産（農林水産業） 42
  - C-1　農林水産生産指数 44
  - C-2　土地所有と農地改革 46
  - C-3　土地利用 50
  - C-4　農家の形態と規模 52
  - C-5　農業の生産性 56
  - C-6　農業における費用構成と所得率 58
  - C-7　林　業 60
  - C-8　水産業 62
- D　生　産（鉱工業） 64

D-1-a	各種生産指数の比較	66
D-1-b	経済安定本部生産指数	70
D-1-c	GHQ 生産指数	72
D-2	生産と動力・輸送との関係	74
D-3	工業の労働生産性	76
D-4	主要工業生産物の原単位	80
D-5-a	産業別生産額	82
D-5-b	産業別就業者数	84
D-5-c	工業経営規模	86
D-6	工業における費用構成と所得率	88
D-7	事業成績分析（全産業平均）	90

E 貿易と国際収支　92

E-1	貿易の変動	94
E-2	交易条件	96
E-3	貿易の品目別構成	98
E-4	主要物資の輸入率と輸出率	100
E-5	貿易の市場別構成	102
E-6	国際収支	106

F 物価と賃金　110

F-1	重要商品の価格推移	112
F-2	東京卸売物価指数	114
F-3	東京小売物価指数	118
F-4	消費者物価指数（CPI）と生計費指数	120
F-5	農家物価指数	124
F-6	賃金と賃金指数	126

G 消費と家計　130

G-1-a	都市生活者の家計——収入	132
G-1-b	都市生活者の家計——支出	134
G-1-c	都市生活者の家計収支バランス	138
G-2-a	農家経済の収支	140
G-2-b	農家の家計と消費	144

			目　　　次	vii
	G–3	消費水準と実質賃金		148
H	金　　　融			152
	H–1	通貨流通高		154
	H–2	日銀券の変動		158
	H–3	通貨流通速度		160
	H–4	金融機関数とその資本額		164
	H–5	全国銀行の預金・貸出・投資		168
	H–6	預金コストと利廻		172
	H–7	銀行の収益率		174
	H–8	産業資金の供給		176
I	財　　　政			178
	I–1	一般会計歳入と国税		180
	I–2	直接税と間接税の割合（国税）		182
	I–3	国庫の歳出		184
	I–4–a	地方歳入		186
	I–4–b	地方歳出		188
	I–5	租税負担と国民所得		190
	I–6	政府の債務		192
	I–7	政府資金の対民間収支		194
		（Ⅰ）戦前・戦中の部		194
		（Ⅱ）戦後の部		195
索　　引				201

A 国民所得

　国民所得は一定の期間について測られた財貨と用役の流れであり，国富は一定の時点において測られた財貨の貯えである．いずれも一国の国民に帰属するものを指している．

　国民所得は生産・分配・支出の各側面において測定することができる．しかしその中心をなすものは国民分配分としての所得である．分配は機能的分配と個人的分配の観点から見ることができる．

　生産に参与するもの（労働，資本，土地など）の用役は生産要素と呼ばれ，この生産要素に対して報酬として支払われるものが所得である．そして，その機能によって生産要素別に（賃金，俸給，個人企業利潤，利子，地代，法人留保などの項目に分けて）一国の所得を集計したものが「分配国民所得」と言われ，これが国民所得の概念の中心をなすのである．この相対的分前はほぼ階級的分配率を示すものと見なされる．しかし，要素支払としての所得形態は，必ずしも階級に帰属するものを示さない．というのは，分配国民所得の分類基準は，階級ではなくして個人・企業・政府という経済主体の区別であり，賃金・地代・利子・配当は個人に支払われたもののみが計上されているからである．したがって，累年比較および国際比較に堪えうるものは，労働所得とその他の所得との対比のみである．そして，労働所得に比して財産所得の内容は多様であり，その累年比較には特に注意を要する．（A-1）

　国民所得はさらに金額階層別に分けて，その個人的分布状態を調べうる．この分布の不均等度は，消費・貯蓄・租税の大いさに影響を与える．が，実際には資料として所得税の課税所得についてだけしか知ることができない．

　国民所得は，一国の生産物が所得として生産要素に帰属したものであるから，生産の源泉に遡って，これを産業別に（農林水産業，鉱工業，運輸通信業，金融業，商業，自由業などに分けて）一定期間に生産されたものの価値を価格で表示することができる．これを「生産国民所得」という（A-2）．これは一国の生産力を示す指標になりうるが，属地主義によらず属人主義を採る現行の国民所得の概念とは相違している点に注意しなければならない．

　生産物の価格を集計して最終生産物を計上するには，原料その他企業の内部取引，貸借関係という一切の二重計算を除去して，附加価値のみを合計する．そこで，減価償却をふくむ「国民総

生産額」と，減価償却をふくまない「国民純生産額」とが区別される．両者の差は，後に述べる国民所得の支出における民間資本形成が総投資であるか純投資であるかの差となって表われる．が，減価償却の評価算定が困難なので，近時「国民総生産額」が多く用いられている．

一般に国民所得は一国の経済厚生の指標として用いられるが，その利用は以下のように多様である．

産業別の生産国民所得は，一国の生産の構造を反映するものであり，その有業人口一人当りの純生産額は，ほぼ労働の生産性の差異を示すものともいえよう．(A-2)

国民所得の支出は，国民生産額に対する国民の需要を示し，個人の消費，企業の投資，政府の財貨用役購入，貿易差額として表わされる (A-5)．その構成は，有効需要の内容の変化を示す．この需要面の統計は，最も利用の多いものである．

個人消費支出は，それが国民所得に占める割合によって，一国全体の消費率を示すものとなる．一人当り実質消費の変動は消費性向の推移を表わし，経済厚生の指標として用いられる．(A-7)

民間資本形成は，企業の投資活動を反映するものであって，国民総生産額の場合は総資本形成であり，再投資（減価償却）と顕しく新（純）投資をふくむ．投資の変動は景気循環と密接に連関していて，投資の変動は国民所得の大いさを動揺せしめる．

政府の財貨用役の購入は，財政の国民経済に占める位置を示すものである．わが国の政府支出は戦時中にかけて上昇をつづけ，そのため消費と投資は下降したが，戦後消費の回復に比して，民間投資の活動は遅れている．(A-6)

国民所得の推計は，このように生産・分配・消費の各側面から行われるので，本書の各部門のすべてに連関している．人口と物価とは一人当り実質所得または実質支出の算定に用いられる．生産の部面は，生産国民所得に連関する．所得分布と租税負担とは密接に関係している．また，支出面において，消費支出は家計と連関し，政府支出は財政支出と，貿易差額は貿易条件と連なる．わが国の国民所得のうち民間資本形成は，財貨用役の面から把えられず，金融統計に依存する部分が多いから，金融統計とも少からぬ関係をもっている．

わが国の国民所得推計は，基礎資料が多く不完全なために，他の第一次統計に比して，信頼性が劣るから，これを用いた種々の測定も蓋然的な判断の指標となるに過ぎず，断定をつつしまなければならない．殊に従来しばしば改訂されてきたが，1953年1月にいたって経済審議庁国民所得調査課では，戦後の推計を全般的に改訂した．以下においてはこの新結果によることができなかった．ただし26年度については新推計をかかげた．けれども，新推計は全面的改訂以前のデータと比較してはじめてその長短が論ぜらるべきであるから，改訂前推計を一応歴史的記録と

して解説の対象とした．もとより新推計にも多くの問題点があり，改善せらるべき点が多いのである．

A-1 国民所得の変動

年次 項目		A 国民所得a (百万円)	B 物 価b (1934〜36=100)	C 実質所得 (百万円)	D 人 口c (千人)	E 一人当り 実質所得 (円)
1930	昭和(5)	10,828	102	10,616	63,872	166
1931	(6)	9,993	91	10,981	64,820	169
1932	(7)	10,732	91	11,793	65,800	179
1933	(8)	11,799	93	12,687	66,790	190
1934	(9)	12,263	97	12,642	67,680	187
1935	(10)	13,528	101	13,394	68,662	195
1936	(11)	14,604	103	14,179	69,590	204
1937	(12)	16,807	107	15,707	70,360	223
1938	(13)	19,026	110	17,296	70,590	245
1939	(14)	23,825	139	17,140	70,930	242
1940	(15)	27,162	180	15,090	72,540	208
1941	(16)	30,813	210	14,673	72,750	202
1942	(17)	35,353	273	12,950	73,450	176
1943	(18)	41,565	321	12,949	73,980	175
1944	(19)	45,996	401	11,470	72,474	158
1945	(20)	…	…	…	71,998	…
1946	(21)	379,100	5,700 (4,600)	6,651 (8,241)	73,114	91 (113)
1947	(22)	1,128,600	12,000 (9,700)	9,405 (11,635)	78,101	120 (149)
1948	(23)	2,164,400	19,800 (15,900)	10,931 (13,613)	80,000	137 (170)
1949	(24)	3,054,500	23,700 (20,000)	12,888 (15,273)	81,800	158 (187)
1950	(25)	3,585,100	22,100 (18,600)	16,222 (19,275)	83,200	195 (232)
1951	(26)	4,849,400	25,700 (21,600)	18,869 (22,451)	84,573	223 (265)
1952	(27)		26,610		85,900	
1953	(28)		28,620			

備 考 注：a. (→A-3)，1945年を欠く．1946年以降は会計年度．
b. (→ F-4)．
c. (→ B-1)．

資料： 経済安定本部国民所得調査室, *Tables on National Income and Gross National Expenditure for 1930—44*, Aug. 31, 1950; 経済月報, 1950 年 8・9 月; 経済審議庁, 昭和 26 年度国民所得報告, 1953 年．

A 国民所得

利用上の注意　**1.** 人口一人当り実質所得を算定したのは，所得水準を見るためである．ここの国民所得は A-3 表，分配国民所得を用いたが，厳密には可処分所得をもってすべきである．可処分所得とは個人所得から租税および社会保障負担金を差引き，個人へ支払われた政府の移転支出を加算したものである．しかし，わが国ではその戦前の計数は利用しえない．デフレーターとしての物価が二通りあるので（→ F-4），二様に示されている．

2. 生産性の水準を見るためには，生産国民所得を用い，これを産業別に有業人口一人当りについて測る．わが国の生産国民所得は戦後算定されていない．（→ A-2）

3. 消費水準を見るためには，個人消費支出を人口一人当りについて測る．A-7 表がそれである．（→ G-3）

解説　**1.** 物価変動を除去した実質所得の推移は，1938 年まで漸増していたが，同年以降は減少し，戦後甚しく低落して，ようやく恢復に向っている．

2. 1930～38 年は，不況からの恢復期を示し，それ以後の漸減は 1944 年までは主として物価の上昇に基づく．ことに戦時中 (1941—44 年) は闇物価の出現によって実質所得は急激に低下した．可処分所得をもってすれば，さらにこの低落は著しいことと推定される．

3. 1945 年の数字を欠くが，実質所得は 1930 年頃の約 1/2 に低下したものと推定される．しかし，1946 年以後の恢復は顕著である．1949 年度の別の推計では図のようには低下しない．

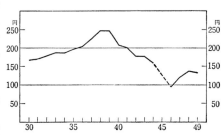

参考
1. アメリカ商務省は実質所得を算定していない．可処分所得を生計費指数 (1935～39 年＝100) で除した値 (10 億ドル) を作図すれば，右のようである．1940 年以後わが国とは著しい差異がある．

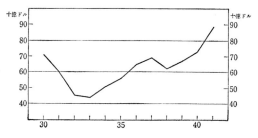

A-2　　　　　　　　　　　　　　　　　　　　　　　　　　生　産　国

項目 年次 a		農業	林業	水産業	鉱業	製造工業	土木 建築業	ガス電 気水道	運輸 通信業
1930	昭和(5)	1,638	155	190	233	2,465	470	352	841
1931	(6)	1,512	152	168	186	2,307	385	311	868
1932	(7)	1,867	163	163	198	2,860	437	341	867
1933	(8)	2,285	194	190	279	2,994	543	361	945
1934	(9)	2,019	222	202	338	3,149	651	429	1,009
1935	(10)	2,414	229	215	393	3,593	701	479	1,067
1936	(11)	2,755	262	245	453	3,729	1,004	505	1,143
1937	(12)	3,125	339	258	604	4,499	1,181	554	1,304
1938	(13)	3,301	444	302	764	6,414	1,247	581	1,436
1939	(14)	4,962	705	449	792	9,429	1,586	755	1,701
1940	(15)	4,932	825	557	983	11,016	1,907	832	1,915
1941	(16)	4,567	972	556	1,040	13,226	1,953	886	2,065
1942	(17)	4,878	1,003	824	1,129	15,069	2,237	935	2,518
1943	(18)	4,852	869	936	1,199	17,842	2,465	936	2,826
1944	(19)	5,425	927	1,021	1,088	20,133	1,888	945	3,145
1945	(20)	…	…	…	…	…	…	…	…
1946	(21) b.	95,100	16,300	11,900	6,800	103,400	31,800	1,900	15,500
1947	(22)	272,900	48,200	18,900	231,00	339,200	59,300	6,900	59,000
1948	(23)	508,100	82,300	35,300	56,200	571,700	91,900	18,900	148,400
1949	(24)	619,700	84,200	82,300	61,600	868,800	109,900	35,300	179,900
1950	(25)	697,800	84,500	105,700	89,900	909,600	143,200	260,500	
1951	(26)	830,100	111,100	114,700	171,900	1,249,200	197,400	341,400	
1952	(27)								
1953	(28)								

備考　注：a. 1930〜44 年は暦年，1946〜50 年は会計年度．
　　　b. 1946 年以降はすべて分配国民所得である．1945 年の計数を欠く．
　　資料：1930〜44 年：経済安定本部国民所得調査室，昭和 5〜19 年生産国民所得；1946〜50
　　　年：総理府統計局編，第三回日本統計年鑑；1951 年：経済審議庁，昭和 26 年度国民所得
　　　報告，1953 年．

民　所　得 (百万円)

商業	サービス業	金融業	自由業	公務団体その他	地家代賃	海外純投資	計	項目 年次	
1,882	355	416	674	526	820	△25	10,992	1930	昭和(5)
1,899	304	325	674	533	786	△24	10,385	1931	(6)
2,036	301	374	695	526	801	△38	11,591	1932	(7)
2,335	309	416	727	522	837	△53	12,885	1933	(8)
2,493	316	449	759	541	850	△26	13,402	1934	(9)
2,685	326	457	789	569	899	△14	14,803	1935	(10)
2,945	346	469	816	600	930	25	16,227	1936	(11)
3,272	311	470	853	1,160	1,027	8	18,965	1937	(12)
3,475	381	493	887	1,828	1,020	40	22,612	1938	(13)
4,019	450	561	958	1,960	1,223	18	29,567	1939	(14)
4,324	511	612	1,068	2,102	1,301	116	33,002	1940	(15)
4,919	549	708	1,179	3,588	1,410	270	37,887	1941	(16)
4,999	568	629	1,339	4,869	1,425	353	42,775	1942	(17)
4,563	558	673	1,406	9,415	1,446	361	50,346	1943	(18)
3,408	510	586	1,471	16,253	1,446	174	58,419	1944	(19)
…	…	…	…	…	…	…	…	1945	(20)
60,800			29,800		5,800	…	379,100	1946	(21)
148,800	31,000	7,900	40,200	65,400	7,700	…	1,128,500	1947	(22)
303,600	60,000	26,300	82,600	160,700	17,000	…	2,163,000	1948	(23)
476,900	130,000	62,900	141,800	184,700	17,000	△600	3,054,500	1949	(24)
675,200	206,200	81,400	161,100	143,500	28,300	△1,800	3,585,100	1950	(25)
908,400	563,900	160,900	202,300		…	△1,800	4,849,400	1951	(26)
								1952	(27)
								1953	(28)

利用上の注意　1. 生産国民所得は，物的生産部門においては，各産業別に生産額から控除額を差引くか或いは所得率を乗じて算出し，運輸通信業以下は直接に所得を求めて算定したものである．したがって控除額の推計或いは所得率の推定に誤差の生じる機会が多い．産業のうち主要なものの算定方法は次のとおりである．

2. 農林水産業所得，生産額は農林省「農林統計表」により，1943～44年は1942年の計数を物価と生産を綜合した指数によって補外したもの．所得率は1930年は内閣統計局調，1931年以降は農林省「農家経済調査」による．

3. 鉱業所得，生産額は1940年まで「本邦鉱業の趨勢」により，1941年以降は物価・生産指数によって補外したもの．控除額は「本邦鉱業の趨勢」その他により，1941年以降は1940年の所得率を適用．

製造工業，生産額は「工業（工場）統計表」により，1943年以後は1942年計数を人的方法による業主所得の指数によって補外，控除額は「工業（工場）統計表」その他による．1943年以降は1942年を基準とするためとくに軍需生産が十分に含まれない．また官公営のものは1930年所得を予算書の人件費および益金で延長したので，とくに1944年は過小評価である．

4. 土建業所得，1930年統計局調の所得を土建用材料（1931〜33年），労災保険統計による請負工事高（1934〜42年），土建用材料（1943〜44年）によって補外．

ガス・電気・水道業所得，ガスはその供給額に所得率を用い，電気は総収入にガス所得率を準用し，水道は給水額に所得率などによって推計したもの．

運輸通信業以下の所得は，それぞれ直接に所得を求めたものである．

5. コーリン・クラークの分類と異なり，ここでは農林水産業を第Ⅰ産業，鉱業製造工業を第Ⅱ産業，その他を第Ⅲ産業とする．解説の実質所得水準は，1945年以降はデフレーターが二通りあるので（→ F-4），二様に示される．

解 説　1. コーリン・クラークの経済進歩の形態変化説によれば，一般に第Ⅰ産業の水準は，初期においては高位にあるが，その後に第Ⅱ産業の急激な進歩によって相対的に低下し，第Ⅱ産業もやがて進歩の停滞を示し，第Ⅲ産業が漸増を示すという．そしてこのことは有業人口の産業別構成比に表われ，第Ⅰ産業の有業人口構成比が減少して，第Ⅲ産業の構成比が増大する．これをわが国についてみるに，第Ⅰ産業（農林水産業）は大正初期までは相対的位置を維持していたが，以後急激に減少した．しかしその人口構成比には著しい減少は見られない．第Ⅱ産業（鉱工業）は大正初期にかけてやや停滞を示し，その後増加を続けている．第Ⅲ産業はむしろその相対的位置がもっとも安定して，僅かな上昇を示すのみである．

2. 有業人口一人当り所得は，明治初期から戦前まで約5倍の増大を示している．しかし，その増加率は産業によって異なるが，景気変動によって動揺する傾向は各産業ともに同一の方向を示している．附表Ⅰは各産業別実質水準を示すものであるが，1930〜32年の不況の影響は各部門に及び，また1941年にかけての上昇傾向は等しく見られるところである．

3. 1935年までの傾向は第Ⅰ・第Ⅲ産業の停滞，第Ⅱ産業のみの上昇を示している．1941年にかけては各産業とも上昇したが，第Ⅰ・第Ⅱ産業において増加率の変化が見られる．戦時中第Ⅱ産業は，その産出総額の増大にも拘らず，一人当り水準において低下しつつあったことを示している．戦後の傾向は特殊な様相を示し，戦争被害を比較的に蒙らなかった第Ⅰ産業に比して，第Ⅱ産業の急激な低下から急速な恢復過程を示している．

4. 有業人口は第Ⅰ産業において，1930年の14,721千人から1944年の14,082千人に至るまで漸減し，戦後増大して1949年は19,040千人となっている．第Ⅱ産業は1930年の5,067千人から1944年の10,151千人に至るまで漸増したが，戦後は急激に減少して1950年の6,150千人となっている．第Ⅲ産業において変化はあまりないから，わが国の有業人口が戦前の第Ⅱ産業への移動と戦後の第Ⅰ産業への移動を看取することができる．そしてこれが一人当り所得の水準に影響を与えて，第Ⅱ産業一人当り実質所得が比較的に停滞していたことを語るのである．

A 国民所得

附表 I

年次		有業人口			有業人口1人当り実質所得水準					
		I	II	III	Ic 1934～36=100		IIc 1934～36=100		IIIc 1934～36=100	
	昭和	千人	千人	千人	円		円		円	
1930	(5)	14,721	5,067	9,831	69		82		80	
1935	(10)	14,769	6,218	10,413	99		100		96	
1940	(15)	14,401	7,659	10,418	126		137		99	
1945	(20)	15,335	5,004	6,323	...	...	...	...	...	...
1946	(21)	17,446	6,280	6,619	64a	80b	49	60	49	61
1947	(22)	17,458	6,836	6,935	84	105	60	75	72	90
1948	(23)	17,240	7,000	11,000	95	119	71	90	53	67
1949	(24)	19,040	7,180	10,630	89	106	70	82	62	73
1950	(25)	17,250	6,150	12,140	119	142	89	106	74	88
1951	(26)	18,540	6,820	14,200						
1952	(27)	18,620	6,730	13,330						
1953	(28)									

附表備考 注: a, b. 実質所得水準の 1945 年以降左欄はデフレーター I, 右欄はデフレーター II によるもの (→ F-4).
c. 第 I 次: 農林水産業, 第 II 次: 鉱工業, 第 III 次: 土木建築業, ガス・電気・水道業, 運輸通信業, 商業, サービス業, 金融業, 自由業, 公務団体その他.
資料: 1930～42 年は一橋大学経済研究所推計; 1943～47 年は山田雄三「日本国民所得推計資料」附表 I; 1948, 49 年は総理府統計局「労働力調査」により, 1948 年は 9 月, 1949 年は 10 月の計数, 1950 年は国勢調査.

参 考 有業人口一人当り実質所得の各国比較を試みれば, 右図のようである.

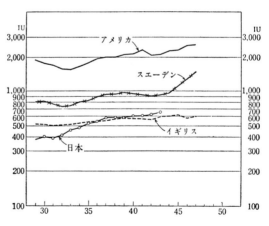

資料: Colin Clark, *The Conditions of Economic Progress*. 1951.

A-3		分配国民所得							
項目 年次		A 総額	B 勤労所得	C 勤労所得 の割合	D 個人業主 所得	E 賃料,利子, 配当金	F 法人留保	G 官公業 所得	H 海外 純収入
	昭和	百万円	百万円	%	百万円	百万円	百万円	百万円	百万円
1930	(5)	10,828	4,411	40.74	3,750	2,610	△142	224	△25
1931	(6)	9,993	4,167	41.70	3,568	2,217	△159	224	△24
1932	(7)	10,732	4,249	39.59	3,904	2,338	△21	300	△38
1933	(8)	11,799	4,479	37.96	4,504	2,337	121	351	△53
1934	(9)	12,263	4,828	39.37	4,247	2,617	258	339	△26
1935	(10)	13,528	5,120	37.85	4,703	3,009	343	369	△14
1936	(11)	14,604	5,513	37.75	5,132	3,124	396	414	25
1937	(12)	16,807	6,393	38.04	5,714	3,444	771	472	8
1938	(13)	19,026	7,554	39.70	6,307	3,747	852	526	40
1939	(14)	23,825	8,734	36.66	8,872	3,775	1,659	667	18
1940	(15)	27,162	10,030	36.93	9,332	3,977	1,939	768	116
1941	(16)	30,813	11,923	38.69	10,075	5,553	2,258	734	270
1942	(17)	35,353	14,148	40.02	10,949	6,161	2,651	1,067	353
1943	(18)	41,565	18,462	44.42	10,900	7,032	3,552	1,234	361
1944	(19)	45,996	21,388	46.50	10,618	8,346	4,303	1,144	174
1945	(20)	…	…	…	…	…	…	…	…
1946	(21)	379,100	121,000	31.89	246,800	14,400	1,500	△4,500	…
1947	(22)	1,128,600	400,500	35.48	714,400	18,000	△1,568	△2,700	…
1948	(23)	2,164,400	977,500	45.16	1,123,900	42,500	21,114	△600	…
1949	(24)	3,054,500	1,269,800	41.57	1,480,700	72,600	165,800	66,200	△600
1950	(25)	3,585,100	1,570,500	43.81	1,648,000	121,000	241,800	5,600	△1,800
1951	(26)	4,849,400	2,138,200	44.09	2,104,400	148,000	453,300	7,400	△1,800
1952	(27)								
1953	(28)								

備考

資料: 経済安定本部国民所得調査室, *Tables on National Income and Gross National Expenditure for 1930—44*, Aug. 31, 1950; 国民所得資料月報, 第 26, 28 号; 昭和26年度国民所得報告, 1953 年.

利用上の注意 1. 分配国民所得とは, 生産に参与した生産要素 (労働・資本・土地) の用役に対する支払の総額であって, これを賃金俸給, 地代, 利子, 利潤の項目に分類するのは, 生産要素に基づく分類であるが, 実際の算定においては, これらの明確な区別が容易でない場合が多い. なお, これを各階級へ分配された分配率として見るには, 以下の 4—5 に述べる注意を要する.

2. 勤労所得は平均賃金と雇用人員によるものであるが, 戦後は農業 (一戸当り平均賃金×戸数), 林・水産業 (生産指数と賃金指数などによる) の他は, 主として一人当り平均賃金は「毎月勤労統計」などにより, 勤労者数は統計局「労働力調査」などによる.

A 国民所得

3. 戦後の個人業主所得は，農業は「農家生計費調査」「農家経済調査」により耕作面積別平均所得と「農業センサス」による手段により，製造工業，商業の所得は主として安本調「個人企業経済調査」と，「労働力調査」による業主数を用いている．

4. 分配国民所得の賃料・利子・配当金は，いずれも個人へ支払われたもののみが計上され，法人へ支払われたものは法人留保の中に含まれている．従って，賃料・利子・配当金の相対的大いさは，土地資本の所有形態などによって異なり，これらの項目について累年比較および国際比較を行うことは厳密には不可能である．

5. 相対的分配率の累年比較および国際比較に堪えうるものは，勤労所得の占める割合とその他の所得の割合との比較である．

6. 個人業主所得中には，業主の勤労所得とみなされるものを含み，したがって勤労所得はこのままではやや過小である．

7. 附表において，勤労所得を消費者物価（生計費）指数で除し，実質所得を算出した．

解説 1. 戦前において，勤労所得の割合の変遷を見ると，1930～31年が高く，次第に低下して，1939年に最低に達し，再び上昇して1944年に最高となっている．

2. 一般に，勤労所得の割合は不況時に高く，好況時には低くなるようである．これは他方，個人業主所得と法人留保とが，不況時に激減し，好況時に上昇するからである．

3. 戦後の分配国民所得は，インフレーションによる再分配過程を示している．1946～47年のインフレ進行期において，勤労所得の分配率は減少し，個人業主所得が増大しているが，漸次に回復を示している．

4. 勤労所得を物価指数で除して実質所得を算出すれば，附表のようである．これによれば，戦前において，1930年以後不況回復とともに実質所得は1938年最高に達し，以後漸減している．戦後はインフレ収束によって実質所得も回復に向いつつある．

年　次	実質勤労所得	同　指　数 (1934～36=100)
昭和	百万円	
1930 (5)	4,325	84.25
1931 (6)	4,579	89.20
1932 (7)	4,669	90.95
1933 (8)	4,816	93.82
1934 (9)	4,977	96.95
1935 (10)	5,069	98.74
1936 (11)	5,352	104.26
1937 (12)	5,975	116.39
1938 (13)	6,867	133.77
1939 (14)	6,283	122.39
1940 (15)	5,572	108.54
1941 (16)	5,678	110.61
1942 (17)	5,182	100.95
1943 (18)	5,751	112.03
1944 (19)	5,334	103.91
1945 (20)	…	…
1946 (21)	2,123 (2,630)	41.36 (51.23)
1947 (22)	3,338 (4,129)	65.02 (80.43)
1948 (23)	4,937 (6,148)	96.17 (119,76)
1949 (24)	5,358 (6,349)	104.37 (123.68)
1950 (25)	7,106 (8,444)	138.42 (164.49)
1951 (26)	8,320 (9,899)	162.09 (192.85)
1952 (27)		
1953 (28)		

参考 非農業部門における労働の分配率の国際比較を行えば次表のようになる．ただしこの表における分配率はA-3のC欄における比率とはちがって，（勤労所得÷賃金俸給所得人口）÷（全所得÷全就業人口）という算式で計算されており，結果において業主所得でもその中一般賃金水準に当る部分を勤労所得に含めているわけである．

国　名	年　次	分配率	国　名	年　次	分配率
日　本	1934	58.7%	フランス	1930	74.0%
アメリカ	1929	69.1		1938	75.6
	1938	73.2	ド イ ツ	1937	57.3
イギリス	1930	73.5	カ ナ ダ	1938	81.1

資料: C. Clark, *The Conditions of Economic Progress*, 1951. p. 523.
日本については「経済研究」3巻1号, p. 52.

A-4	所得分布の変遷								
	1939 (昭和 14) 年度				1948 (昭和 23) 年度				
所得階層	人員	人員累積百分率	所得金額	所得額累積百分率	所得階層	人員	人員累積百分率	所得金額	所得額累積百分率
(千円)	人	%	千円	%	千円	人	%	千円	%
1.0以下	44,328	3.16	44,328	0.97	20以下	250,666	3.44	4,806,503	0.70
1.2	313,657	25.50	345,208	8.54	40	1,096,021	18.49	38,654,181	6.33
1.5	280,844	45.50	378,189	16.83	70	2,303,805	50.13	136,196,335	26.15
2.0	248,724	63.22	430,659	26.27	100	1,681,938	78.21	146,605,208	47.48
3.0	190,926	76.82	459,728	36.35	150	1,104,365	88.37	139,326,099	67.76
5.0	168,784	88.84	644,229	50.47	200	421,426	94.16	74,045,660	78.54
7.0	60,102	93.12	353,662	58.22	250	195,324	95.47	44,609,405	81.53
10.0	40,178	95.93	334,268	65.55	300	89,954	96.48	25,475,865	85.03
15.0	24,413	97.72	298,205	72.09	500	96,180	98.09	38,222,795	88.74
20.0	11,286	98.52	194,758	76.36	700	23,917	99.65	14,508,027	94.30
30.0	9,580	99.20	232,274	81.45	1,000	12,019	99.82	10,131,296	96.41
50.0	6,124	99.64	233,052	86.56	2,000	6,339	99.91	8,647,343	97.88
70.0	2,003	99.78	117,197	89.13	5,000	1,414	99.99	4,084,608	99.14
100.0	1,289	99.87	106,743	91.74	5,000超	192	100.00	1,859,567	100.00
150.0	849	99.93	101,965	93.71					
200.0	362	99.96	62,589	95.08	合 計	7,283,560	100.00	687,172,892	100.00
300.0	264	99.98	64,173	96.49					
500.0	145	99.99	55,060	97.70					
700.0	33	99.99	18,824	98.11					
1,000.0	33	99.99	27,486	98.70					
2,000.0	16	99.99	19,807	99.13					
3,000.0	9	99.99	22,683	99.63					
4,000.0	2	99.99	7,304	99.79					
4,000.0超	2	100.00	9,378	100.00					
合 計	1,403,953	100.00	4,561,769	100.00					

備 考 注：昭和 14 (1939) 年度は第三種所得．人員は実際人員（同居親族を含まない）．
昭和 23 (1948) 年度は，確定申告分のみ．従って，源泉徴収のみで確定申告をしない給与所得は含まれていない．
資料： 大蔵省主税局，税制関係基本統計資料集，1951 年；大蔵省，財政金融統計月報，1949 年，第 2 号．

利用上の注意 1. 課税所得であるから，実際の所得とは，脱税その他の事情によって相違し，且つ免税点以下の所得が示されていない．課税所得とは，所定の諸控除（勤労控除，基礎控除，扶養控除）を差引いた後の課税総所得，すなわち課税標準である．
2. 1948 年度は，申告納税分のみである．第三種所得および分類所得に対比せらるべきものは，申告分と源泉分とを綜合したものでなければならないが，それはいまだ発表されていない．税法の改正は，課税の対象たる所得の内容をも変えるから，厳密には累年比較が困難になる．

A 国民所得

3. 本表では所得者（納税者）数と所得額につき，それぞれ百分率を算出し，これを低額層から累積した．

4. 下図は，横軸に所得者の累積百分率を，縦軸にこれに対応する所得額の累積百分率をとったものである．この曲線をローレンツ曲線と言い，45度線を均等線と言う．比較のため昭和5 (1930) 年度をも作図で示した．

解説 1. 所得分布は，一般に低額層に集中している．すなわち1939年度は，所得者の50% が 1.5～2.0 千円の階層に，1948年度は 70～100 千円の階層に集中している．

2. 所得者と所得金額との関係は，両方の累積百分率を対応させると明らかになる．例えば所得者の50%が所得額の50%をもっているような場合に，各人の所得は均等であって，図の45度線上に位するわけである．しかるに実際はこの均等線から離れていて，それだけ所得が不均等に分布していることを示す．図において1939年度が最も不均等なことを示している．

3. さらに弓形の曲線の形は，分布の状態を示している．すなわち，1939年度の場合のように，所得者の100%に近づくにつれて曲線が膨れているのは，高額層の少数の人員が比較的に大きな所得額をもっていることを示しているのである．

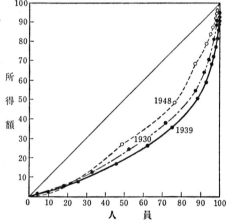

4. 1948年度は，かなり均等線に接近し，その形も所得者の100%に近づいても膨れていない．これは所得が比較的に均等化したことを示しているようである．ただし，これは申告納税分であるから，それだけ高額層の所得が比較的に低く評価されているのかもしれない．

5. 以上は2カ年の比較であるが，この間に物価は，1930年度から1935年度にかけて約25%上昇し，1935年度から1939年度にかけて約35%上昇している．1948年度は1930年の約200倍になっているから，所得者の半分が占めている70～100千円階層も実質的には1930年の0.5千円以下であって，かつての免税点以下の所得であることを示している．

6. 所得分布の変化がどうして起るかについては，未だ十分に説明されていないが，一般的傾向としては，不況時期には均等化し，好況時期には不均等化するようである．

参考 1. 所得分布の不均等度を測る尺度のひとつに，パレート係数がある．この値の大きいほど所得は低い階層へ集中し，この値の小さいほど所得は高額層へ集中していることを示す．わが国のパレート係数の数値は，次のようである．（汐見三郎「国民所得の分配」）

1935	1936	1937	1938	1939	1940	1941	1942	1943	1944	1945	1946	1947
1.68	1.66	1.65	1.55	1.59	1.62	1.68	1.70	1.72	1.76	1.78	2.02	1.92

A-5 国民総生産額の支出構造

年次 項目	A 国民総支出	B 個人消費支出	C a 民間資本形成	D 政府の財貨用役の購入	E $\left(\frac{B}{A}\right)$	F $\left(\frac{C}{A}\right)$	G $\left(\frac{D}{A}\right)$	H 個人消費支出b／個人所得
	百万円	百万円	百万円	百万円	%	%	%	%
1929 (昭和4)	…	…	…	…	…	…	…	…
1930 (5)	12,830	9,626	1,450	1,754	75.0	11.3	13.7	87.9
1931 (6)	11,979	9,083	1,244	1,652	75.8	10.4	13.8	89.6
1932 (7)	12,208	9,407	694	2,107	77.0	5.7	17.3	88.1
1933 (8)	13,356	10,027	892	2,437	75.1	6.7	18.2	86.7
1934 (9)	14,965	10,396	2,134	2,435	69.5	14.3	16.2	87.3
1935 (10)	16,794	11,037	3,169	2,588	65.7	18.9	15.4	84.5
1936 (11)	18,061	11,951	3,369	2,741	66.1	18.7	15.2	85.1
1937 (12)	22,726	12,737	5,313	4,676	56.0	23.4	20.6	80.4
1938 (13)	26,306	13,703	5,705	6,898	52.1	21.7	26.2	76.1
1939 (14)	31,861	16,334	7,993	7,534	51.3	25.1	23.6	72.5
1940 (15)	36,840	18,587	8,402	9,851	50.5	22.8	26.7	74.6
1941 (16)	41,660	19,556	8,700	13,404	46.9	20.9	32.2	68.9
1942 (17)	49,032c	21,131	9,444	18,457	43.1	19.2	37.7	65.3
1943 (18)	60,485	22,801	11,769	25,915	37.7	19.5	42.8	60.6
1944 (19)	77,059	22,695	15,821	38,543	29.5	20.5	50.0	54.3
1945 (20)	…	…	…	…	…	…	…	…
1946 (21)	389,100	269,100	33,900	86,100	69.2	8.7	22.1	69.3
1947 (22)	1,159,800	856,000	31,700	272,100	73.8	2.7	23.5	75.1
1948 (23)	2,429,800	1,686,500	153,600	589,700	69.4	6.3	24.3	78.5
1949 (24)	3,408,500	2,398,900	330,600	679,000	70.4	9.7	19.9	85.0
1950 (25)	3,927,500	2,533,300	741,900	652,300	64.5	18.9	16.6	75.9
1951 (26)	5,324,800	3,178,100	1,210,100	936,600	59.7	22.7	17.6	72.4
1952 (27)								
1953 (28)								

備 考　注：a. 民間資本形成は国内総民間投資と海外純投資の合計である．前者については(→A-6)．
b. H 欄の個人所得は別表 A-3 による．
c. 1942 年の国民総支出は，49,132 百万円となっていたが，B, C, D の合計と一致しないので訂正を加えた．
d. 個人消費支出 (→A-7)．

資料：　経済安定本部国民所得調査室，
1930〜44：*Tables on National Income and Gross National Expenditure for 1930—44*, Aug. 31, 1950.
1946〜48：国民所得資料月報，第 26 号，1951 年 9・10 月．
1949〜50：同月報，第 28 号，1952 年 1 月．
1951：昭和 26 年度国民所得報告，1953 年．

A 国民所得

利用上の注意 1. 民間資本形成は, 国民総投資 (住宅建築, 耐久生産設備, 在庫品純変動) と海外純投資 (国際収支差額) の合計であるから, これを純粋に総投資と見做してはならない. 海外純投資は特に戦後は 1946 年 143 億円, 1947 年 682 億円, 1948 年 979 億円, 1949 年 1,141 億円の負の投資があったものとして, これを国内総投資から控除しているから, A–6–b の民間国内総資本形成の計数とはかなり相違している.

2. 政府の財貨, 用役の購入は, 政府支出の全額ではなく, それから移転支出 (恩給, 利子など), 補助金, 損失補償金, 出資, 投資貸付金などを差引いたものである.

3. 個人所得と個人消費支出とを H 欄で対比した. 個人所得から個人税を差引いたものを可処分所得というが, この計数は全期間について得られないから, 便宜上個人所得からの消費性向を掲げた. 理論上は平均消費性向でなしに限界消費性向 (年々の増減分についての比率) を用いることもある.

解説 1. グラフでも見られるように, 消費支出の国民総生産額および個人所得に占める割合は不況期にはかなり高かったが, 戦争の進行につれて次第に低下し, 1944 年には両者とも最低の比率に達した. 個人所得に占める消費支出の比率は 1930〜36 年間は平均 87% だったのが, 戦時中急激に低落して 1944 年には 54.3% にまで下落した. しかし戦後は再び戦前の水準に恢復しようとしている. 一時戦後の政府支出の比率 (G 欄) は 1930〜35 年の比率を超えて 1937〜40 年頃の比率に近づいたが, 低い実質所得水準におけるこのような過重の財政負担 (22〜24%) も 1950 年には 16.6% に低下した.

2. 政府支出の割合 G と民間資本形成の割合 F は, 不況期を除き大体 1940 年頃までは相半ばしていたが, 戦中・戦後を通じて大きく開いている. しかし G の低下と F の上昇によって, 1950 年には両者はほぼ同じ比率になった. これは終戦処理費などの減少に伴う G の減少と, 設備の更新や拡張の支出増加に伴う F の上昇による開きの解消であろう.

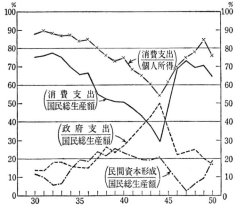

参考 1. 国民総支出の構造を英米と比較してみると, 日本の政府部門の比重がかなり大きいものであることが判明する.

	個人消費支出	政府の財貨用役の購入	国内公共総資本形成	国内民間総資本形成	海外純投資
アメリカ	%	%	%	%	%
1938	76.2	15.1		7.4	1.3
1950	68.2	15.0		17.7	(−) 0.9
イギリス					
1938	74.2	12.5	14.5		(−) 1.2
1950	66.6	14.9	2.9	13.9	1.7

備考: 日銀統計局, 外国経済統計年報, 1950 年.

2. 本推計に比較すべきものとしてアメリカ戦略爆撃調査団へ提出せる国民所得資料 (大蔵省理財局「昭和15年度より昭和19年度にいたる国民所得推計」1947年) がある. 同資料によると, 国民総支出は 1940 年 419 億円, 1941年 553 億円, 1943 年 667 億円, 1944年 930 億円であって, 本推計と大きく相違しており, 構成も相当の違いを示している.

A-6-a		民間国内総資本形成——資金調達面からの推計 (百万円)							
項　目 年　次		A 総　額 (B+C-D)	B 自己資金使用額				C 外部調達額			D 資金間の 重　複
			合　計	減価償却	社内留保	個人業主の 自己資金	合　計	金融機関 貸出増	社　債 株式増	
1929	昭和 (4)	…	…	…	…	…	…	…	…	…
1930	(5)	1,079	334	335	△ 189	188	433	150	283	△ 312
1931	(6)	805	345	335	△ 168	178	170	87	83	△ 290
1932	(7)	406	646	449	2	195	△ 250	△ 419	169	△ 10
1933	(8)	688	1,119	727	167	225	△ 114	△ 574	460	317
1934	(9)	1,951	1,271	789	270	212	947	△ 342	1,167	267
1935	(10)	2,597	1,309	800	274	235	1,439	528	911	151
1936	(11)	3,042	1,366	823	286	257	2,025	817	1,208	349
1937	(12)	4,680	1,711	1,018	407	286	3,807	1,823	1,984	838
1938	(13)	4,820	1,924	1,187	422	315	4,355	1,712	2,643	1,459
1939	(14)	6,608	2,363	1,450	469	444	6,498	3,418	3,080	2,253
1940	(15)	7,854	2,927	1,512	948	467	7,431	3,882	3,549	2,504
1941	(16)	8,459	3,129	1,553	1,072	504	7,901	3,153	4,748	2,571
1942	(17)	8,881	3,292	1,719	1,034	539	9,580	4,288	5,292	3,991
1943	(18)	8,948	3,597	1,495	1,550	552	14,798	9,474	5,324	6,933
1944	(19)	15,615	3,279	1,585	1,189	505	23,849	19,448	4,401	11,513
1945	(20)	…	…	…	…	…	…	…	…	…
1946	(21)	48,200	…	4,500	2,700	…	…	…	…	…
1947	(22)	99,900	…	7,300	△ 9,300	…	…	…	…	…
1948	(23)	251,500	…	11,900	△16,000	…	…	…	…	…
1949	(24)	444,700	…	64,000	88,959	…	…	…	…	…
1950	(25)	685,500	…	110,700	156,277	…	…	…	…	…
1951	(26)									
1952	(27)									
1953	(28)									

備　考　注：a. 自己資金使用額中減価償却は、三菱経済研究所調の「本邦事業成績分析」その他戦後の資料による推計であり、社内留保は「会社統計表」によって推計されたものである。また、金融機関貸出増は日銀調、社債株式増は日銀、興銀調による．
資料：経済安定本部国民所得調査室, 1930～44; *Tables on National Income and Gross National Expenditure for 1930—44*, Aug. 31, 1950.
1946～50：国民所得資料月報，第 26, 28 号．

利用上の注意 1. 個人業主の自己資金の推計は，農林省「農家経済調査」その他によって所得に対する投資の割合に基づいて算出したもので，戦後は製造工業・商業については経済安定本部「個人企業経済調査」を併用している．

2. 各項目の推計のうち外部調達額は比較的信頼しうるが，自己資金使用額は企業経営の利益処分にかかるものであり，またその調査標本が小範囲であって，信頼度が最も低いと推定される．

3. D 欄は紙幣の増加，企業預金の増加，前払金の合計よりなり，これを B+C 合計から差引いて総額を算出しているが，これは資金調達額から企業保蔵資金を控除して，物的投資に見合わない部分を補正するためである．云わば「資金間の重複項目」を除外して，別表 A-6-b の資本使用面からの推計に一致せしめようとするものである．ただ戦後の 1946～47 年については外部資金調達額は，「金融機関貸出増＋金融機関保有株式社債増＋農業会兼営事業資金増＋コールローン・マネー差額増－旧勘定回収額＋事業債純増＋株式払込金純増－資金間重複」という方法で推定される．しかし通例戦後で「資金間の重複」というときは，法人預金の増加分を指し，貸出がまだ投資に廻らずして預金として滞留している部分を主として指し，1944 年までのように，紙幣の増加をさらに控除していない．ここに推計の大きな断層が横たわっている．もちろん借入金と株式・社債間の重複や，貸出が往々「赤字融資」の性格を有していた点は十分に検討される必要があろう．

4. 激しいインフレ期には現金・預金通貨の保蔵増加を除外しても，資金面から捉えた資本形成の計数は過大評価になる危険が十分にある．例えば物価が 50% 上昇したばあいの貸出残高の 50% 増加は，実質的には投資の役割は果し得ないからである．しかるに貸出残高の名目的増加をもって今期における投資の一部を構成するかのように統計上処理されることが多かった．そのことは金融統計によって投資を推計するばあいに遭遇する最大の困難である．

解 説 1. 外部調達額の比率は，特に戦時戦後においてその比重が非常に大きくなっている．これは別表 D-7 における外部負債比率の増大と対照される．しかし 1931～34 年間は自己資金使用額の比率の方が大きかった．

2. わが国の戦時戦後のばあいとは逆に，アメリカなどでは自己資金，すなわち利潤からの投資がいちじるしく大きな割合を占めており，貸付金利の上下によって投資が動かされないと云われている．しかし外部負債の割合の大きい戦後のわが国では金利高は大きな企業負担となる．

3. 民間国内総資本形成から資本減耗分（または減価償却費）を差引いたものが純資本形成となる．わが国ではその計数が戦時中プラスであったのに反して，英米では戦時中マイナス（資本の喰潰し現象）であった．このことは英米よりもわが国の方が戦争の遂行による資財の消尽が大であっただけに，人に奇異の感を与える．その一つの理由は「利用上の注意」4 に説明した．

参 考 1. 都留重人「戦後国民総生産統計の吟味」(「経済研究」第 2 巻第 4 号) および浅野氏の回答 (「経済研究」第 3 巻第 2 号) を参照．

長 期 資 本 形 成

G＝貨幣面　S＝財貨面	1928	1929	1930
1. アメリカ(十億ドル)			
G……	16.4	12.5	5.0
S……	11.8	11.6	7.8
2. イギリス(百万ポンド)			
G……	227	239	94
S……	199	233	210

Marschak u. Lederer, "*Kapitalbildung*", S. 127.

2. 民間資本形成の推計は，貨幣面ならびに財貨面の二つの側面から，これを行うことができる．Lederer は，長期資本形成について両者を比較している．大体この計数のなかにも，物価の上昇期には G＞S，物価下降期にはG＜S という傾向が見られる．

A-6-b	民間国内総資本形成──資金使用面からの推計 (百万円)
	〔附〕 金融機関の国民貯蓄実績

項目 年次		民間国内総資本形成				国民貯蓄実績		
		A 総額 (B+C+D)	B 住宅建築	C 生産 耐久設備	D 在庫品の 変動	E 大蔵省 日銀調	F 満鉄調	G 山田雄三調
	昭和							
1929	(4)	…	…	…	…	…	1,943	2,301 (2,320)
1930	(5)	1,079	259	255	565	…	626	596 (376)
1931	(6)	805	259	100	446	…	518	864 (776)
1932	(7)	406	304	△ 147	249	…	1,031	994 (1,198)
1933	(8)	688	310	△ 67	445	1,384	1,665	1,216 (1,453)
1934	(9)	1,951	323	557	1,071	1,702	2,817	2,071 (2,110)
1935	(10)	2,597	349	846	1,402	2,563	2,850	2,331 (2,459)
1936	(11)	3,042	376	1,191	1,475	2,839	…	…
1937	(12)	4,680	483	2,338	1,859	4,617	…	…
1938	(13)	4,820	368	2,823	1,629	7,333	…	…
1939	(14)	6,608	449	4,225	1,934	10,202	…	…
1940	(15)	7,854	586	4,500	2,768	12,017	…	…
1941	(16)	8,459	814	4,700	2,945	16,020	…	…
1942	(17)	8,881	929	4,748	3,204	23,457	…	…
1943	(18)	11,462	1,044	7,904	2,514	30,988	…	…
1944	(19)	15,615	1,256	10,028	4,331	48,489	…	…
1945	(20)	…	…	…	…	67,392	…	…
1946	(21)	48,200	9,500	18,100	20,600	52,214	…	…
1947	(22)	99,900	13,500	46,300	40,100	113,684	…	…
1948	(23)	251,500	52,100	113,200	86,200	389,182	…	…
1949	(24)	444,700	33,000	184,900	226,800	358,767	…	…
1950	(25)	685,500	39,600	297,900	348,000	328,570	…	…
1951	(26)	1,113,100	83,700	432,600	597,700	697,718	…	…
1952	(27)							
1953	(28)							

備考　注：a. 民間国内総資本形成は年度の計数，大蔵省，日銀調の国民貯蓄実績も年度の計数であるが，満鉄調，山田雄三調の貯蓄実績は年次の計数である．

資料：a. 民間国内総資本形成は，いずれも経済安定本部国民所得調査室調であって，1946～48 年 (昭和 21～23 年度) については若干の補正を加えた．

1930～44: *Tables on National Income and Gross National Expenditure for 1930—44*, Aug. 31, 1950.

戦後：A-D. 経済安定本部，国民所得統計資料月報，第 22 号，1950 年 7・8月；同月報第 25 号，1951 年 4 月；同月報第 28 号，1952 年 1 月；昭和 26 年度国民所得報告 1953 年．

E. 日銀，本邦経済統計，昭和 26 年版，1952 年；F. 満鉄産業部東京出張所，国民貯蓄の研究，1937 年；G. 山田雄三，日本国民所得推計資料，1951 年．

A 国民所得

利用上の注意　**1.** 従来日本における民間資本形成の推計方法．まず住宅建築については，建築統計によっていわば物の面からの推定が行われる．他方資金統計の面からは産業資金の調達額を把握し，これから生産者耐久設備に該当する設備資金を控除して，残余を在庫品増とした．

2. もちろん産業資金の調達額は若干の資金間の重複（法人預金の増加など）を控除している．たとえば 1930〜44 年間は，A-6-a の D 欄についてみられるような控除がなされた．

3. しかし 1948 年からは大蔵省の「法人企業調査」，1949 年からは国民所得調査室の「個人企業調査」を利用して在庫品増，耐久施設投資を直接推計するようになった．

4. なお 1946〜48 年の計数に疑問があるため国民所得調査室の最近の計数をそのまま使用していない．第 25 号から資本形成の総額のみを採用し住宅建築は第 22 号のものを採った．生産者耐久設備は両号とも同じである．在庫品増はしたがって 1946〜48 年間は残余として導かれた．

5. 貯蓄実績は金融機関の預貯金の増加（ただし当座預金，振替貯金の増加を除く）に私人の直接有価証券投資を加えたものである．ただ満鉄調と山田雄三調（括弧内のもの）は，これに上記の預金通貨の増加を含めている．さらに満鉄調は積立金の増加をも含めている．もっとも山田雄三調は別に社内留保，海外投資をも計算している．

6. 以上民間資本形成の推計は資金面または金額面からその増分として把捉されているため，激しいインフレ期には物価変動によるふくらみを回避できない．殊に在庫品の価格変動の修正は，「法人企業調査」を利用する頃になっても依然として行われていないため，在庫品増加が総資本形成のなかで 50% 内外を占めている年がかなり多い．しかしアメリカで総資本形成中在庫品増がいちばん多かった 1941 年でも，その割合は 21.3% でしかなかった（1951 年=16.9%）．

解　説　**1.** 戦前は設備投資に比して住宅建築投資の方が多かったが，戦時中は設備投資が急激にふえて，住宅建築を圧倒した．しかし戦後は戦災復興のため住宅建築の比重が戦時中を超えることが期待されるに拘らず，現実にはさして大きくなっていない．しかも貨幣価値の変動を除いて実質住宅投資を計算してみると，戦後住宅新設量は年々急激な減少過程を辿る．この理由 1）．統計から洩れる建築のあること，2）．1949 年以降農漁家住宅が除かれたこと，3）．1949 年迄竣工実績による住宅統計が，50 年からは着工調に変更されたため見積価格となって低くなったこと．

2. 国民貯蓄実績は金融統計からの推算であり，民間投資，公債消化や短期貸付の増加に充用される．しかも社内留保や自己資金を含まないから，この計数は民間総資本形成と一致しない．

参　考　**1.** 附表によると，どこの国も投資の構成に著しい近似がみられる．住宅建築の比率は建築景気の循環について重要な意味をもっている．なお現在発表しているアメリカ商務省の統計では，New Construction のなかに住宅建築以外の建設も含めている．

外国における民間投資の構成　(1925〜30)

	アメリカ	イギリス	ドイツ
住 宅 建 築	18.3%	23.8%	26.4%
生産者耐久設備	52.3	52.4	43.9

資料：Marschak u. Lederer, "*Kapitalbildung*", 1936, S. 114.

2. 戦略爆撃団提出資料の計数によると，住宅建築は 1941 年（昭和 16 年度）に 7.5 億円だったのが 1944 年（19 年度）には 2 億円に減じている．これは推計方法の相違に基づく．

3. なお都留重人「戦後国民総生産統計の吟味」(1)（「経済研究」第 2 巻第 4 号）ならびに浅野義光氏の回答（「経済研究」第 3 巻第 2 号）参照．

A-7　　　　　　　個人消費支出

項目 年次		A 総額	B 飲食費 a	C 住居費	D 光熱費	E 被服費	F その他 b	G 飲食費の占める割合 $\left(\frac{B}{A}\right)$	H 一人当り実質消費支出 c
	昭和	百万円	百万円	百万円	百万円	百万円	百万円	%	円
1929	(4)	...	...	...	...	...	...	...	...
1930	(5)	9,626	3,575	1,292	538	1,085	3,136	37.1	148
1931	(6)	9,083	3,404	1,264	463	974	2,978	37.5	154
1932	(7)	9,407	3,823	1,319	471	1,032	2,762	40.6	157
1933	(8)	10,027	3,981	1,374	516	1,126	3,030	39.7	161
1934	(9)	10,396	4,352	1,380	514	1,120	3,030	41.9	158
1935	(10)	11,037	4,754	1,460	537	1,169	3,117	43.1	159
1936	(11)	11,951	5,088	1,529	553	1,267	3,514	42.6	167
1937	(12)	12,737	5,687	1,652	601	1,268	3,529	44.6	169
1938	(13)	13,703	6,018	1,644	699	1,360	3,982	43.9	176
1939	(14)	16,334	7,308	1,949	795	1,662	4,620	44.7	166
1940	(15)	18,587	8,384	2,173	945	1,960	5,125	45.1	142
1941	(16)	19,556	8,039	2,399	877	2,142	6,099	41.1	128
1942	(17)	21,131	7,745	2,452	852	5,884	8,198	36.7	105
1943	(18)	22,801	8,355	2,546	819	1,891	9,190	36.6	96
1944	(19)	22,695	9,591	2,446	672	1,119	8,867	42.3	78
1945	(20)	...	...	...	...	...	...	...	...
1946	(21)	269,100	154,700	17,900	15,900	34,500	46,100	57.5	65 (80)
1947	(22)	856,000	522,600	46,300	53,400	101,100	132,600	61.1	91 (113)
1948	(23)	1,686,500	1,033,400	119,300	102,700	163,400	267,700	61.3	106 (133)
1949	(24)	2,398,900	1,492,900	126,100	99,400	80,300	600,200	62.2	124 (147)
1950	(25)	2,533,300	1,560,200	149,700	110,000	93,400	620,000	61.6	138 (164)
1951	(26)	3,178,100	1,800,100	177,400	121,900	256,100	822,600	56.6	
1952	(27)								
1953	(28)								

備　考　注：a．飲食費は食料のほか，酒，ビール，煙草，茶等も含んでいる。
　　　　　 b．その他経費は保健衛生費，文化費，交際費，本邦人海外純消費などからなる。
　　　　　 c．Hすなわち一人当り実質消費支出はAを人口と物価指数で割って得たものである。物価（→ F-4），人口（→ B-1）．戦後についてはラスパイレス式生計費指数で割ったものと，フィッシャー式生計費指数で割ったもの（括弧内）とを併記した。

資料：経済安定本部国民所得調査室，
　　　1930～44：*Tables on National Income and Gross National Expenditure for 1930－44*, Aug. 31, 1950.
　　　1946～48：戦後の国民所得，1950年4月；国民所得資料月報，第26号，1951年，9・10月．
　　　1949～50：国民所得資料月報，第28号，1952年1月；1951：昭和26年度国民所得報告，1953年．

A 国民所得　　　　　　　　　　　　　　　　21

利用上の注意　1. 消費支出の推計には，家計調査による方法（人的方法）と，生産・配給統計による方法（物的方法）とがある．

2. 1930〜44 年：農家は農林省「農家経済調査」，非農家は内閣統計局「家計調査報告」を利用して，1930〜39 年の消費支出を推定する．1940〜44 年については，「戦略爆撃調査団」提出資料の消費支出推計（物的方法）を利用して 1930〜39 年の計数が補外される．

3. 1946〜48 年：人的方法によるものであって，非農家は「消費者価格調査」(C.P.S.)，農家は物価庁「緊急家計費調査」(1946 年)，全国農業会調「農家生計費調」(1947 年)，農林省「農家生計費調査」(1947 年)を基礎にして推定したものである．

4. 1949〜50 年：物的方法によって推計した 1948 年度第 4 四半期の個人消費支出を基礎にして，C.P.S. ならびに「農家経済調査」によって延長推算したものである．

5. このように 1946〜48 年間は人的方法による推計結果が載せてあるが，この間物的方法による推計も行われた．概して人的方法のばあいは物的方法によるばあいよりは金額が小さくでており，1946 年（昭和21年度）には93%，1947 年には95%，1948 年には 86% となっている．物的方法によると，特に闇取引の激しかった 1946 年 10〜12 月だけについて固めた計数を延長推計していることのために，闇径路による購入物資がどうしても脱落しやすいし，会社官庁などで消費する「経費的」消費が含まれるという重大な相違も生ずる．他方人的方法では，衣服などのばあい，中古品の購入が入ってくる．これらのうち会社の接待費などの形で消費される「経費的」消費のもつ意味は大きい．一例として 1949 年（昭和 24 年度）における煙草の消費について見ると，物的方法では 1,983 億円，人的方法では 706 億円となっており，前者は後者のほぼ 3 倍に近い．

物的方法による戦後消費支出の推計

会計年度	1946	1947	1948
	億円	億円	億円
総　計	2,890	9,043	19,650
飲食費	2,027	6,156	13,099
衣料費	166	581	783
光熱費	123	373	850
住居費	137	369	794
雑　費	437	1,564	4,124

資料：経済安定本部国民所得調査室，戦後の国民所得．

解　説　1. 一人当り実質消費支出は都市農村を合せた平均水準を示すものであり，1938 年まで上昇するが，その後は戦争の影響で次第に低下した．殊に戦後の 1946 年には 1934〜36 年に比し 40.3% に低落し，1950 年になってもまだ 85.5% を超えていない．

2. 経済全体としての飲食費の割合は，戦時は 37〜45% の間にあったのが，戦後は 60% よりやや大きくなっている．戦後この形でのエンゲル係数が大体 60% 台に安定して変らないことは一見奇異の感を与えるが，このような結果は都市生活者のエンゲル係数の低下が，農民のエンゲル係数の上昇によって相殺されて生じた．

参　考　1. 戦時中物的方法によって消費支出の推計を行った「戦略爆撃調査団」提出資料によると，消費支出は大体本表のものより 40% 前後高い．これは生産統計から民需消費支出を公定価格で推計したものである．

2. 戦後の消費支出推計に対しては，都留重人「戦後国民総生産統計の吟味 (7)」(「経済研究」第 2 巻第 4 号)の批判と，浅野義光「都留重人氏の戦後国民総生産統計の吟味 (1) について」(「経済研究」第 3 巻第 2 号)がある．

3. アメリカの商務省の国民所得統計では，消費支出は，耐久財・非耐久財・サービスの三者に区分され，1950 年では夫々の割合は 15.3%，53.3% および 31.4% であった．

A-8　　　　　　　　　国　　富　（百万円）

	1930 (昭和 5 年)				1935 (昭和 10 年)			
	A 総額	B 官有	C 公有	D 私有	E 総額	F 官有	G 公有	H 私有
総　　　　額	110,188	13,469	4,635	92,083	124,343	15,195	6,755	102,393
土　　　　地	41,091	3,125	1,412	36,554	37,087	2,403	2,045	32,639
鉱　　　　山	6,500	5	…	6,495	10,011	62	…	9,949
港湾および運河	343	247	95	1	454	342	110	3
橋　　　　梁	483	10	473	…	786	15	771	…
樹　　　　木	6,707	2,119	543	4,045	7,086	1,735	1,085	4,267
家畜および家禽	346	23	0	323	431	31	0	400
建　　　　物	22,843	888	1,223	20,732	26,211	965	1,578	23,669
工業用機械器具	1,809	145	…	1,664	2,921	168	4	2,749
鉄道および軌道	3,598	2,585	258	754	3,747	2,682	106	960
諸車および航空機	660	347	17	296	846	485	41	319
船　　　　舶	2,060	1,049	9	1,002	3,035	2,100	10	925
電気ガス供給設備	1,905	76	129	1,699	3,088	83	218	2,787
電信および電話設備	199	196	…	3	526	493	22	11
水道設備	353	3	343	6	584	1	578	4
所蔵財貨	18,847	832	321	17,694	23,046	969	426	21,651
家具家財	12,473	543	321	11,609	13,524	632	425	12,467
生産品	5,457	289	…	5,168	8,090	337	1	7,752
鋳貨および金銀地金	917	…	…	917	1,433	…	…	1,433
雑	2,251	2,055	14	181	3,547	2,971	18	558
対外債権債務差額	191	(-)238	(-)203	633	935	(-)309	(-)257	1,501
国民所得 a	10,828				13,528			

備　考　注：a. 分配国民所得である．（→ A-3）
　資料：内閣統計局，昭和 5 年国富調査報告．
　　　　総理府統計局，昭和 10 年における我国富および国民所得額．

利用上の注意　1. わが国の国富調査は，すでに 1913 年, 1919 年の国勢院推計, 1924 年の内閣統計局推計などがあるが，ここに掲げた 1930, 1935 年の調査は一層綿密なものであった．
　2. 価額の算定基準は，原則として減耗を斟酌した再生産価額とし，これに依ることの不適当な財貨については時価に依ったものである．
　3. ここに官有公有とあるのは，いわゆる国有財産，地方有財産と必ずしも内容，評価基準をひとしくしない．

解　説　1. この国富を国民所得で割って得た比率は，1930 年 10.2, 1935 年 9.2 となる．しかしこれから土地を除いて比率を計算すると，1930 年 6.4, 1935 年 6.45 となる．しかしさらに Fellner や Kuznets がアメリカで reproducible wealth を出すために施した操作を加えるべきだとすれば，家具家財，鋳貨および金銀地金，対外債権債務を控除しなければならない．そうすると，1930 年 5.1, 1935 年 5.3 という比率になる．そしてこれがいわゆる資本・所得比率，

あるいは「資本係数」と称せられるものであり，近時の経済理論で重視されている概念なのである．つまり資本係数が一定ならば，国民所得と資本の成長の比率は一定でなければならない．したがって成長率＝$\frac{資本増加}{資本}$＝$\frac{所得増加}{所得}$ でなければならない．しかるに $\frac{資本蓄積}{所得}$＝$\frac{資本}{所得}$×$\frac{資本増加}{資本}$ であるから，資本係数が一定の場合，一定の成長率を維持するために，どれだけの貯蓄率あるいは蓄積率が必要かは成長率と資本係数の積から明かになるわけである．

2. 土地，家財，対外債権債務などを国富から除いて得られた国民資本 (1930年555億円，1935年714億円) を，卸売物価指数で1930年価格に換算して，5カ年間の資本増加をみると81億円になる．これを1935年価格で計算すると90億円の増加になる．だからこの間1カ年当り16億円〜18億円にわたる資本蓄積が行われたと推定できる．そしてこれは国民所得の13〜15%という勘定になる．しかし国富の評価を再生産価格もしくは時価で行うという原則がたてられているとしても，各項目別に検討すると，簿価によるものがかなり多いと推定される．（特に官公有国富において）．だから実質資本の増加，したがってまた資本の蓄積率は13〜15%よりもすこし大きくなると思われる．

3. ここに官有・公有とある価額は国有財産および地方有財産とは第一に金額がちがっている．1930年には国有財産＝83億円，地方有財産＝11億円，1935年には前者が93億円，後者が11億円となっており，1943年には両者が夫々1,710億円，1,904億円となっている．国富中の官有・公有の部分より金額が小さい．それだけでなく第二に概念がちがっている．なぜなら国有財産中の株式，持分，鉱業権などは国富としてみると除外さるべき性質をもっているし，地方有財産中の有価証券，預金・現金，貸付金，保管金もそうだからである．それにもかかわらず国富中の官公有の金額が国有財産・地方有財産に比べて大きいのは一つは評価の相違と考えられるであろう．しかしここで国有財産といっているのは国有財産法の適用を受ける国有財産を意味し，公社債，貸付金，現金，備品，消耗品類，政府事業に使用する原材料のようなものは含まれていない．したがって法律上の概念と経済上の概念の相違もこの相違の一つの説明となりえよう．戦後，財産税，戦時補償特別税による旧勘定預金，証券，不動産，動産などの物納財産があるけれども，これは国有財産法における国有財産ではない．

4. 土地，樹木などを除く，資本的一般国富の終戦時 (1945年8月) の推定は，経本総裁官房調査課，「我国経済の戦争被害」によって行われている．この推計によると終戦時残存の資産的国富は，1,888億円（公定価格）である．なお戦災被害総額は653億円 (1945年8月価格) であって，被害のなかった場合に残存したであろう資産的国富の25.4%にのぼる．被害の割合は，建築物が24.6%，工業用機械器具が34.2%，船舶が80.6%，所蔵物貨が21.6%，諸車が21.9%，港湾運河が7.5%であり，鉄道・軌道が7.0%，公益諸事業の施設は10〜16%であった．しかも全被害率である25.4%のうち，間接被害（戦時中の補修見合せ，疎開，外地喪失，賠償撤去等によるもの）を除く直接被害率は19.2%であった．

参 考　1. Fellner の推計によると，資本係数はアメリカでは，1879—1938年間，平均3.03，最低 2.58，最高 3.31 であった (*Monetary Policies and Full Employment*, p. 80). Kuznets は *National Products since 1869*, p. 228 において，reproducible wealth の推計をより一そう正確なものにしようとしている．わが国に比し著しく低い点が注目される．

2. 国富に関する著作としては，我国では，中川友長「国富及び国民所得」(1935) がある．

B 人口と労働力

　経済の動きに対して，人口は天然資源とともに，その条件を形作る．人口は消費行動を主とする家計の活動によって供給せられ，その人口のうちの大部分が労働力として，生産活動を可能ならしめる．労働力は，土地および資本と結合することによって，生産の三要素の一として生産に参与するのである．

　人口の一般的変動を取扱うものは，いうまでもなく，総人口の年次的変化（→ B-1）であって，そのうち，消費の構造およびその大きさを決定し，さらに生産の構造をも左右する要因として，都市と農村両人口の比率の年次的変化を考えなければならない（→ B-2, G-1, G-2）．人口の都市集中化の傾向は，従来人口問題でとり上げられてきた重要な問題であるが，さらにその内容を吟味すれば，太平洋戦争以降，農村人口の都市人口に対する相対的増大を見る．戦後は再びこの関係は戦前に復帰しようとする傾向にあるが，これらの事実は今後の人口問題対策への一つの素材を提供するものであろう．

　人口の増加は，資源を一定とすれば，一人当りの消費水準（→ G-3）を次第に低下せしめる．この低下を阻止しようとすれば，領土の拡張を図って，新しい資源を獲得しなければならず，ここに領土侵略の危険が伏在する．この傾向は太平洋戦争前の軍の指導原理であった．他方与えられた領土において消費水準を低下せしめないようにするには，産児制限等による人口の調節と，与えられた領土内における資源の開発による生産の増大（→ D-1）とを期せねばならない．

　資源の開発には労働力が必要であり，さらにこれを原料として製品を生産するにもまた労働力を不可欠とする．資源には種々の別があり，さらに生産活動にも，農林水産業，鉱業，工業が区別されねばならず，これら鉱業，工業それ自体のなかでも種々のものが考えられる．一国の国民経済を順調に発展せしめるためには，生産に附随して，商業，金融業等も考慮せられねばならず，これらすべての各産業部門に配置せられる労働力の給源としての就業人口の比率が適当でなければならない．これら各産業間の部門別就業人口の比率を歴史的に知ろうとするものが「就業人口の産業別構成」（→ B-3）である．

　産業別就業人口の構造的特質を把握するには，労働人口それ自体の構成が問題となる．すなわち，有業，無業ないし失業の人口の適当な割合が考慮されねばならない．有業人口の増大はいうまでもなく，一国の生産活動を増大せしめる．これに対して，必ず無業人口ないし失業人口が存在するものであって，これらを抹殺して全部を有業人口化することはできない．一定の生産活動

を行うに足る年齢に達しない年少者や，老人，不具癈疾者はいつの世にも存在するし，さらに生産活動に従事することのできる能力を持ち合せながら，就業の機会に恵まれない失業者の問題も考えなければならない．ことに失業者の問題は社会問題の重要な一側面であり，失業人口統計は失業問題に対して重要な資料を提供することとなる．(→ B-4)

労働力を人口数であらわしただけではいわば平面的な分析に止まるのであって，これをさらに立体的にとらえるには，労働力の強度を測る計数としての労働日数や労働時間を考えなければならない (→ B-5)．これによって，労働の実質的分析が可能となるのである．

以上のように，労働力は一般の人口から与えられるものであり，さらに一般の人口は家計の活動から供給せられる．そして生産活動の行われる産業によって需要せられるのである．この需要・供給の関係から労働の価格すなわち賃金が決定せられるのであるが，これは一般の商品が同様の事情から決定せられるのとはその趣きをやや異にし，それには社会的な条件がかなり強く働く．このような意味において本編の問題には，賃金統計（→ F-6）をも同時に考えてゆかねばならない．

本編は，さらに一般人口一人当りの消費水準（→ G-3），一人当りの国民所得，消費支出（→ A）の算出に当っての基礎資料であり，労働人口は労働の生産性（→ D-3）を決定する資料でもある．

B-1　　　　　　　　　　　　　　　　　　　　　　　　　　　　　総　　　　　人

項目 年次	A 総人口			毎5年純増加		女100 につき男	B 出生・死亡・自然増加率			C人口 総面積 1km²
	総数	男	女	増加数	同率		出生	死亡	自然増加	
昭和	千人	千人	千人	千人	%		‰	‰	‰	人
1929 (4)	62,930	…	…	…	…	…	32.8	19.9	12.9	
1930 (5)a	63,872	32,117	31,755	4,693b	7.9b	101.1	32.4	18.2	14.2	168
1931 (6)	64,820	…	…	…	…	…	32.2	19.0	13.2	
1932 (7)	65,800	…	…	…	…	…	32.9	17.7	15.2	
1933 (8)	66,790	…	…	…	…	…	31.5	17.7	13.8	
1934 (9)	67,680	…	…	…	…	…	30.0	18.1	11.9	
1935 (10)a	68,662	34,453	34,209	4,789	7.4	100.7	31.7	16.8	14.9	181
1936 (11)	69,590	…	…	…	…	…	30.0	17.5	12.4	
1937 (12)	70,360	…	…	…	…	…	30.8	17.0	13.7	
1938 (13)	70,590	…	…	…	…	…	27.1	17.7	9.4	
1939 (14)	70,930	…	…	…	…	…	26.6	17.7	8.8	
1940 (15)a	72,540	36,295	36,244	3,878	5.6	100.1	29.0	16.2	12.7	191
1941 (16)	72,750	…	…	…	…	…	31.1	15.7	15.4	
1942 (17)	73,450	…	…	…	…	…	30.2	15.8	14.4	
1943 (18)	73,980	…	…	…	…	…	30.2	16.3	13.9	
1944 (19)c	72,474	34,359	38,114	…	…	90.1	30.0	30.1	−0.3	191
1945 (20)c	71,998	33,894	38,104	−542d	−0.7d	89.0	23.4	30.3	−6.9	195
1946 (21)c	73,114	34,905	28,209	…	…	…	26.3	18.4	7.9	198
1947 (22)a	78,101	38,129	39,972	…	…	91.4	34.3	14.6	19.7	212
1948 (23)e	80,000	…	…	…	…	95.4	33.5	11.9	21.6	
1949 (24)e	81,800	…	…	…	…	…	33.0	11.6	21.4	
1950 (25)a	83,200	40,791	42,409	11,202f	15.6f	96.3	(28.3)	(10.9)	(17.4)	226
1951 (26)	84,573	…	…	…	…	…				
1952 (27)	85,900	…	…	…	…	…				
1953 (28)										

備考　注：a. 国勢調査人口（各年 10 月 1 日現在）．
　　　　b. 1925 年の国勢調査人口との比較．
　　　　c. 人口調査人口（調査期日は，それぞれ 1944 年 2 月 26 日，1945 年 11 月 1 日，1946 年 4 月 26 日）．
　　　　d. 前回調査との間隔は 5 年 1 カ月．
　　　　e. 前記 a. c 以外の年次の人口は，各年とも GHQ の推計人口（各年 10 月 1 日現在），ただし 1948 年と 1949 年とは，1951 年 2 月に公表された新推計．
　　　　f. 前回調査との間隔は 4 年 11 カ月．
　　　　g. 不確定数．
　　　　h. 上段は同年 2 月 22 日現在，下段は同年 10 月 1 日現在．

密度	D 戦闘員および戦死者						項目	
	戦 闘 員			戦 死 者				
耕地面積 1km²	内 地	外 地	計	陸 軍	海 軍	計		年 次
人	千人	千人	千人	人	人	人		昭和
…	…	…	…	…	…	…	1929	(4)
1,090	…	…	…	…	…	…	1930	(5)a
	…	…	…	…	…	…	1931	(6)
	…	…	…	…	…	…	1932	(7)
	…	…	…	…	…	…	1933	(8)
	…	…	…	…	…	…	1934	(9)
1,154	500	…	500	12,000	400	12,400	1935	(10)a
	500	…	500	37,300k	926	38,226	1936	(11)
	500	100g	600	37,300k	827	38,127	1937	(12)
	500	600	1,100	39,400	919	40,319	1938	(13)
	500	800	1,300	29,500	695	30,195	1939	(14)
1,216	700	1,000	1,700	25,200	2,823	28,023	1940	(15)a
	900	1,000	1,900	36,900	41,103	78,003	1941	(16)
	1,000	1,500	2,500	83,950k	51,133	135,083	1942	(17)
	1,000	2,000	3,000	83,950k	138,840	222,790	1943	(18)
1,290	h{1,000 / 1,000	h{2,700 / 3,100	h{3,700 / 4,010	955,200l	109,372	1,064,572l	1944	(19)c
1,394	i{3,500 / …	i{3,500 / 3,500	i{7,000 / 3,500	[1,340,700]m	[347,038]m	[1,687,738]m	1945	(20)c
1,424	…	…	…	0	0	0	1946	(21)c
1,531	…	…	…	0	0	0	1947	(22)a
	…	…	…	0	0	0	1948	(23)e
	…	…	…	0	0	0	1949	(24)e
1,746	…	…	…	0	0	0	1950	(25)a
							1951	(26)
							1952	(27)
							1953	(28)

i. 上段は同年 10 月 1 日現在（降伏の日から同年 10 月 1 日までの帰還者，召集解除者を含む），下段は同年 11 月 1 日現在．
j. 降伏の日から同年 11 月 1 日までの帰還者を含む．
k. 2 カ年の合計が報告されているため，これを両年に等分．
l. 降伏後の若干の戦死者を含む．
m. 1935 年 10 月 1 日から 1945 年 9 月 30 日までの合計．

資料：A. 総理府統計局（内閣統計局），国勢調査報告書；同局，人口調査報告書；同局，昭和 25 年国勢調査 1% 抽出集計による結果速報；GHQ, *Japanese Economic Statistics.* B. 厚生省，人口動態統計 同省，人口動態統計毎月概数．C. 耕地面積については，農林省，農林省統計表；同省，農林統計速報．D. GHQ, *Annual Change in Population of Japan Proper, 1920-47.*

利用上の注意　1. 戦前および戦時中に行われた人口調査の調査地域は，内地・朝鮮・台湾・樺太・関東州および満鉄付属地・南洋群島の6地域であって，同調査の結果表章も，これらの各地域ごとになされ，「内地」以外は一括して「外地」とよばれた．敗戦後，わが国は「外地」のすべてを失い，「内地」のなかでも，旧沖縄県のように，行政権のおよばぬ諸地域を生ずるに至った．したがって本表においては，戦前，戦後を比較するために，1944年まで，人口，人口密度計算ともに，旧沖縄県の分を除外した．

2. 1930年，1935年，1944年，1946年，1947年の国勢調査または人口調査の調査人口は，いずれも「現在人口」(ただし，1944年の人口調査は，「陸海軍の部隊，艦船に在る者」を除外)である．1940年の国勢調査では，「銃後人口」は「現在人口」，軍人軍属は「常住人口」が調査されたが，後者は 1,682,518 人で，このうち約 100 万人は外地に在る者と推定されている．なお，1947年の人口は，水害地のみを補正した人口である．

3. 人口動態諸比率算出の基礎人口としては，本表の総人口を用いた．

4. 耕地面積当り人口密度の算出に用いた耕地面積については C-2 参照.

5. 「戦闘員および戦死者」の表について．

i. 「戦闘員」についての数字は各年 10 月 1 日現在,「戦死者」についてのそれは各年 10 月 1 日にはじまる 1 カ年間．

ii. この表の数字は，終戦連絡中央事務局から連合国軍最高司令官に提出した覚書 (1947 年 7 月 11 日づけ) に基づいて，GHQ が推定したものであって，1940 年および 1941 年についての数字は，1940 年の国勢調査の数字によって補正されている．

解　説　1. 1950 年 10 月 1 日現在のわが国総人口は，83,199,637 人で，これを 20 年以前すなわち 1930 年のそれと比較すると，約 1,933 万人 (30.3%) の増加となっている．この期間を 2 期に分け，1930～40 年の太平洋戦争前と，1940～50 年の太平洋戦争中・戦後とにすれば，前半における増加は 13.6%，後半のそれは 14.7% となり，——後述するように後半には大変動があったにもかかわらず，——全体としての増加率に著しい変化はない．

2. 1930 年以降毎 5 年の純増加率を見ると，日華事変前までは 7% 台を示し，日華事変から太平洋戦争までの期間には 5% 台におち，太平洋戦争の末期にいたる 5 年間には逆に 0.7% の減少となり，さらに敗戦後の 5 年間には 15.6% という空前の増加率を示していることが知られる．

3. 出生率の減退は，戦争に通有な随伴現象であって，1935 年以降における戦闘員の増加傾向および人口の性別構成比率の変化を見れば，この間の事情は一層明瞭になるであろう．他方において，死亡率は戦争末期に飛躍的な増加を示している．当時の人口動態統計の不備を考慮しても，1944 年の死亡率は前年の 2 倍に近い激増を示しており，明治以来最高の死亡率を示した 1920 年の 25.4% (流行性感冒による) を凌駕している．戦争末期における戦死者の数にいたっては，さらに激しい増加傾向を示している．すなわち，1942 年 10 月以降満 3 カ年間の戦死者は，1935 年以降 10 カ年間の全戦死者の 84.3% (1944～45 年の 1 カ年のみでもその 63.1%) に達している．

4. 戦後 5 カ年間の人口増加は約 1,180 万人に達し，1934～36 年の 1 カ年当り平均自然増加数の実に 13.2 倍におよんでいる．この結果，わが国の人口は，戦争中の減少を一挙にとりかえし，太平洋戦争の開始期 1940～41 年をさしはさむ前後各 10 年間の傾向をほぼ等しくするようになった．

B 人口と労働力

戦後5カ年間の人口動態

A 年次	B 期初総人口	C 自然増加	D 引揚超過	E C+D	$\frac{C}{E}$	$\frac{D}{E}$
	千人	千人	千人	千人	%	%
1945～46	72,409	191	3,556a	3,747	5.1	94.9
1946～47	76,156	1,470	1,001	2,471	59.5	40.5
1947～48	78,627	1,753	318	2,071	84.6	15.4
1948～49	80,697	1,789	149	1,938	92.3	7.7
1949～50	82,636	1,536	31	1,567	98.0	2.0
1950	83,200b					
1945～50		6,739	5,055a	11,794	57.1	42.9

注: A. 年次は各年10月1日よりはじまる1カ年.
  B. 26頁の総人口とこの総人口とが一致しないのは, 前者がその後訂正された数字に基づいているためである.
  C. 出生と死亡の差. D. 日本への引揚と日本からの帰還の差.
  a. 降伏の日から1945年10月1日までの引揚・帰還をふくむ. b. 1950年国勢調査人口.
資料: GHQ, *Japanese Economic Statistics*, Nov. 1950, No. 51.

5. 上表に見るごとく, 敗戦初年から翌年秋にかけての人口急増の圧倒的部分は, 外地から日本への引揚げが日本からの帰国を超過したものによってもたらされた. その翌年から, 引揚超過は急速に減少し, 人口の純増加の大部分は自然増加分によって占められるのであるが, 戦後5カ年間を通じて見ると, 引揚超過による人口増加は約500万人と全体の40%を優に越えている.

6. 敗戦後の人口増加の大部分が, とくに敗戦直後においては, 引揚人口によって占められ, しかもその圧倒的部分が生産年齢にある男子であったということは, 戦後人口の自然動態においては, まず出生率の著しい上昇となってあらわれ, 1947年には34.3‰を示した. この率は1920年の36.2‰, 1921年の35.1‰にはなおおよばないが, 特異な一時的高率というべく, 1950年には顕著な低下を示している. つぎに死亡率を見ると戦後の改善は極めて顕著である. すなわち, 1947年を転機として14.6‰から11‰台に下り, 1950年には実に10.9‰を示すに至った. 死亡率10.9‰といえば, 先進諸国のそれと比べて決して見劣りのするものではない.

7. この死亡率の著しい低下改善は戦後における乳児死亡率の顕著な改善と, 結核死亡率の低下によるその改善とによってもたらされた. しかしながら, 乳児死亡率の改善と表裏して死産率は極めて顕著な増勢を示している. しかも全死産中に占める人工妊娠中絶による死産の割合は, 1948年の21.6%から, 1949年の39.2%, 1950年の50.3%へと著しい増加となっている. また, 結核死亡率 (全結核) は, 乳児死亡率ほど顕著ではないが, 毎年低下している.

8. 敗戦後のわが国人口の著増が, 第一に外地からの引揚人口の増加によってもたらされたということは, 男子の生産年齢人口の急増を招来し, それは, 一方ではすでに出生率の増大となってあらわれ, 他方では労働市場への圧迫となって作用すべきものである. また第二に, このようにしてもたらされた出生増加と, その反面に明瞭にあらわれている死亡率の低下とは, 将来生産年齢人口にくりいれらるべき人口がいよいよ大なるべきことを予告している. そして, この項の諸表から読みとるかぎりでは, 以上の諸問題は人口密度の変化に集中的にあらわれている. さらに, 人口の都市集中・離散および産業間の分布の変動については B-2 以下参照.

参 考 文献: 森田優三著「人口増加の分析」1944年. 館稔・稲葉秀三・安芸皎一・近藤康男・美濃口時次郎共著「日本の人口問題」1950年.
United Nations, *World Population Trends, 1920～1947*, New York, 1949.
United Nations, *Demographical Yearbook, 1948*, New York, 1949.

都　市　・　農

B-2 項　目＼年　次	A. 郡・市別人口とその割合				B. 郡・市別性比 (女100につき男)		C. 郡・市別面積割合 d	
	人　口		割　合					
	市	郡	市	郡	市	郡	市	郡
昭和	千人	千人	%	%			%	%
1930 a (5)	15,364	48,509	24.1	75.9	106.7	98.7	0.8	99.2
1935 a (10)	22,582	46,080	32.9	67.1	105.5	98.3	1.3	98.7
1940 a (15)	27,494	45,045	37.9	62.1	102.5	98.7	2.3	97.7
1944 b (19)	29,650 c	42,470 c	40.9	59.1	90.9	88.2	3.6	96.4
1945 b (20)	20,022	51,976	27.8	72.2	94.2	87.0	3.8	96.2
1946 b (21)	22,205	50,909	30.4	69.6	94.7	89.9	3.9	96.1
1947 a (22)	25,858	52,244	33.1	66.9	97.7	94.3	4.3	95.7
1950 a (25)	31,203	51,996	37.5	62.5	96.9	95.7	5.3	94.7
1951 (26)								
1952 (27)								
1953 (28)								

備　考　注：a. B-1 の備考「注」a に同じ．
　　　　b. B-1 の備考「注」c に同じ．
　　　　c. 1944 年の市・郡別人口は，調査不備のため，その合計は B-1 の総人口と一致しない．
　　　　d. 市・郡の面積は，調査当時の面積によった．
　　資料：総理府統計局，国勢調査結果報告；同局，人口調査結果報告．

利用上の注意　1. B-1 の「利用上の注意」の 1 に同じ．
　2. 本表の人口は，千位未満を四捨五入したため，備考「注」c に記した以外の年次についても，市・郡別人口の合計は B-1 の表の総人口と一致しない場合がある．
解　説　1. 都市と農村とにおける人口の比例は，一般的には資本主義の発展に伴う人口の都市集中化傾向として特徴づけられる．戦前から人口の都市集中化は一本調子にすすみ，1944 年には都市の人口は総人口の約 41% を占め，この傾向が頂点に達したことが知られる．都市の人口は，1935 年を 100 とすれば，1944 年には 131.3 となった．しかしこの期間に市域は 2.7 倍に拡大された．したがって，都市の人口密度は，この間かえって減少している．同時に，農村の人口密度もまた減少しているが，これは農村人口都市集中および戦時動員による外地への移動を物語る．
　2. 以上の事情は，都市と農村とにおける性比によって裏書きされる．わが国人口の都市集中は，都市における男子超過となってあらわれるのが普通であって，1940 年までこのことに変化はなかった．しかし，都市における男子超過の度合は，1930 年以降漸次低下し，1944 年には急激に男子不足を示している．これは，男子人口の戦時動員の累増と女子による男子労働の代位を示すものである．

村 人 口

D 郡・市別人口密度 ($1km^2$ 当り)		E 人口階級別市町村人口					項目 年次	
市	郡	10万以上	10~4万	4~2万	2~1万	1万未満		
人	人	千人	千人	千人	千人	千人		昭和
5,220	129	11,481	5,533	3,431	5,476	37,951	1930 a	(5)
4,439	123	17,529	4,360	3,506	5,975	37,292	1935 a	(10)
3,164	121	21,291	5,014	4,163	6,073	35,998	1940 a	(15)
2,154	116	…	…	…	…	…	1944 b	(19)
1,418	147	11,014	7,313	5,134	9,076	39,460	1945 b	(20)
1,526	144	13,465	7,478	4,927	8,763	38,482	1946 b	(21)
1,628	148	16,789	8,364	4,865	9,393	38,688	1947 a	(22)
1,597	149	21,327	8,576	5,407	9,598	38,293	1950 a	(25)
							1951	(26)
							1952	(27)
							1953	(28)

人口階級別市町村人口百分比および指数

人口階級		10万以上	10~4万	4~2万	2~1万	1万未満
		百 分 比 (総人口=100.0)				
1930	昭和(5)	18.0	8.7	5.4	8.6	59.4
1935	(10)	25.5	6.3	5.1	8.7	54.3
1940	(15)	29.4	6.9	5.7	8.4	49.6
1944	(19)	…	…	…	…	…
1945	(20)	15.3	10.2	7.1	12.6	54.8
1946	(21)	18.4	10.2	6.7	12.0	52.6
1947	(22)	21.5	10.7	6.2	12.0	49.5
1950	(25)	25.6	10.3	6.5	11.5	46.0
		指 数 (1935年=100.0)				
1930	昭和(5)	63.0	126.9	97.9	91.6	101.8
1935	(10)	100.0	100.0	100.0	100.0	100.0
1940	(15)	121.5	115.0	118.7	101.6	96.5
1944	(19)	…	…	…	…	…
1945	(20)	62.8	167.7	146.4	151.9	105.8
1946	(21)	76.8	171.5	140.5	146.7	103.2
1947	(22)	95.8	191.8	138.8	157.2	103.7
1950	(25)	121.7	196.7	154.2	160.6	102.7

3. さらに，人口階級別に市町村人口の変動を見ると，——1944年についての数字がえられないので戦前・戦中の変動を明確に示しえないが，——この期間における人口は，10万以上の大都市に集中していたこと，工業の地方分散を反映して2~10万の中小都市への人口集中もまた行われていたこと，1万未満の農村の人口は減少していたこと，が明らかとなる．

4. 太平洋戦争の末期において，都市と農村との人口の比例は著しい変化を生じ，空襲の激化・食糧難による都市人口の農村疎開の結果，都市人口の急激な離散・減少および農村人口の急増を示している．すなわち，1944年2月末と翌年11月初とを比較すると，都市人口は約3,000万から約2,000万へ33%の減少となっているのに対し，農村人口は約4,200万から約

5,200 万へ 24% の増加となっている．これに対応して，都市および農村人口の性比もまた変化した．すなわち，1944 年とその翌年とを比較すると，都市においては男子人口の比重が増大した反面，農村においてはそれが減少している．この間における都市および農村の人口密度の激変も明瞭に上述の事実を裏書きしている．

5. しかし，空襲の激化・食糧難による都市人口の農村疎開といっても，人口の疎開が行われたのは，人口 10 万以上の大都市においてであって，中小都市はかえって疎開人口を受け入れる側に立っていたと考えられる．さらに，大都市のなかでも，いちじるしい隔りがあるし，農村といっても疎開人口の受け入れは一様ではなかった．

6. 敗戦後，都市の人口は，疎開者の環流・引揚人口の流入によって次第に回復し，都市および農村の人口割合から見ると，1950 年にはほぼ 1940 年ごろの状態に復帰している．そしてこの状態への復帰をうながした他の要因は，市域の拡大および新しい市の誕生であろう．1945 年に全国の市数は 206 であったが，1950 年にはそれは 248 へと約 20% の増加を示している．

7. 戦後の都市・農村間の人口の均衡は，その内容にたちいると，戦前とは著しく性質を異にしている．第一に，人口階級別市町村人口を見ると，人口 10 万以上の大都市の人口は，1950 年に全人口の 25.6% を占め，このかぎりでは 1935 年の水準に達しているが，人口 1 万未満の農村の人口は 1935 年には全人口の 54.3% を占めていたのが，1950 年には 46.0% へと低下してしまった．他方，中小都市の人口が全人口に占める比重は増大し，1935 年を 100 とする指数を見ても，この人口増加は極めて顕著である．しかも，農村人口は前述のごとく全人口に対する割合が低下したけれども，絶対数において――停滞的ではあるが――戦前よりも高位にある．これらの事実は都市と農村との社会的差異がしだいに減少しつつあることを思わせる．

8. 第二に，人口密度を見ると，都市の人口密度は，戦後においては 1947 年に頂点に達し，1950 年にはやや減少している．これに反して，農村の人口密度は，1946 年には疎開者の退去を反映してやや減少したが，その翌年から漸増しつつある．1947 年以降の 3 カ年間に市数は 214 から 248 へ約 16% 増加した．それを人口数から見ると，人口 2〜4 万の小都市の増加が最大で，この期間に 14% の増加となっている．このように激増した新らしい小都市が，農村的性質を多分にもっていることは容易に想像しうるところである．したがって，人口が都市に集中しつつも，なお都市の人口密度が低下していることは，戦前と同傾向であるが，同時に農村の人口密度が増加している点をも考え合せると，都市と農村との社会的差異が戦後次第に失われていることが一層明瞭に看取される．

9. 第三に，戦後における都市および農村の性比を見ると，男子人口の割合の増加が，都市においてよりも農村において一層大であることは戦後の特徴といえよう．わが国は，1950 年には全体として見れば女子 100 に対して男子 96.3 であった．この割合を中心として都市および農村の性比を見るとその差が極めて少いことがわかる（1935 年のわが国全体としての性比は 100.7 であった）．この点についても，都市と農村との開きが戦後において少くなっていることが知られる．そしてこの事実は，今後の人口の自然動態に至大な影響をもつであろうことはいうまでもなかろう．

10. 最後に，都市および農村における人口の年齢構成を見よう．都市における生産年齢人口の比重が農村よりも大であることは，戦前において一貫した特徴であった．すなわち，1935 年には，都市の生産年齢人口は 62.3%（1930 年には 63.3%），農村のそれは 52.4%（同 53.7%）であった．これに反し，戦後の 1950 年に，都市の生産年齢人口は 60.3%，農村のそれは 54.9% と

市・郡別年齢階級別人口構成

年齢階級	1935 年			1950 年		
	全国	市	郡	全国	市	郡
総数	% 100.0	% 100.0	% 100.0	% 100.0	% 100.0	% 100.0
0〜14	36.9	32.7	38.9	35.4	33.4	36.6
15〜59	55.7	62.3	52.4	56.9	60.3	54.9
60以上	7.4	5.0	8.6	7.7	6.3	8.5

注: 1950 年は 1% 抽出集計による結果速報による.

戦前の特徴を保持してはいるものの,都市において生産年齢人口の比重が戦前に比して小となった反面,農村におけるそれが大となっていることは注目すべきであろう. 生産年齢人口の比重の市・郡間における開きは,1935 年の約 10% から 1950 年の 5% 台へと,ほぼ半減しているのである.

参考 1. この数字に比較すべきものとして,カナダ,アメリカ,スイスおよびイギリスの統計を示せばつぎのごとくである.

各国の都市・農村人口と性比

国名および調査年月日		実数	都市・農村別百分比		女 100 につき男		
			都市	農村	全国	都市	農村
カナダ (1941年6月2日)	総人口 男 女	千人 11,507 5,901 5,606	% 54.3 52.2 56.6	% 45.7 47.8 43.4	105.3	97.0	116.0
アメリカ (1940年4月1日)	総人口 男 女	131,669 66,062 65,608	56.5 55.0 58.0	43.5 45.0 42.0	100.7	95.6	107.8
スイス (1941年12月1日)	総人口 男 女	4,266 2,060 2,205	32.9 31.2 34.5	67.1 68.8 65.5	93.4	84.5	98.1
イギリス (1931年6月26日)	総人口 男 女	46,075 22,082 23,993	79.2 78.5 79.9	20.8 21.5 20.1	92.0	90.3	98.8

資料: United Nations, *Demographical Yearbook, 1948*, New York, 1949.

2. 文献: (→ B-1)

B-3		A 実数				B 百分	
分類 項目		1930年	1940年	1947年	1950年	1930年	1940年
就(有)業総人口		千人 29,341	千人 33,839	千人 33,329a	千人 35,540b	% 100.0	% 100.0
1.	農業	13,742	13,860	16,622	16,160	46.0	41.0
2.	林業および狩猟業(伐木業を含む)	186	302	480	390	0.6	0.9
3.	漁業および水産養殖業	562	576	710	710	1.9	1.7
4.	鉱業	314	627	667	550	1.1	1.9
5.	建設業	977	1,032	1,320	1,420	3.3	3.1
6.	製造業	4,702	7,211	5,440c	5,600	16.0	21.3
7.	卸売業および小売業	4,113	4,257	2,115	3,840	14.0	12.6
8.	金融, 保険および不動産業	194	310	251	350	0.7	0.9
9.	運輸, 通信およびその他の公益事業	1,289	1,629	1,709	1,770	4.4	4.8
10.	サービス業	2,459	2,951	2,656	3,200	8.4	8.7
11.	公務	733	859	915	1,470	2.5	2.5
12.	分類不能の産業および不詳	71	226	444	90	0.2	0.7

備考 注: B-1 の備考「注」の各項を参照されたい.
    a. 「水害地の調査もれ」を補正しない計数. B-4 表の就業者総数 33,655 千人と一致しないが, 産業別人口は未補正数で表章されているので, 止むなくそれに従った.
    b. B-4 の備考「注」の d 項参照.
    c. 「製造兼小売業」は, 1947 年は製造業に, その他の年次には「小売業」に含まれている.
資料: 総理府統計局, 昭和 25 年国勢調査, 1% 抽出集計による結果速報 (その 2) および同局の集計原表.

利用上の注意 1. 産業分類は, 各年次の国勢調査ごとに改められた. 本表は, 総理府統計局 (内閣統計局) が, 1950 年の国勢調査の結果表章に用いた産業分類に基づき, 1930 年までさかのぼって, 小分類から統一的に組みかえて集計した結果である. (1940 年調査の産業別有業者数は, 軍人・軍属については入営・応召前の産業によって加算した.)
  2. 1950 年調査の 10～13 歳就業者総数 31 万のうち, 農業は 27 万人, 非農業は 5 万人である.
  3. 総理府統計委員会事務局編の「日本標準産業分類」第 1 巻にしたがって, 1950 年調査に用いられた分類 (大分類のみ) につき, 従来の分類と著しく異なる点を列挙すればつぎのごとくである.
    i. 農業には造園業, 植木業を含む.

産 業 別 構 成

比		C 男女別割合				項 目	
1947年	1950年	1947年		1950年		分 類	
		男	女	男	女		
%	%	%	%	%	%		
100.0	100.0	61.9	38.1	61.2	38.8	就(有)業総人口	
49.9	45.4	48.2	51.8	48.5	51.5	1. 農	業
1.4	1.1	87.1	12.9	84.6	15.4	2. 林業および狩猟業(伐木業を含む)	
2.1	2.0	86.2	13.8	90.1	9.9	3. 漁業および水産養殖業	
2.0	1.5	85.2	14.8	89.1	10.9	4. 鉱	業
4.0	4.0	96.0	4.0	93.7	6.3	5. 建 設	業
16.3	15.8	73.2	26.8	71.3	28.7	6. 製 造	業
6.4	10.8	67.8	32.2	60.7	39.3	7. 卸売業および小売業	
0.8	1.8	66.9	33.1	68.6	31.4	8. 金融,保険および不動産業	
5.1	5.0	88.4	11.6	89.3	10.7	9. 運輸,通信およびその他の公益事業	
8.0	9.0	60.7	39.3	53.4	46.6	10. サ ー ビ ス 業	
3.0	4.1	80.1	19.9	83.0	17.0	11. 公	務
1.3	0.3	69.1	30.9	77.8	22.2	12. 分類不能の産業および不詳	

ii. 林業および狩猟業には伐木業を含む.
iii. 鉱業には附属の請負業を含む.
iv. 建設業は, 従来「工業」(大分類) のなかの中分類項目の一つであったが, 新たに独立した(土建の設計監督業を除く).
v. 製造業の新定義「物を新たに作り, これを卸売すること」によって, 製造業と商業, 修理業との境界が明白となる. 修理業と製造小売業を含まない.
vi. 卸売業および小売業とは,「有体的商品の商売業務を主とする」ものである. この定義によって製造業, サービス業との境界が明白になる. 飲食店を含むが, 不動産業および倉庫業を除く.
vii. 運輸, 通信およびその他の公益事業には倉庫, 保管業, ガス, 電気, 水道, 衛生業が含まれる.
viii. サービス業には, 従来の自由業の全部と, 修理業を含む.

解 説 1. 戦前に行なわれた 2 回の国勢調査の産業別人口は, 産業分類が組みかえられた際, 全国一本の数字しか出されていない. その数字によって太平洋戦争直前までの産業別人口構成を見ると, 1930 年から 10 年の間に, 農・商業人口の比重低下と製造業の比重増大が顕著にあらわれている. 産業分類をさらに統合して, 3 群に分けると, この傾向は一層明らかになる. 産業部門別に絶対数の増加率を見ると, 筆頭は鉱業の 99.7% 増で, つぎは林業の 62.4%, 金融業

産業群別就(有)業人口構成

	1930年 (昭和5年)	1940年 (昭和15年)	1947年 (昭和22年)	1950年 (昭和25年)
	%	%	%	%
総　　　　　数	100.0	100.0	100.0	100.0
1〜3　農・林・水産業	49.3	43.6	53.2	48.5
4〜6　鉱・建・製造業	20.4	26.3	22.3	21.3
7〜11　その他の産業	30.0	29.5	23.3	29.9
12　分類不能・不詳	0.2	0.7	1.3	0.3

注．産業の分類番号は 34 頁の表のそれに同じ．

の 59.8%，製造業の 53.4% となっている．そして増加率の最も少ないのは，漁業の 2.5% で，商業の 3.5%，建設業の 5.6% がこれに次いでいる．

　2. 太平洋戦争直後の構成は著しく畸形的で，農業の比重が 10% 近く増大した反面，製造業と商業とのそれは相当大幅に低下している．産業群別の構成について見ると，農・林・水産業の割合が 53.2% と圧倒的に高く，鉱・建・製造業およびその他の産業は，戦前 2 回のいずれよりもはるかに低位にある．その後 3 カ年を経過した 1950 年は，少くとも産業群別の構成比率に関するかぎり，1930 年のそれに極めて近似したものといえよう．

　3. 戦後 2 回の調査にあらわれた産業別人口構成比率の主要な変化は，農業の比重低下と商業の比重増大であろう．そして，鉱・建・製造業においては，僅かではあるがその比重が小さくなった反面，金融業以下のその他の産業では，総じて比重が高まった．

　4. つぎに，この間における産業別人口の絶対数の増減率を見ると，もっとも著しい増加率を示しているのは商業の 81.6% で，公務の 60.7%，金融保険業の 39.4%，サービス業の 20.5% がこれにつぎ，減少率がもっとも大幅であるのは林業の 18.5% で，鉱業の 17.5%，農業の 2.8% がこれに続いている．製造業は，絶対数では 2.9% の増加を示しているが，構成比率では 1947 年の 16.3% から 1950 年の 15.8% へ低下していること表示の通りである．

　5. 戦後における産業別人口構成の男女別割合の変化を通じていいうることは，1947年に比して 1950 年は男子の割合が減少し，女子のそれが増加した点である．そして，男子人口の割合がとくに著しく減少した産業は商業 (67.8% から 60.7% へ) とサービス業 (60.7% から 53.4%へ)で，製造業 (73.2% から 71.3% へ) がこれに続いている．戦後の労働力人口の増加は，都市において，とくにその女子就業者の増加傾向において著しい．したがって，都市における女子就業者が吸収された産業は，恐らくは上記の商業，サービス業および製造業であろう．

　6. 就業者の従業上の地位の表章方法は，1940 年以後の国勢調査については，精粗の差はあるが，根本的な変化はない．1930 年の調査結果は，最近の分類にしたがって組みかえることが困難なので，1940 年以後の 3 回の調査結果を示せば次のごとくである．従業上の地位別割合を横に比較すると，1940 年には雇用者，1947 年には家族従業者，1950 年には業主の割合がそれぞれ最高を示している．これは，産業別人口構成において，1940 年には鉱・建・製造業，1947 年には農・林・水産業，1950 年にはその他の産業——ことに商業およびサービス業——がそれぞれ大なる割合を占めていることに対応している．1950 年について，都市・農村別に見ると，都市では雇用者 63.9%，業主 21.1%，家族従業者 14.8% の順になっているのに対し，農村では家

B 人口と労働力

就(有)業人口の従業上の地位別構成および性比

	就(有)業人口			百分比			性比 (女100につき男)	
	1940 年 (昭和15年)	1947 年 (昭和22年)	1950 年 (昭和25年)	1940年 (昭和15年)	1947年 (昭和22年)	1950年 (昭和25年)	1947 年 (昭和22年)	1950 年 (昭和25年)
総　　　数	千人 33,839	千人 33,329	千人 35,540	% 100.0	% 100.0	% 100.0	162.3	157.7
業　　　主	8,534	8,216	9,290	25.2	24.7	26.1	629.1	449.7
家族従業者	10,835	12,974	12,290	32.0	38.9	34.6	50.4	45.2
雇　用　者	14,470	12,139	13,890	42.8	36.4	39.1	311.1	284.5
不　　　詳	…	…	80	…	…	0.2	…	166.7

族従業者 44.2%，業主 28.6%，雇用者 27.0% の順になっている．同時に，従業上の地位の産業別分布を見ると，都市では，業主は商業において最高率 (33.7%) を示し，家族従業者は農業において同じく 50.9%，雇用者は製造業において同じく 35.8% を示している．ところが農村では，業主の 69.5% と家族従業者の 89.3% がいずれも農村において最高率を示し，雇用者が最高率を占める産業は製造業 (26.7%) である．

参　考　1. 主要国における人口の産業別構成を示せば次表のごとくである．

各国産業群別就(有)業人口構成

	カ ナ ダ (1941.6.2)		ア メ リ カ (1940.4.1)		イ ギ リ ス (1931.6.26)		フ ラ ン ス (1936.3.8)	
	実 数	百分比	実 数	百分比	実 数	百分比	実 数	百分比
就(有)業人口総数	千人 4,670	% 100.0 (407.6)	千人 52,712	% 100.0 (310.6)	千人 21,075	% 100.0 (235.9)	千人 20,260	% 100.0 (176.8)
1〜3　農・林・水産業	1,227	26.3	9,317	17.7	1,258	6.0	7,204	35.6
4〜6　鉱・建・製造業	1,279	27.6	16,986	32.2	9,717	46.1	6,623	32.7
7〜11　その他の産業	1,959	41.9	23,771	45.1	9,919	47.1	6,792	33.5
12　分類不能・不詳	53	}4.2	1,870	}5.0	182	0.8	…	…
新　求　職　者	153		767		…	…	…	…

注：国名の下の括弧内は，最新のセンサス実施年月日．就(有)業人口総数の下の括弧内は性比 (女 100 につき男)．
資料： United Nations, *Demographical Yearbook, 1948*, New York, 1949.

2. 文献：産業分類に関する最近の資料としては，統計委員会事務局「日本標準業分類」(1949年) がもっとも詳細なものである．労働力に関する解説書としては，総理府統計局編「労働力調査解説」(1950年) がある．なお海外の資料としては，B-1 にあげたもののほかに Social Science Research Council: *Labor Force Definition and Measurement*, New York, 1947; I.L.O.: *Employment, Unemployment and Labor Force Statistics*, 1948 がある．

B-4　労働力人口

項目＼年次	1930 年 (昭和 5)	1940 年 (昭和 15)	1947 年 (昭和 22)	1950 年 (昭和 25)
	千人	千人	千人	千人
A　総人口	63,872 a	72,540 a	78,101 a	83,200 a
B　生産年齢人口	35,787 b	40,784 b	44,674 b	47,270 b
C　10歳以上人口	47,255	54,699	61,391 c	62,400
D　有業人口	29,341	33,839	…	…
E　無業人口	34,531	38,701	…	…
F　失業人口	319	…	…	…
G　労働力人口	…	…	34,322 c	36,600 d 〔36,280〕
H　就業者	…	…	33,655 c	35,850 d 〔35,540〕
I　失業者	…	…	667 c	750 d 〔740〕
J　非労働力人口	…	…	27,069 c	25,800 d 〔19,250〕
	%	%	%	%
K　生産年齢人口の比率 (B/A)	56.0	56.2	57.2	56.8
L　10歳以上人口の比率 (C/A)	74.0	75.4	78.6	75.0
M　就(有)業者 (D/A)	45.9	46.6	…	…
M　就(有)業者 (H/G)	…	…	98.1 〖43.1〗e	98.0 〖42.7〗e
N　扶養率 ((A-D)/D)	117.7	114.4	…	…
N　扶養率 ((A-H)/H)	…	…	132.1	134.1
O　失業率 (F/B)	0.9	…	…	…
O　失業率 (I/G)	…	…	1.9	2.0

備考　注: a. 各々の国勢調査年次の総人口については, B-1 備考「注」と「利用上の注意」1 の各項参照.

b. 「生産年齢人口」は, 15〜59 歳の人口.

c. (調査実施当時の台風による)「水害地の調査もれ」のみを補正した数で,「一般的調査もれ」は補正されていない. なお, B-3 備考「注」a 参照.

d. 1950 年の国勢調査の労働力に関する調査は, 満 10 歳以上の者を対象として行われたが, 就業状態の詳しい表章は満 14 歳以上の者のみについて行われている. 本表の数字は, 1947年と比較しうるために, 満 10 歳以上の者(ただし, 1947 年調査は「数え年 10 歳以上の者」について行われた)についての数字をかかげ, 14 歳以上の者についてのそれは括弧に入れて示した. なお, 1950 年調査の「不詳」の者は「非労働力人口」に加えた. その数は千万人である.

e. 二重括弧内の数字は, H÷A である.

資料：総理府統計局 (内閣統計局) の各年次の国勢調査結果報告; 1950 年については, 同局, 昭和 25 年国勢調査, 1% 抽出集計による結果速報 (3 の 2).

利用上の注意　1.　太平洋戦争前の国勢調査 (1930 年および 1940 年) では, 全人口を, 有業者 (「本業としてなんらかの職業または職務に従事する者」), 無業者 (「収入に依り生活する無業独立者, その他の無業独立者またはこれらの無業独立者に扶養せられる妻子その他の家族」) に分け, 全人口から有業者を差引いたものを無業者としている.

2.　そして, 有・無業者の調査の時間的標識としては,「平素の経済活動状態」が用いられ,「平素」については, 何等の規定がない.

B 人口と労働力

3. また,失業者は,「就業する能力および意思を有し,就業の機会をえざる者」と定義され,「給料生活者および労働者」(日傭労働者の一部を含む)についてのみ調査されている.

4. 戦後の調査の時間的標識は,一定期間 (1947 年調査では同年の 9 月 25 日～10 月 1 日,1950 年調査では同年 9 月 24 日～30 日) 内に従事した「実際の経済活動状態」が問われた.

5. 1947 年調査と 1950 年の調査における調査事項の内容の相違のうち主なものはつぎの如くである.従業中の就業者とは調査週間中,収入を伴う仕事に 30 分以上従事した者 (無給の家族従業者を含む) をいう.

戦後の両調査の結果についてとくに注意を要する点は,両調査とも満 10 歳以上の者について調査しているが,1950 年調査においては,就業状態の詳しい結果表章が満 14 歳以上の者についてのみなされていることである.

解 説 1. 戦前の失業についての官庁統計には,1925 年および 1930 年の悉皆調査と,1929 年 9 月以降 1938 年 12 月まで内務省社会局によってなされた月別の全国的推計数がある.普通後者が経過的指標として唯一のものといわれているが,推計値の精度を確かめるなんの根拠も示されていないので利用しえない.

2. 戦後 2 回の国勢調査結果について見ると,10 歳以上総人口の停滞的傾向 (1950 年は対 1947 年 1.6 ％ 増) に対して,労働力人口が比較的顕著に増加 (同 6.6 ％ 増) し,その反面非労働力人口が減少 (同 4.7 ％ 減) していることが知られる.さらに,労働力人口のうちの就業者および失業者について見ると,同じ期間に前者は 6.5％ を増加したのに対し,後者は──この間その定義が一層厳密になったにもかかわらず──12.7％ の増加となっている.

1947 年を 100 とした 1950 年の労・非労働力人口

		満14歳以上人口総数	労働力人口 総数	就業者	失業者	非労働力人口
市部	総数	103.0	124.6	124.4	132.4	83.8
	男	101.7	117.6	117.3	125.5	64.5
	女	104.4	143.3	143.2	145.8	91.3
郡部	総数	84.1	98.2	98.3	79.8	62.6
	男	84.0	97.9	97.9	92.6	47.0
	女	84.1	98.7	98.9	74.1	70.1

注: 1947 年の総数,男,女の各〻を 100 とする.1947 年は数え年 10 歳以上,1950 年は満 14 歳以上.
資料: 総理府統計局の原表に基づいて算出.

3. 戦後の労働力・非労働力人口の変動を,都市および農村に分けて示せば別表のごとくである.

参 考 1. 日本以外の主要国の計数を掲げる.

国別	最新のセンサス実施年月日	A. 総人口	B.生産年齢人口	$\left(\dfrac{B}{A}\right)$	C.就(有)業人口	D.不就(無)業人口 (A-C)	就(有)業率 $\left(\dfrac{C}{A}\right)$	扶養率 $\left(\dfrac{D}{C}\right)$
		千人	千人	％	千人	千人	％	％
アメリカ	1940. 4. 1	131,669	86,949	66.0	52,712	78,957	40.0	149.8
イギリス	1931. 6. 26	46,075	25,810	56.0	21,075	25,000	45.7	118.6
フランス	1936. 3. 8	41,183	24.911	60.5	20,260	20,923	49.2	103.3

注: 実数は千位未満四捨五入. 資料: United Nations, *Demographical Yearbook, 1948*, New York, 1949.

2. 戦後総理府統計局 (内閣統計局) において「労働力調査」が行われている.これは任意標本抽出法による調査であって,労働力人口を考察する場合,併せ参照すべきである.

3. 文献: → B-3「参考」2.

| B-5 | 労働時間と労働日数 |

	A. 一人一日当リ実労働時間			B. 一人一カ月当リ実労働日数				C. 争議による労働損失日数 (労働者千人当り)
	鉱業	製造工業	ガス・電気・水道業	鉱業	製造工業	ガス・電気・水道業	運輸・通信業	
	時間	時間	時間	日	日	日	日	日
1934~36年平均	9.1 a	9.7 a	10.3	26.4 b	26.9 b	29.6 b	25.5 b	52
昭和 1947 (22)	7.5	8.0	8.3	23.7	22.7	25.0	25.2	424
1948 (23)	7.5	7.9	7.9	23.7	23.2	24.6	24.6	590
1949 (24)	7.6	7.8	7.9	23.2	23.4	24.4	24.5	361
1950 (25)	8.3 c	8.0 c	7.7 c	22.7 c	23.4 c	23.2 c	23.9 c	395

同 上 指 数 (1934~36 年平均=100.0)

1934~36年平均	100.0	100.0	100.0	100.0	100.0	100.0	100.0	100.0
1947 (22)	82.4	82.5	80.6	89.8	93.0	84.5	98.8	815.4
1948 (23)	82.4	81.4	76.7	89.8	86.2	83.1	96.5	1,134.6
1949 (24)	83.5	80.4	76.7	87.9	87.0	82.4	96.1	694.2
1950 (25)	91.2 c	82.5 c	74.8 c	86.0 c	87.0 c	78.4 c	93.7 c	759.6

備 考 注：a. 内閣統計局「労働統計実地調査」の結果えられた1936年10月の「平均実際労働時間」(「1934~36 年平均」ではない).
b. 内閣統計局「賃銀毎月調査」の結果えられた「一カ月の実際作業日数」の3カ年平均.
c. 1950 年 10 月以降，1~9 月の9カ月平均（産業分類の組みかえが行われたためである).
資料：A. 戦前は内閣統計局，第5回労働統計実地調査報告，1936 年; 戦後は労働省，労働統計調査年報，(1950 年および 1951 年); B. 戦前は内閣統計局，労働統計要覧，1939 年版; 戦後は労働省の前掲書; C. 戦前・戦後ともに労働省の前掲書.
利用上の注意 1. 1934~36 年平均の「一人一カ月当り実労働日数」は，「一カ月の実際作業日数」であるが，戦後は，「毎月勤労統計調査」の結果えられた「一人一カ月当り労働日数」で，延出勤（就業のため）日数の一人一カ月当り平均である．したがって，同じ時期同じ事業所について考えれば，前者は後者よりも日数が多くなる傾向がある．
2. 戦前の「労働統計実地調査」は，50人以上の労働者を使用する民営の事業所について，戦後の「毎月勤労統計調査」は，30人 以上の労働者を使用する事業所（民・官・公営）について行われている．
3. 「争議による労働損失日数」は，争議に直接参加した「争議参加人員」による「直接労働損失日数」を雇用労働者総数で除して千倍した比率であって，戦前の労働者は，内閣統計局の「労働統計要覧」所載の各年の労働者数，戦後の 1947 年は「国勢調査」の雇用者人口，1948 年および 1949 年は「労働力調査」の雇用者人口，1950 年は「国勢調査」(1% 抽出集計による結果速報）の雇用者人口である．

解 説 1. わが国の不完全な労働統計のなかで,労働時間および労働日数に関するものは最も不完全なものの一つであろう。「賃銀毎月調査」および「労働統計実地調査」の労働時間は,前者は「所定労働時間」であり,後者は「実際労働時間」であるうえ毎3年の調査であるから,戦前の経過的指標としては,ともに利用しがたい。

2. そこで,「延労働時間」を,その年々の「職工数」〔いずれも商工省「工場(業)統計表」使用職工5人以上の工場〕で除して,労働者一人一年当り延実労働時間を算出し,これを1934~36年平均を基準として指数化すれば次表のごとくである。

労働者1人1年当リ延実労働時間指数
(1934~36年平均=100)

	全工業	機械器具工業	紡織工業
昭和			
1929 (4)	99.8	98.5	101.2
1930 (5)	100.2	105.3	101.8
1931 (6)	96.1	100.4	94.8
1932 (7)	93.9	97.6	94.4
1933 (8)	96.4	96.3	96.5
1934 (9)	98.9	99.1	99.1
1935 (10)	100.3	101.3	100.8
1936 (11)	100.7	99.6	100.0
1937 (12)	101.2	99.8	101.2
1938 (13)	102.4	94.1	105.4
1939 (14)	102.6	98.7	103.4
1940 (15)	103.5	97.8	104.1
1941 (16)	104.9	99.0	102.9
1942 (17)	101.7	93.8	101.9

戦前および戦中の製造工業における労働日の延長は基準時点におけるそれ(全工業2,945時間,機械器具工業3,132時間,紡織工業2,966時間)に比して一般に大して著しいものではなく,機械器具工業においては労働人員の増加(1934~36年平均に比べて1942年には443.2%)によって増産が行われ,紡織工業においては労働人員の減少(同上73.4%)を労働日のある程度の延長によってカヴァしていたことが知られる。

3. 戦後の労働時間および労働日数について「毎月勤労統計調査」を戦前と比較することは,前述の如く非常に困難である。戦後は,労働時間についても労働日数についても,戦前のそれらに比べて一般に短縮・減少したといいうる。この点に関して,戦後の労働立法が実質的にどの程度の効果を生んでいるかは不明である。また,30人未満の労働者を使用する工場や連合国軍関係の諸工場の状態は全然明らかではない。

4. 戦後だけに限って見た場合,1949年まで,製造工業の労働時間は減少し続け,ガス・電気・水道業においては減少・停滞し,鉱業においては1949年に激増しているが,1950年になると製造工業においても労働時間は増勢に転じている。労働日数の推移を見ると,鉱業においては労働時間とは逆な傾向がみとめられるが,製造工業においては,1949年まで労働時間とは逆に増加傾向を示し,1950年には前年と同数となっている。ガス・電気・水道業および運輸・通信業の労働日数は,1947年以降減少を続けている。

参 考 1. イギリスおよびアメリカの労働者一人当り実労働時間(一週間)はつぎのごとくである。

	イギリス	アメリカ
1945	47.0	43.4
46	46.0	40.4
47	44.7	40.4
48	44.9	40.1
49	…	39.2

資料: United Nations, *Statistical Yearbook, 1949—50.*

2. 文献:労働省訳,1914~23年及び1939~44年における戦時及び戦後の賃金,物価並びに労働時間 (War and Post-War Wages, Prices and Hours, 1914~23, and 1939~44, *Monthly Labor Review*, Oct. & Nov. 1945).

C 生 産（農林水産業）

　生産はあらゆる経済のうちで一番基礎的な経済行為である．経済の循環においては，生産せられたものが消費せられ，また資本財として蓄積せられる．

　生産が行われるためには，その生産を可能ならしめる要素として，土地，労働，資本を必要とする．しかし，これらの三つの要素の性質およびその組合せは，農業と，鉱工業とくに工業とにおいて相当の相違を示してきたのが今までの日本経済の姿である．このような理由から，生産を農業と鉱工業との二つの部分に分けて取扱うこととする．

　なお，資本を貨幣の側から見たいわゆる貨幣資本の問題については，本編のほか，H 金融を参照する必要がある．

　農業という産業をどのように定義するかは問題であって，狭義に解するときは養蚕業や畜産業を含めないでいわゆる耕種農業だけを意味するように規定する場合も多いが，ここではそれらを含めた広義の意味に用いる．林業と水産業とはその生産の性質が農業に類似するのでそれらも併せて一緒に取扱うことにする．コーリン・クラークはこれにさらに狩猟業を含めて一括して第一次産業という名称を与えたが，この分類は現在かなり広く行われている．こうした産業そのものの性質が類似しているということの他に，さらにわが国においては養蚕業や畜産業はほとんど独立の産業としてではなくて，農家の営む農業経営の一環として農業と有機的に結合して行われているのが実情であり，さらにまた林業と水産業のうちのかなりの部分も同様の実情にあるということ，このような生産上の実態からみてもこれらの諸産業は一括して関連的にとり扱うのが望ましいのである．しかし他方において林業と水産業とは農業とは異る性質ももっているので，まず広義の農業を中心とし，これらは別に独立の小項目としてとり扱った．

　農業に関する経済現象はその性質上国民経済のあらゆる分野に関連をもっているから，それをすべて統計的に明かにするにはきわめて広汎な分野に及ぶ．本書では国民所得，人口，物価，家計と消費等において農業に関する部分がそれぞれ展開されているので，ここでは生産の過程に関する部分だけがとり扱われている．

　農業生産に関する統計は基本的には三つの部分から成っている．第一には生産物統計であって，農業者の生産活動の結果として米や麦が何時どれだけ生産されたかを推計するものである．経済学でいう市場供給量を知るためには，これから農家の自家消費分やストックを差引かなければな

C　生　産（農林水産業）

らない．農産物の商品化の率に関する統計によってこれを推定することは主な品目については可能であるが，以下ではこの点は取扱っていない．第二には生産手段に関する統計である．農業における基本的な生産手段は土地であって，この利用状態と所有の関係に関する統計はその整備に多くの努力が払われてきた．しかし土地以外の物的生産要素もまた重要であるが，これらについては肥料を別とすれば統計は何れかといえば後れていて，総じて固定資本に関する統計を総合的につかむことは困難な状態にある．

第三には生産の主体に関する統計である．農家の大部分は家族労力を主体とする経営であるがそれは農地の所有，借有，経営面積の大小，専業，兼業の別の三つの視点からの分類が主として行われている．これによってわれわれは生産の主体としての農家の性質を階層別にかなり十分に知ることができるが，しかし生産所得別とか，投下ないし蓄積された資本額別とかいったような視点から農家を区分して観るための統計はまだあまり整っていない．

以上の三種類の基礎統計に加えてもっとも重要とおもわれる加工統計が附加されている．その一つは生産性，つまり生産の能率を示す指標であって，他は生産のための費用（生産費）の構成である．前者ではどの産業にも共通な基本的指標である労働の生産性と，さらに農業に固有な指標である土地生産性がとり扱われる．後者では費用の経営的構成とともに国民経済的概念としてみた費用額が推計され，そうして結局，農業において年々生産される純社会的生産物の大いさが「農業所得」として推計されて国民経済全体との関連，地位を明かにするように（→A—2）企てられている．

C-1		農林水産生産指数 (1934～36年=100)							
項目 年次	A 綜合	農産						林産	水産
		B 綜合	耕種			D 養蚕	E 畜産	F 綜合	G 綜合
			C 綜合	米	米以外の 禾穀類				
昭和									
1929 (4)	96.1 a	98.7	98.8	101.2	91.2	121.5	80.6	80.7	76.5
1930 (5)	100.6	106.1	107.8	113.6	87.6	126.6	79.6	76.6	81.7
1931 (6)	92.1	95.2	94.4	93.8	89.3	115.5	88.1	79.7	82.0
1932 (7)	96.0	99.6	100.7	102.6	89.3	106.5	101.0	83.2	82.2
1933 (8)	108.0 b	112.3	116.0	120.3	92.4	120.4	102.0	89.1	98.4
1934 (9)	93.5	93.6	94.4	88.1	100.1	103.6	104.5	98.3	97.5
1935 (10)	98.3	99.6	92.1	97.6	103.3	97.7	109.9	100.2	95.2
1936 (11)	108.2	106.7	113.5	114.4	96.7	98.6	85.6	101.3	107.3
1937 (12)	110.2	112.6	118.0	112.6	103.6	102.2	113.3	108.8	101.9
1938 (13)	108.3	109.3	115.6	111.8	94.2	89.5	119.4	114.7	101.9
1939 (14)	116.1	118.2	123.5	117.1	115.1	108.0	123.7	129.4	98.3
1940 (15)	109.1	108.3	110.7	103.4	119.6	104.1	132.9	137.1	102.3
1941 (16)	104.8	93.4	100.6	93.5	105.1	83.1	109.2	115.8	179.5
1942 (17)	110.0	103.6	113.9	113.4	103.2	66.5	89.9	102.8	188.4
1943 (18)	106.1	97.9	118.6	106.7	85.9	64.3	74.7	121.9	180.8
1944 (19)	84.1	79.0	102.5	99.4	106.3	47.9	50.2	130.0	113.5
1945 (20)	65.4	60.8	71.5	66.5	75.4	26.8	25.2	136.6	80.3
1946 (21)	78.1	78.7	95.1	104.2	54.9	21.7	31.9	114.7	51.1
1947 (22)	80.0	76.1	93.3	99.6	67.2	16.9	23.6	138.0	81.4
1948 (23)	92.0	87.6	103.1	105.8	83.2	20.3	65.5	143.7	101.1
1949 (24)	93.2	94.2	108.7	106.2	109.6	19.6	91.7	112.0	83.5
1950 (25)	100.3	100.7	114.9	109.3	113.4	25.5	125.4	103.3	106.1
1951 (26)	105.9	101.0	113.5	102.3	124.9	29.6	140.0	149.7	127.6
1952 (27)	122.6	113.2	125.7	112.3	127.7	32.8	162.8	195.0	165.5
1953 (28)									

備　考　注：a, b 両指数を連結して基準転換をした指数である.
資料：a. 農林省, 農林統計月報, 1946 年 5 月.
　　　b. 農林省, 第 29 次農林省統計表.

利用上の注意　1.　農林水産物の年々の数量の変動は生産数量指数の方法によって，もっとも包括的に把握される．生産数量指数の意味と作製方法に関する一般的な問題は別のところ（→ D-1）で述べるからここでは一切省略する．農林業生産指数には古くペンローズのものがあり，また最近には山田勇教授のものがあるが，表には全期間を通じて一貫させる便宜と一般に用いられている理由とから農林省作製の指数のみをかかげてある．

C 生　産（農林水産業）

　2．b 指数は 1933～35 年を基準とするラスパイレス式で，ウェイトは 1925～29 年の 5 カ年平均の生産価額である．a は旧農林水産生産指数といわれるもので 1879～1944 年の 66 年間にわたって作製されたもの，ウェイトその他作製方法は b 指数とほぼ同様であるが，基準時は 1925～29 年の 5 カ年にとってある．両指数の重なる期間についての検討からその差はきわめて小であることがわかるので，表では a, b 両指数とも基準を 1934～36 年に換算した値をとって連結してある．したがってこの綜合指数は 1925～29 年の期間における生産価額をウェイトとした個別指数を一貫して綜合したものとしてほぼ理解されていい．もっとも評価に用いている価格がかなり陳腐化していて比較時のものと相当に異っている点には注意する必要がある．というのはラスパイレス式であるからウェイトが 1933～35 年の生産金額であることは各財のそのときの価格を不変として連年の生産量を評価していることになり，現在の価格系列とは大分乖離した評価になっているからである．

　3．品目の選定は行政的標準法ともいうべき方法で，「農林省統計表」に記載されている農林水産物は全部とられている．b 指数について採用品目は合計 183 品目で，農産 80（耕種 66，養蚕 1，畜産 13），水産 72（沿岸漁業 42，水産養殖 7，遠洋漁業 23），林産 31（伐採 5，林野産物 26）となっている．ここで注意を要するのは行政上の観点から調査品目に増減が生じた場合と同一品目の計上単位が年によって基準年のそれと異るものがあったばあいである．前の場合には便宜的方法として増減品目だけを基準年の生産額に加算または差引くこととし，後の場合には各品目の計上単位をそれぞれ基準年のそれに換算している．

　4．最後にもっとも基本的な点であるが，数量指数の正確さの基礎はいうまでもなく生産統計の正確さにある．わが国の農林生産物統計は数次にわたって改善されてきたが，凶作とか供出とかいう問題が統計をゆがめやすい事情はなお存すると見なければならない．

解　説　　農産物の綜合指数は年々の豊凶による動揺を別とすれば戦前において，ごく僅かに上昇の傾向を示したが，その後戦時，戦後においてかなり低下した．その低下率は穀作におけるよりも養蚕，畜産においてとくに著しかった．穀作においては最近その水準を恢復したが，養蚕は戦前の 2 割台にとどまっていて，農産物綜合指数としては 1949 年においてなお基準年の水準に恢復せず 1950 年になってようやくその水準に達した．林産指数の 1940 年代の増大はおそらく過伐によるものであり，水産指数も戦時かなり低位にあったが 1950 年にほぼ戦前水準に恢復したと見られる．これらすべての綜合は 1950 年に基準年の 100.3%，1951 年にその 105.9% を示し，他方，鉱工業生産指数の 133.9% という恢復ぶりに対比するとき農林水産業生産力の停滞性が顕著であることを如実に示している．

参　考　　1．蛋白・熱量生産指数（農林省，農林統計月報，1946 年 11 月）．これは本論に述べた指数と同時に公表された食糧のみに関する指数であって，食糧生産物を蛋白および熱量（カロリー）で評価してそれぞれ指数化したものである．

　2．農業生産指数（山田勇著，東亜農業生産指数の研究，1942 年）．これは「生産指数とは基準，比較両時点における社会的総名目生産費が相等しい場合における両時点の生産数量の比」であるという理論的定義にたって作製されたもので，実際の計算式は評価の価格が年々基準時と比較時の和半となるようにとられるから，ラスパイレス式について前述したような，評価価格の陳腐化からくる不都合をまぬがれる優位点をもっているが，実際計算上は不便である．

C-2	土地所有と農地改革								
項目 年次		A 耕地			B 田			C 畑		
		自作地	小作地	計	自作地	小作地	計	自作地	小作地	計
	昭和	%	%	千町	%	%	千町	%	%	千町
1929	(4)	52.0	48.0	5,837	46.3	53.7	3,186	58.8	41.2	2,651
1930	(5)	51.8	48.2	5,856	46.2	53.8	3,198	58.6	41.4	2,658
1931	(6)	52.5	47.5	5,894	46.5	53.5	3,206	59.7	40.3	2,688
1932	(7)	52.5	47.5	5,932	46.6	53.4	3,213	59.4	40.6	2,719
1933	(8)	52.5	47.5	5,969	46.7	53.3	3,219	59.3	40.7	2,750
1934	(9)	52.7	47.3	5,977	46.7	53.3	3,212	59.5	40.5	2,766
1935	(10)	52.8	47.2	5,999	47.1	52.9	3,213	59.5	40.5	2,786
1936	(11)	53.2	46.8	6,026	47.4	52.6	3,211	59.8	40.2	2,815
1937	(12)	53.2	46.8	6,038	47.7	52.3	3,212	59.5	40.5	2,826
1938	(13)	53.2	46.8	6,018	47.6	52.4	3,202	59.7	40.3	2,816
1939	(14)	53.9	46.1	6,018	48.2	51.8	3,203	60.5	39.5	2,815
1940	(15)	54.1	45.9	6,017	48.4	51.6	3,200	60.7	39.3	2,817
1941	(16)	53.8	46.2	5,807	46.8	53.2	3,166	62.2	37.8	2,641
1942	(17)	53.8	46.2	5,758	46.6	53.4	3,157	62.6	37.4	2,601
1943	(18)	53.9	46.1	5,665	46.6	53.4	3,116	62.9	37.1	2,549
1944	(19)	53.6	46.4	5,514	46.7	53.3	3,060	62.3	37.7	2,454
1945	(20)	53.7	46.3	5,288	47.9	52.1	2,965	61.2	38.8	2,323
1946	(21)	56.0	44.0	4,986	49.9	50.1	2,860	64.3	35.7	2,126
1947	(22)	60.5	39.5	5,011	55.9	44.1	2,849	66.5	33.5	2,162
1948	(23)	…	…	…	…	…	…	…	…	…
1949	(24)	86.9	13.1	4,958	86.0	14.0	2,817	88.1	11.9	2,141
1950	(25)	90.6	9.4	5,091	90.2	9.8	2,876	93.8	7.2	2,214
1951	(26)	…	…	…	…	…	…	…	…	…
1952	(27)	…	…	5,446	…	…	3,030	…	…	2,416
1953	(28)									

備　考　　注：総耕地面積は1940年までは属地主義統計，1941年以降は属人主義統計．
　資料：　農林省，第6次～第18次農林省統計表；農商省，第1次～第2次農商省統計表，農林統計編；農林省，第21次～第29次農林省統計表；農林省，農林統計速報，No. 27．

C-2-附表

附表 1. 所有耕地面積階層別の耕地所有者戸数および所有面積 (1935 年)

所有耕地面積階層	所有者戸数			所有耕地面積	百分比			
					戸数			面積
	内地	北海道	全国		内地	北海道	全国	全国
	千戸	千戸	千戸	千町	%	%	%	%
5 反未満	2,471	39	2,510	923	50.6	21.8	49.6	15.5
0.5〜1.0町	1,267	14	1,281	991	25.9	7.8	25.3	16.6
1.0〜3.0	862	32	894	1,424	17.6	17.9	17.7	23.8
3.0〜5.0	184	35	219	842	3.8	19.6	4.3	14.1
5.0〜10.0	73	37	110	765	1.5	20.7	2.2	12.8
10.0〜50.0	25	20	45	744	0.5	11.2	0.8	12.5
50.0 以上	2	1	3	280	0.1	1.0	0.1	4.7
計	4,886	178	5,064	5,969	100.0	100.0	100.0	100.0

附表 2.

項目 年次	A 属地主義	B 属人主義	A−B
	千町	千町	千町
1941	5,997	5,807	190
1942	5,968	5,758	210
1943	5,924	5,665	259
1944	5,843	5,514	329
1945	5,346	5,288	58
1946	5,311	4,986	329
1947	5,286	5,011	275
1948	5,288	…	…
1949	…	4,958	…
1950	…	5,091	…

附表 3. 地主(耕地を貸付けるもの)戸数(1940年)

項目 規模	耕作地主	不耕作地主	計	貸付耕地面積	同比率
	%	%	千戸	千町	%
5 町以上貸付地主	25.2	74.8	99	1,284	46.4
1−5 町貸付地主	49.1	50.9	287	1,119	40.4
1 町未満貸付地主	36.9	63.1	1,352	364	13.2
計	38.4	61.6	1,738	2,767	100.0

附表備考

注: 附表1, 所有者戸数の内地・北海道の数字は沖縄を除く。
資料: 附表1, 農林省, 第 12 次農林省統計表.
附表 2, 農林省, 第 18〜27 次農林省統計表.
附表 3, 農林省農政局, 農地問題に関する統計資料, 1946 年8月.

利用上の注意 1. 土地は農業生産における基本的な生産要素である. 土地所有の形態がどのようになっているかは, 土地の経済的利用, したがって農業生産のあり方に強く作用する. 終戦後, 農地改革の断行によって, わが国農業における土地所有の形態は根本的に変革されたが, 戦前, 戦後の全期間を通じて土地所有状態の変遷を統計的に正確に把握するためには, 種々の注意が必要である.

2. まず耕地面積統計であるが, 本表の総耕地面積は 1941 年以降農家の申告するいわゆる属人主義統計によったが, これと土地台帳を中心として調査された従来のいわゆる属地主義統計とは附表2のように相違している. したがって戦前統計と戦後統計の間には不連続があるとみなければならない.

3. 表に明かにされているのは自作地と小作地の単なる面積であるが，それがどういう規模で個別に所有されているかは，耕地所有面積広狭別戸数統計によらなければ明かにならない．これは 1940 年まで歴年農事統計として発表せられたが，あまり正確なものではない．各階層に属する所有面積もそれと同時にわかるのは 1935 年の全国統計のみであってこれは比較的正確であると見做されている．その結果を附表 1 にまとめて示してある．

4. さらに土地所有者をみずから農業を営んでいる耕作地主と不耕作地主とにわけた (1940 年の農林省推計) 統計は附表 3 である．よく「不在地主」という言葉がつかわれるが，これは文字通りに解釈すれば，所有している土地の存在する村にいない地主のことで「在村地主」に対立する．この表の「不耕作地主」は「不在地主」のすべてを含むが「在村地主」も含んでいる．

解説 1. 戦前において 1933 年ごろまでは，耕地面積の漸増にともなって自作地，小作地ともに漸増し，その比率においても変化なかったが，同年以降 1940 年に至る間は，小作地は減少傾向に転じ自作地は増加傾向を強化するに至ったため，比率においても自作地は漸増し，小作地は漸減している．同じことは田，畑いずれにもみられるが，総じて田のほうが小作地の比率が高い．耕地のおよそ半分は自作地でありほぼ半分は小作地であった．前者は農民的土地所有，後者は地主的土地所有の形態であると一応称しうるが，自作地といっても典型的な自作農の所有地のみではなく地主的な農家のそれもあり小作農的な農家のそれもあり，また小作地といっても典型的な小作農の借地だけではなく自作的な農家のそれもあるといった有様で現実はかなり複雑である．

2. この複雑性は耕地の所有者が約 500 万戸という多数にのぼり，一戸平均にすれば約一町歩という零細なものになるという事実にも表れている．耕地所有者の実に半数は 5 反未満所有であり，10 町歩以上の所有者は僅かに全体の約 1% にすぎない．これをこれら所有耕地階級別の所有面積と関連させてみれば，面積では 1 町〜3 町層が最大で，5 町以下の所有面積が全体の 70% を占めている．戸数の場合よりは，大面積所有者の比重が大きいが，それでも中小地主の比重はやはり大きく，わが国の土地所有が一般に零細であることがわかる．しかし，耕地所有者数から内地と北海道の相違をうかがえば，北海道においては，とくに大きい面積の所有戸数が集中し，比較的に大土地所有が一般的であることが明かである．

3. 附表 3 から 1 町未満貸付地主が貸付総面積の 13.2%，地主全戸数 1,738 千戸のうち 77.8% を占めていることがわかるように零細地主がきわめて多い．しかも，地主の約 40% は耕作地主であり，とくに 1〜5 町の地主では耕作地主の比率が高く，約半数に達している．このように耕作地主が多いことは逆に云えば，農家のなかには地主を兼ねているものが多いということである．この耕作地主 66 万 7 千戸は同年の農家総数 548 万戸の 12% に，自作農家 170 万の 39% に相当する．他方，戸数 5% にあたる 5 町以上の大地主が全小作地の 46.4% を占めている．このように，一方零細地主の圧倒的な存在と，他方，比較的大きい地主への土地の集中がみられることが，わが国土地所有制度の特徴であった．

このような土地所有関係の上に築かれた小作関係は，水田では，大部分が現物定額の小作料であり，畑では現物納（主に米・麦・大豆）代金納と金納とが相折半する状態であった．そしてその小作料率が高率であったことをその特徴としていた．しかし反当り収量がかなり急激にふえているので，小作料率も少しずつ低下する傾向を示し，特に畑の場合それがいちじるしかったが，それでも水田では，ほぼ収穫の半分に近いほどの高い率を示していた．

4. 1945 年 12 月からはじまる第一次改革，さらに 1946 年 6 月から行われた農地改革は，

C　生　産（農林水産業）

以上のような土地所有，小作の諸関係の改革を主眼とするが，要点はつぎの二点につきる．すなわち第一に，自作農創設を徹底的に行い，不在地主の貸付地の全部と，在村地主の貸付地のうち全国平均1町歩（北海道は4町歩）の保有地をのぞいた全貸付地とを二カ年間に政府が強制的に買収し，これを原則として従来の小作農に売渡して自作農化する．その面積は当初の計画では，200万町歩（小作地の80%）であり，買収売渡しのさいの地価は，全国平均水田一反750円，畑450円である．第二に，なお残る小作地では，小作農の耕作権を一層強化し，小作料を金納とする．その際，従来の物納小作料は，例えば米なら1石75円，大麦なら24.30円といった安い価格で換算することによって小作料率を低くおさえる．この二点を中心とした農地改革の結果をみれば，1940年に比較して，1949年には耕地の87%が自作地化された．第二に，小作料の金納化からその収穫量と対比すれば，その料率がいちじるしく低くなり，前述の仮定に従えば小作料率は1941年には6.8%，1942年には2.2%になった．

参　考　1．わが国の土地所有状況についての戦前における全国的な統計資料には，利用上の注意でふれた旧帝国農会調査「耕地所有面積広狭別戸数」（1903～40年農林省統計表に集録），農林省統計課「耕地所有面積広狭別戸数及び面積調」（1935年）の二つのほか，1941年に行われた「田畑所有状況調査」がある．この調査では田と畑とが別々に集計されているので，田・畑あわせた耕地の所有戸数，および所有面積をみることができない不便がある．しかしこの調査には，不在地主の調査が行われているので，1947年の農地改革によって全部解放されることになった不在地主の貸付地について参考のためつぎの点をみておく．不在地主の所有面積は内地では田52万4千町，畑24万3千町，北海道では田5万1千町，畑14万4千町で同年の調査総耕地面積にたいし内地では田で18.9%，畑で14.1%，北海道では田で32.2%，畑で18.9%の比率を示していた．階層別には，北海道の田を例外として5反未満と5町歩以上で顕著に高く平均以上になっている．

2．農地改革終了後1949年に「農地調査」が行われた．この調査は農業を営まなくても，貸付農地1反歩以上を有するものは調査対象に入ることになっている（昭和24年「農地統計調査規則」第4条第2項）が，それによれば不耕作地主の総数3万2千戸，7万8千町歩にとどまり，また耕作地主をふくめた総貸付面積は，141万町歩で本表の総小作面積245万町歩とくいちがう．これはおそらく不在地主の大部分を脱落したために生じたものであろう．

3．特殊調査として50町歩以上の大地主については，帝国農会「50町歩以上の耕地を所有する大地主に関する調査」1925年がある．

4．耕作地主については貸付地一町歩を有する農家としてその戸数のみが1941年以降調査されたが，その実態は1949年に至ってはじめて究明された．1947年の「臨時農業センサス」によれば，耕地の貸付者数131万8千戸，貸付総面積120万町歩，貸付2反未満という零細地主が最も多く，耕作地主の半数以上が5反未満の零細地主であることが明かにされた．

5．戦前における小作関係の全国的な調査が1885年，1888年，1912年，1921年，1936年に行われ，これらの結果は，農林省農務局「本邦小作慣行」（1926年）および農林省農務局「小作事情調査」（1938年）に集録されている．これの基礎になった各府県ごとの調査報告のうち，1921年のもの（部分的には1912年のものをふくむ）は，土屋喬雄編「大正10年府県別小作慣行調査集成」上下，（1942～43年）にほとんど網羅されている．

C-3 土　地　利　用 (千町)

項目 年次		A 耕地a						B 山林b	C 原野c	D 牧野 放牧地d
		田	普通畑	桑園	茶園	果樹園	其の他の樹木 灌木栽培畑			
1929	昭和(4)	3,186	1,955	625	43	…	28	…	…	…
1930	(5)	3,198	1,880	713	38	…	27	19,956	2,128	741
1931	(6)	3,206	1,941	682	38	…	27	…	…	…
1932	(7)	3,214	2,002	652	38	…	26	…	…	…
1933	(8)	3,219	2,045	639	38	…	27	20,619	4,066	841
1934	(9)	3,212	2,077	622	39	…	27	…	…	…
1935	(10)	3,213	2,149	582	29	…	26	…	…	…
1936	(11)	3,211	2,182	565	39	…	28	20,935	2,124	899
1937	(12)	3,211	2,198	560	40	…	28	…	…	…
1938	(13)	3,202	2,199	548	40	…	29	…	…	…
1939	(14)	3,203	2,211	532	40	…	32	20,981	2,969	887
1940	(15)	3,200	2,817	…	…	…	…	…	…	…
1941	(16)	3,196	2,128	477	25	137	34	…	…	…
1942	(17)	3,192	2,191	383	26	141	35	…	…	…
1943	(18)	3,171	2,238	336	24	124	31	23,836	1,018	941
1944	(19)	3,171	2,230	281	22	115	24	…	…	…
1945	(20)	2,987	2,009	210	18	103	19	…	…	…
1946	(21)	2,957	2,072	163	15	93	15	19,047	868	934
1947	(22)	2,933	2,061	172	25	82	13	…	…	…
1948	(23)	2,919	2,254	…	17	87	11	…	…	…
1949	(24)	2,817	1,863	152	18	94	14	19,560	769	671
1950	(25)	2,876	1,924	157	19	101	14	…	…	…
1951	(26)	…	…	…	…	…	…	…	…	…
1952	(27)	3,030	2,110			306		22,733	2,218	682
1953	(28)									

備　考　注：a. 耕地面積は属地主義統計，耕地総面積 (→ C-2)．
　　　b. 1943 年以前の山林面積は (林野面積－無立木地面積)，1946 年以降は (林野総面積－原野総面積)．
　　　c. 原野面積は 1943 年以前は無立木地面積，1946 年以降は原野面積のうちの利用されているものの面積．ただし 1952 年は原野総面積．
　　　d. 牧野として放牧地のみをあげたが，1943, 1946, 1949 の 3 カ年については，それぞれ 595 千町，569 千町，671 千町の採草地の計数がある．
　　資料：　農林省，第 6 次～第 18 次農林省統計表；農商省，第 1 次～第 2 次農商省統計表，農林統計編；農林省，第 21 次～第 29 次農林省統計表．

利用上の注意　1. 国土の利用状況を明かにする土地利用統計は，農林業統計のなかで最も不備なものの一つである．したがって大ざっぱな傾向を明かにするにとどまる．他の諸

C 生　産（農林水産業）

資料として内閣統計年鑑，林業統計要覧などがあるが，それがどのくらいの正確性をもつか，または統計上の誤や不備がどの程度であるかについては明かでない．

2. 耕地は土地台帳を中心として調査された属地主義によったが，これと別に農家自身の申告するいわゆる属人主義統計（1941 年以降）も存するが，供出制度の強化にともない戦後はとくに過小申告が行われ，属地主義統計との差 30 万町歩内外におよんでいる．ここでは過去の計数と比較できる意味において属地主義統計によったのであるが，しかしこの属地主義統計も戦後は乱れ，これを大蔵省主税局調の地目別土地面積のうちの民有地の耕地面積と比較すれば，1947 年度は 70 万町歩も下廻っている．

3. また林野面積についていえば，農林省統計表によると，1946 年現在 2,057 万町歩とあるのに対し林野庁林業統計要覧では 2,524 万町歩となって，そのちがいが 500 万町歩にも達している．また大蔵省主税局調の民有の山林原野は 1947 年で 1,103 万町歩であるが，農林統計表では公私林 1,294 万町歩となっている．もっとも公私林のなかには民有林といえないものがあって，二つをそのままつきあわせることは困難で，そのおのおののいずれが正確であるか容易に論証できないことが指摘されている．ここで，われわれが資料として農林統計表を利用したのは，耕地，林野，牧野との関連をとらえることができるからで正確度が高いためではない．

解　説　　1. 以上の点を考慮すれば 1929 年以降のわが国の土地利用形態は大概的にはむしろ大差なかったものと解するのが妥当であろう．

2. 各国国土の利用の現状からわが国国土の利用状況の特徴をみると，わが国は国土狭隘のうえに，耕地面積の割合は低く，山林面積が全面積の過半，56% を占め，牧野に至ってはいずれの国よりも少い．

3. 耕地の利用，耕地の利用状況を明かにするために，1944 年の主要作物の作付面積と耕地面積とを対比してみると，わが国農業の特徴は一層明かにされる．1944 年の総延作付面積 7,616 千町歩に対して稲は 2,979 千町歩(39.1%) 麦は 1,892 千町歩 (24.8%) で全作付面積の 63.9% に達し，その他食用農作物を加えると全作付面積のおよそ 80% が食糧の栽培に集中している．このように穀物作付面積の率が非常に高いことは世界においても類が少ない．戦後は桑園，菜園が減少しこの特質はより強化された．

4. 林野の利用，わが国土の 66.5% を占める山林は，統計上，材木の生産を目的とする林野とそうでない林野および原野の三つをふくむ「林野」として表示されている．竹林を人工的なものとして人工林にふくませ，伐採跡および災害跡地をその他として昭和 18 年以降の割合についてみれば，直接利用の対象となっている林野は全林野面積の 30% 未満にとどまっており，材木の生産を目的とする林地の天然林が 62%，未利用の原野が 3% 内外をしめている．

5. 牧野の利用，牧野はその利用の面から，家畜の放牧地として利用されているものと，家畜の飼料を得るための採草地として利用されているものとにわかれるが，わが国の牧野のうち放牧地として利用されているものは全体の 50～60% で，その利用方法は粗放である．牧野の国土面積に対する割合は 2.5% で，比較的耕種農業の発達しているといわれるデンマークでさえ 10% を占めており，わが国は著しく牧畜農業が未発達であることを物語っている．

参　考　　わが国の耕地利用は欧米にくらべて集約であるが，耕地を年に 2 回以上利用する面積が多いのはそのことを端的に示している．水田の二毛作は全国平均で 1950 年に全水田面積の 34% に行われている．地区別には九州の 98%，近畿の 75.5% が大きく東北の 10.5% がもっとも小である．

C-4　　　　　　　　　　　　　　　　　　　農　家　の　形

年次 項目	A 総数 a		B 自小作別農家戸数			C 兼業専業別農家戸数	
			地主兼自作	自作兼小作	小作	兼業	専業
昭和	千戸	%	%	%	%	%	%
1929 (4) b	5,489	100.0	30.6	42.6	26.8	71.4	28.6
1930 (5)	5,521	100.0	30.5	42.6	26.9	72.0	28.0
1931 (6)	5,542	100.0	30.6	42.6	26.8	72.5	27.5
1932 (7)	5,551	100.0	30.6	42.6	26.8	72.8	27.2
1933 (8)	5,530	100.0	30.5	42.5	27.0	73.3	26.7
1934 (9)	5,525	100.0	30.4	42.5	27.1	73.6	26.4
1935 (10)	5,518	100.0	30.3	42.4	27.3	74.1	25.9
1936 (11)	5,505	100.0	30.4	42.2	27.4	74.5	25.5
1937 (12)	5,483	100.0	30.5	42.3	27.2	74.8	25.2
1938 (13)	(a)5,356	100.0	30.2	43.0	26.8	66.9	33.1
	(b)5,429 c	100.0	30.2	43.0	26.8	45.2	54.8
1939 (14)	5,402	100.0	30.4	42.7	26.9	66.9	33.1
1940 (15)	5,390	100.0	30.5	42.5	27.0	68.6	31.4
1941 (16)	5,412	100.0	30.6	40.9	28.1	41.5	58.5
1942 (17)	5,419	100.0	31.0	40.0	28.6	38.0	62.0
1943 (18)	5,502	100.0	31.1	39.8	28.8	34.4	65.6
1944 (19)	5,537	100.0	31.3	40.0	28.4	37.3	62.7
1945 (20)	5,830	100.0	34.9	38.8	26.3	…	…
1946 (21)	5,698	100.0	32.8	38.4	28.7	53.6	46.4
1947 (22)	5,909	100.0	36.5	36.9	26.6	55.4	44.6
1948 (23)	…	…	…	…	…	…	…
1949 (24)	6,247	100.0	57.1	35.1	7.8	…	…
1950 (25)	6,176	100.0	61.9	32.4	5.0	50.0	50.0
1951 (26)	6,099	100.0	…	…	…	48.7	51.3
1952 (27)	…	…	…	…	…	…	…
1953 (28)	6,142	100.0	…	…	…	40.9	59.1

備　考　注： a. 本表にふくまれる地域は C-3 に同じ.
　　　b. 1929～40 年の計数は農事統計表による毎年末の状態を示す.
　　　c. 1938 年 (b) の計数は「農家一齊調査」による.
　　　d. 農家一戸当り耕地面積は総耕地面積を農家戸数で除したもの (→ C-2).
　資料　農林省，第 6 次～第 29 次農林省統計表；農林省統計調査部，農林統計速報，No 25, No 75；農林省，わが国農家の統計的分析，1938 年.

態 と 規 模

D 耕地面積広狭別農家戸数						E 一戸当り耕地面積	項目	
5 反未満	1 町未満	2 町未満	3 町未満	5 町未満	5 町以上		年次	
%	%	%	%	%	%	町		昭和
34.4	34.2	22.1	5.7	2.3	1.3	1.06 d	1929	(4) b
34.3	34.3	22.1	5.7	2.3	1.3	1.06	1930	(5)
34.1	34.4	22.2	5.7	2.3	1.3	1.06	1931	(6)
34.0	34.3	22.2	5.8	2.3	1.4	1.07	1932	(7)
33.8	34.4	22.4	5.7	2.3	1.4	1.08	1933	(8)
33.8	34.3	22.4	5.8	2.3	1.4	1.08	1934	(9)
33.6	34.3	22.5	5.9	2.3	1.4	1.09	1935	(10)
33.5	34.3	22.7	5.8	2.3	1.4	1.09	1936	(11)
33.4	34.4	22.8	5.7	2.3	1.4	1.10	1937	(12)
33.5	32.8	24.3	5.7	2.2	1.4	1.12(a)	1938	(13)
34.0	29.6	27.1	5.7	2.2	1.4	1.11(b)		
33.4	32.8	24.3	5.9	2.2	1.4	1.11	1939	(14)
33.3	32.8	24.5	5.7	2.2	1.5	1.12	1940	(15)
32.9	30.0	27.0	6.2	2.2	1.3	1.11	1941	(16)
…	…	…	…	…	…	1.10	1942	(17)
…	…	…	…	…	…	1.08	1943	(18)
…	…	…	…	…	…	1.06	1944	(19)
40.9	31.2	22.2	3.6	1.3	0.8	0.92	1945	(20)
39.2	31.3	23.5	3.6	1.4	0.9	0.93	1946	(21)
41.5	31.1	21.8	3.6	1.2	0.8	0.89	1947	(22)
…	…	…	…	…	…	…	1948	(23)
43.0	31.1	20.8	3.2	1.2	0.7	0.79	1949	(24)
40.8	32.0	21.7	3.4	1.2	0.8	0.82	1950	(25)
35.7	31.7	24.7	4.7	1.8	1.4	0.89	1951	(26)
…	…	…	…	…	…	…	1952	(27)
…	…	…	…	…	…	…	1953	(28)

利用上の注意 1. 農家の形態と規模を分析する場合，まず注意しなければならないことは，農家の定義である．農業調査における農家とは，国勢調査にいう世帯主の産業によって分類された農業世帯とも異り，世帯員が農業を営んでおればそれが世帯主であろうと世帯主以外のものであろうとすべてこれを農家としていることである．したがって国勢調査の世帯主の産業によってわけた農業世帯の数に比して，はるかに大きい計数を示していることが注意さるべきである．(→ B-3)．このように農業調査においは国勢調査と異る農家の定義が採用されているが，しかしてその定義は調査方法の変更により若干の相違がみられる．1929～40 年までは，いわゆる農会によって実施された農事調査であって，農家の定義が明確に規定されていない．1938 年 (b) は「農家一齊調査」の計数であってこれでは農家はほぼ上述の定義にしたがって規定された.

1941 年以降農林水産業基本調査要綱に基づき農家の定義はやや拡張され，土地を耕作するも

C 生産（農林水産業）

ののほか，土地を耕作せざるものでも養蚕・牧畜等を生業として営むものは農家とみなされた．

以上のような限定された定義においても，農家の耕作面積の最低限が具体的に決められていなかったので，調査する人の見解により調査農家の最低限を異にした．1950年の「世界農業センサス」においてはじめて農家として調査する最低規模が具体的に明確にされたといってよい．それによれば土地を耕す農家は関東北陸以北は一反，それ以南は5畝を最低限とし，土地を耕さざる農家は農業生産物の販売価格が一万円のものがその最低限と規定されるに至った．以上のような農家の定義の変遷から明かなように，農家総数の累年比較は大体の傾向を示すにとどまるものであることを利用者は念頭に置くべきである．

2. 農家の形態は耕地の所有関係からと，農業所得が農家所得に占める割合からと，この二面から分類されている．前者は地主兼自作，自作，自作兼小作，小作兼自作，小作，および土地を耕作しない農家にわけられ，後者は専業，兼業に，さらに兼業は第一種，第二種にわけられる．これらの諸形態に属する農家数の累年の変遷をみることは，農業生産の主体の性質の変化を知るために必要であるが，その際調査方法の変化にともなって定義内容が相違している点に注意しなければならない．1929～40年の計数は1903年以来発表された「農事統計表」によるものであって，農家は自作，自作兼小作，小作の三層に区分されているが，その区別の基準は示されず，社会通念に従って区別された．また兼業は「農家であって農業のみに依存しないで他の業に関係しているもの」とのみ規定され，具体的基準が明かでない．1938年の(b)は「農家一齊調査」の計数であるが，この調査では自作地を耕作するものを自作農家，小作地のみを耕作するものを小作農家とし，さらに僅少の耕地でも小作しているものは形式的に自作兼小作としたので，1938年(a)の農会調査と異った結果を示している．また兼業は「世帯員のうち誰かが多少にかかわらず農業を営む世帯で，その一員が農蚕業以外から収入を得ているもの」と定義されている．

3. 1941年以降はじめて農家の定義が確定するとともに，次のような基準が採用された．すなわち，

(1) 一町歩以上の貸付耕地をもつ農家は地主自作，(2) 経営耕地の90%以上を所有する農家は自作，(3) 経営耕地の50～90%を所有する農家は自作兼小作，(4) 経営耕地の10～50%を所有する農家は小作兼自作，(5) 経営耕地の10%以下しか所有しない農家は小作とし，さらに(6) 土地を耕作しない農家の6種類に分類された．また兼業の定義は拡張され「出稼，女中奉公，女工，職工等にして調査当時世帯に現存せざるも一戸を構えざるかぎり，農家の世帯員とする」ことになり，耕種，養畜，養蚕の一つ又は二つ以上を生業または営業として営んでいるものを専業農家とし，さらに収入からみて農業を主とし，兼業を従とする農家を第一種兼業農家とし，他の産業または賃労働を主として農業を従とするものを第二種兼業農家として定義された．したがって農家形態の厳密な比較は1941年以降にかぎられる．

4. 農家の規模の変遷をみるに当っては，耕作面積は単なる地理的面積であり，耕地の生産力を示すものではないことに注意する必要がある．それは真の経営の規模をそのまま示すものではない．わが国では一般に北へ行くほど経営面積は大きい．すなわち作付面積の種類や土地の利用形態や集約度をあわせ考察することが必要である．なお前述のように農家の定義にも変遷があったこともあり，このような全国統計から経営規模についての集中，分散の傾向を簡単に結論することは危険であることに留意すべきである．

5. 規模について1940年までの計数は農会調査によるもので信頼度は低い．1938年(b)は「全国農家一齊調査」の計数である．1938年における(a)と(b)との相違に基づき1941年以

C　生　産（農林水産業）

降「農業センサス」が行われるに至り，それ以後における調査は農民の申告によるものであるが戦時および戦後の供出制度の強化にともない，その申告が過小数字となってあらわれていることに注意されたい．

解　説　1. 前述のようにこれらの計数の年々の変化の比較から直ちに結論をだすことは危険である．むしろ戦前においては形態も規模も大した変化をみなかったとみるべきであろう．

2. しかし戦後における変化は顕著である．兼業農家の割合の増大は定義の差による部分が多いと推定されるにしても，農地改革の効果としての小作農の激減と自作農の著増は，もっとも注目すべき現象である．また農村における人口圧力の増大の結果，戦後において小規模農家が増大していることは注目すべきもう一つの現象である．戦前において農家一戸当り平均面積は内地 9.38～9.67 反，北海道 4.45～5.11 町であったのが戦後は内地 7.06 反，北海道 3.05 町 (1949 年センサス) に低下した．もっとも戦後の調査は供出制度の影響で過小とみられてはいる．しかしながら耕地面積の広狭によって区別した内地の農家戸数とその所属面積を 1938 年と 1949 年で対比した次表によれば戦後における農家の零細化は明瞭である．

規模別	1938 年					1949 年				
	戸 数		所属経営面積		平均面積	戸 数		所属経営面積		平均面積
	実 数	%	実 数	%		実 数	%	実 数	%	
	千戸		千町		町	千戸		千町		町
5 反未満	1,777	34.4	435	9.7	0.244	2,633	43.8	661	15.5	0.251
5～10	1,579	30.6	1,152	25.4	0.730	1,920	31.9	1,398	32.9	0.728
10～20	1,438	27.9	1,966	43.4	1.369	1,266	21.0	1,705	40.2	1.347
20～30	287	5.6	674	14.9	2.349	168	2.8	393	9.3	2.332
30～50	73	1.4	258	5.7	3.549	25	0.4	85	2.0	3.454
50 以上	7	0.1	43	0.9	6.237	1	0.1	4	0.1	6.585
計	5,160	100.0	4,527	100.0	0.877	6,013	100.0	4,246	100.0	0.706

参　考　農家一戸当りの経営面積を国際的にくらべる代りに農業に従事する有業人口一人当りの耕地面積を対比した計数をここにかかげる．次表の I の欄がそれである．女子有業人口を

		アメリカ	イギリス	デンマーク	イタリー	ポーランド	日本
I	(ヘクタール)	197.5	58.8	48.0	1.7	—	0.4
II	(人)	1.9	5.0	10.0	25.5	14.5	17.4

（I は国連統計年鑑，1949～50 年から，II はコーリン・クラークの計算による．）

含むので日本の値はとくに小さくなっているが，別に欧米諸国では耕地以外に牧場，採草地が多いことも併せ考えなければならない．(耕地面積は1949 年，人口は報告ある最近年でまちまちである)．II は女子を除く農業有業人口の 1 キロ平方当りの数を示す．この場合は牧場等すべての農地を含むが標準気候に換算して，同じ面積でも気候のよしあしで農業生産力が自然的に相違する点を斟酌した換算面積（この換算を正確に行うことは困難である，これは一例）にしてある．II では I に比して日本の農家の面積による規模は国際的にみて比較的大きくなる点に注意されたい．

C-5　農業の生産性

年次		A 農業有業人口	B 労働生産性	C 土地生産性	D 米 反当収量	D 指数	E 繭 反当収繭量	E 指数
	昭和	千人	1934～36 =100	1934～36 =100	石	1934～36 =100	貫	1934～36 =100
1929	(4)	13,972a	98.0	101.4	1.857b	101	14.329c	115
1930	(5)	13,944	105.6	108.7	2.067	112	14.916	105
1931	(6)	14,029	94.2	96.9	1.701	92	14.224	100
1932	(7)	14,038	98.4	100.7	1.855	101	13.730	96
1933	(8)	13,973	111.5	112.9	2.234	121	15.811	111
1934	(9)	13,951	93.0	94.0	1.634	89	13.996	98
1935	(10)	13,923	99.2	99.6	1.794	97	14.100	99
1936	(11)	13,748	107.7	106.3	2.102	114	14.648	103
1937	(12)	13,700	114.1	111.9	2.063	112	15.336	108
1938	(13)	13,653	111.1	109.0	2.047	111	13.706	96
1939	(14)	13,606	120.5	117.8	2.162	117	17.042	120
1940	(15)	13,550	110.8	108.0	1.915	104	16.397	115
1941	(16)	12,981	99.8	96.5	1.732	94	14.139	99
1942	(17)	12,412	115.8	107.9	2.112	115	13.553	95
1943	(18)	11,843	114.6	103.7	2.025	110	14.861	104
1944	(19)	11,274	97.2	86.0	1.965	107	13.231	93
1945	(20)	13,057	64.6	69.0	1.353	73	9.323	65
1946	(21)	14,840	73.6	94.7	2.189	119	9.776	69
1947	(22)	16,622	63.5	91.1	2.017	109	8.092	57
1948	(23)	16,732	72.6	…	2.109	114	9.480	66
1949	(24)	17,290	75.6	114.0	2.089	113	9.539	67
1950	(25)	16,150	86.5	118.8	2.119	115	12.170	85
1951	(26)	17,345	80.8	…	1.982	108	13.967	98
1952	(27)	17,538	89.6	124.7	2.180	118	15.887	112
1953	(28)							

備考　注：a. センサスの行われた 1930 年, 1935 年, 1940 年について産業別人口の農林業中に占める林業人口の比率を求め, これを山田雄三「日本国民所得推計資料, 附表 I」の計数から除いた. なお 1947 年以降は 1947年, 1950 年については国勢調査により, 1948, 49, 51年は総理府統計局「労働力調査」の 10 月分から推計した.
　　　b. 水稲と陸稲を合計した平均である.
　　　c. 収繭量を桑栽培面積で除したもの.
資料： A. 一橋大学経済研究所推計； B. (→ C-1, C-5・A欄)； C. (→ C-1, C-2)； D. 農林省, 第 6 次〜第 29 次農林省統計表； E. 農林省, 第 6 次〜第 29 次農林省統計表.

C 生　産（農林水産業）

利用上の注意　**1.**　農業における生産の能率（生産性）をみるとき，労働生産性と土地生産性の二つが注目される．労働生産性は投下労働量当りの生産量を，土地の生産性は単位面積当りの生産量を意味する．労働生産性が能率の基本的な指標であるが，土地生産性も日本農業の特殊性から無視することは出来ない．

2.　生産性というときは投下した物的費用をさしひいた純生産物について考えるのが正しい．いくら生産の能率が上ったように見えても高価な機械等を用いたために費用もまた嵩んだのでは真に経済的能率がよいとはいえないからである．生産性をこのように純生産性の意味に用いないばあいは，とくに粗生産性という．表にかかげた計数は何れも粗生産性を示すもので，費用の控除が行われていない．純生産性を示す計数は実質農業所得を基礎として作製されるが，わが国では農家販売物価指数が十分整備されていないために（→ F-5），実質農業所得を計算することができない．それでも所得率が趨勢として著しく変化していない期間については，粗生産性の計数もある程度純生産性の趨勢の指標として代用することはできる．

3.　労働生産性の指数は農産綜合生産指数を同一基準時の農業有業人口指数で除して算出した．農業有業人口数は推定産業別有業人口の農林業中に占める林業人口をセンサス時の比率によって除いたものである．労働時間，専業，兼業別の割合，性別，年齢別の能率等の変化についてなんら斟酌を加えていないから，それらの変化が著しくなかったと仮定した場合にのみ十分な意味をもつものである．土地生産性の指数は同じく農産綜合生産指数を同一基準時の耕地面積指数で除して算出した．耕地の種類（田，畑等）についてはなんらの換算をも加えていないが，全期間を通じて著しい変化はないからほぼさしつかえはない．反当の米収量と収繭量を附記してあるが，これは二大生産物についての土地生産性の指標として示したものである．

4.　以上述べた計数は労働についても土地についても平均生産性の変化を示す指標である．別に限界生産性という概念がある．労働の限界生産性とは他の要素をそのままにしておいて，労働だけを一単位増加した場合にうる能率のことであって，土地の場合にも同じように土地の限界生産性が考えられる．日本の農業のように労働人口が多く，耕地が稀少である場合には，労働の限界生産性は低く土地の限界生産性は高い．これを統計的に測定することも可能である．

解　説　**1.**　労働の生産性は年々の豊凶による動揺を示しながらも戦前において僅かながら上昇を示してきたが，戦時をへて戦後にはかなりの程度に低下した．生産量の若干の低下もあるがその主因は農業有業人口の増加である．農業における人口の増加は戦前までは時期によって多少の差はあるとしても大体において都市産業の発展によって吸収されてきたのに，戦後においてはその吸収力が不十分になったために，このような現象を生じた．戦後の農業はいよいよ能率の低い産業となりつつある．かかる事情のもとでは労働の限界生産性もまた低くなっているであろうと推定される．

2.　土地の生産性も戦前においてはいくらか上昇の傾向を示したが，戦後は若干低下した．供出制度等によって耕地面積統計が実際よりもやや過小となっていることと収穫統計もおそらく過小になっていることがともに影響してある程度相殺していると推定される．戦後において米の反当収量はほぼ戦前水準を示しているが，反当収繭量は著しく低下していてまだ戦前水準までの恢復を示していない．

C-6 農業における費用構成と所得率

年次 項目		A 米一石当り生産費	B 同指数	生産費中に占める割合		E 物的生産費中の肥料費の割合	F 所得率	G 農業所得
				C 肥料費	D 労賃			
昭和		円	1934～36 =100	%	%	%	%	百万円
1929	(4)	26.38 a	97	16.5	29.6	63.9	79.5	2,767 c
1930	(5)	26.11	96	16.2	30.8	58.1	76.3	1,837
1931	(6)	22.99	85	14.5	28.8	56.0	74.6	1,508
1932	(7)	21.83	80	14.2	30.3	54.7	76.4	1,836
1933	(8)	23.10	85	15.8	29.8	57.3	77.1	2,292
1934	(9)	28.09	103	15.0	30.0	56.5	76.1	2,026
1935	(10)	27.66	102	14.9	30.5	56.4	78.0	2,429
1936	(11)	25.80	95	15.9	30.2	57.1	77.4	2,772
1937	(12)	25.87	95	17.1	31.0	56.4	78.4	3,175
1938	(13)	28.45	105	17.1	32.1	55.8	78.4	3,313
1939	(14)	31.83	117	17.0	38.5	52.5	81.0	4,968
1940	(15)	40.46	149	19.8	38.5	56.5	75.1	4,800
1941	(16)	44.53	164	18.6	41.2	52.3	77.4	4,083
1942	(17)	43.47	160	15.5	44.2	46.1	76.0	5,224
1943	(18)	55.90	206	16.2	43.5	45.9	83.3	6,284
1944	(19)	64.83	239	13.0	44.5	37.7	85.9	6,722
1945	(20)	146.43	539	10.1	50.3	29.0	(85.9) b	27,202
1946	(21)	655.43	2,411	19.7	45.9	43.4	86.9	79,474
1947	(22)	1,847.84	6,799	15.6	47.6	37.3	84.3	215,400
1948	(23)	3,561.09	13,102	15.2	48.3	42.7	84.0	451,500
1949	(24)	5,275.00	19,408	19.7	58.0	40.8	76.6	613,900
1950	(25)	4,014.00	14,950	20.9	56.3	44.6	78.4	661,400
1951	(26)	4,571.00	17,024	22.3	55.5	39.7	77.1	807,514
1952	(27)	5,033.00	18,517	25.3	52.6	48.5	77.1	
1953	(28)							

備考　注：a. 1929～47年までは自作者の生産費である．全期間副収入を控除．
b. 資料がないため1944年の計数を適用．
c. 1929～45年は生産所得，1946年以降は分配所得．1949～52年は資料の関係から分配国民所得中の勤労所得，個人業主所得，個人賃貸料所得の三者の合計のみ．
資料：A-E．1929～46年は帝国農会，米生産費調査各年分；1947～52年は農林省統計調査部，米生産費に関する調査，1947年産，1948年産；昭和25年産米生産費調査成績，米価資料，第1集；農林省，第29次農林省統計表；F．一橋大学経済研究所推計；G．1929～42年は一橋大学経済研究所推計，1943～45年は山田前掲書，p. 29；1946～51年は経済安定本部国民所得調査室．

C 生 産（農林水産業）

利用上の注意　1. 農業生産のために投下される費用（生産費）は性質の異った種類の項目から成る．一つは肥料や農具の購入のために支出される金額（自給の場合は評価額）であって，他は支払労賃（家族労働の場合は評価額）や支払地代のように，それが直接所得となるものである．農産物を生産する立場からみれば，何れも費用であるが，国民所得の一部を形成する農業所得の生産という立場からみれば，肥料費や農具費は控除さるべき費用であるが，労賃や地代は生産された所得そのものである．すなわち，前者のような物的費用を生産額から控除したものが国民経済的な純生産額としての農業所得である．生産額にたいする純生産額所得の比率を所得率という．農業における生産所得の推計はこの所得率の平均的な値を求めてこれを生産額に乗ずる手続きによることが多い．

2. 代表的な生産費として採った米の石当り生産費(A-E)は1929～47年は帝国農会調査(1922年開始)によるものであるが，調査方法は1930年，1937年の二回にわたって変更された．すなわち1929年は帝国農会の農業経営改善調査および農家経済調査からの抽出調査であって，対象として地方における精農家が多く，一般に比較的優れた農家の生産費といえる．1930～36年の間は従来の抽出調査を改め，独立した記帳調査となり，調査農家は自作者で正確に記帳しうるものとし米作収入が総収入の半ば以上を占めるものとした．この期間の調査は米穀法と密接な関係を有し，米価対策に関する重要基礎資料とするのを目的としていた．1937～47年は小作者についても調査が行われることとなり，調査目的も米作経営および生産費研究の資料にするように変更された．1948年からは農林省統計調査部に引継がれた．なお1947年まで前述のものとは別に農林省でも調査が行われてきたが，公表されていない．

3. 農産物生産費の計算についてもっとも問題なのは自給物，家族労働の評価および土地資本利子である，とくに家族労働が主体となっている日本の農業ではその評価の仕方いかんで生産費の計算が著しく異ることに注意しなければならない．表の計数は農業臨時雇の賃金で評価してある．

4. 所得率は農家経済調査から算出された計数について1931年以降はそれ以前と調査方法の相違からくる誤差を斟酌するため調整（1931年以降は原資料の 0.95倍）したものである．したがって厳密な計数としては不十分なものである．

解 説　1. 評価方法のいかんによって費用の構成割合も著しく異ることに留意しなければならないが，生産費の中，労賃，土地費，肥料費が3大項目である．前二者は所得を形成するから，物的生産費中では肥料費がもっとも大きく，全期間を通じて約半ばを上下している．

2. 農業における所得率は全期間を通じておよそ 70～77％ の程度である．逆に費用率は30～23％ とみられる．農業における所得率は長期的には農業の構造の変化によって動く．養蚕，畜産等の部門の発展は所得率を小にする傾向をもつし，農業の機械化も同じ傾向をもつ．農業における所得率は短期的には収穫の動揺，価格の変動の二因によって変動する．豊作のときは大きく，不作のときは小さい，費用は豊凶に拘らずほぼ一定だからである．肥料等の費用財の価格にたいする農産物の価格の比率が大となれば所得率は大となり，小となれば小となる．表における計数の年々の変動は主としてこの二因によるものと推定される．ただし1943年頃から所得率の水準が増大しているのは，構造的な変化であって戦時経済における穀作への集中と，肥料等の資本財投下の縮小のためとみるべきである．

C-7　　　　　　　　　林　業

年次 項目		A 森林面積 a	B 木材生産 b						C 林産総額 c
			用材林		薪炭林		計		
	昭和	千町	百万石	1934〜36 =100	百万石	1934〜36 =100	百万石	1934〜36 =100	百万円
1929	(4)	…	52	78	90	94	142	87	299
1930	(5)	19,549	48	72	89	93	137	84	217
1931	(6)	…	49	73	88	92	137	84	199
1932	(7)	…	51	76	89	93	140	86	205
1933	(8)	20,278	56	84	92	96	148	91	248
1934	(9)	…	64	96	96	100	160	98	291
1935	(10)	…	66	99	97	101	163	100	298
1936	(11)	20,577	72	107	95	99	167	102	340
1937	(12)	…	79	118	104	108	183	112	432
1938	(13)	…	89	133	104	108	193	118	567
1939	(14)	20,643	110	164	116	121	226	139	752
1940	(15)	…	110	164	146	152	256	157	985
1941	(16)	…	121	181	136	142	257	158	925
1942	(17)	…	98	146	118	123	216	132	914
1943	(18)	21,561	138	206	111	116	249	153	1,078
1944	(19)	…	129	193	98	102	227	139	1,282
1945	(20)	…	76	113	62	65	138	85	560
1946	(21)	19,047	70	105	83	86	153	94	21,557
1947	(22)	…	80	119	95	99	175	107	70,570
1948	(23)	…	85	127	104	108	189	116	…
1949	(24)	19,560	141	211	96	100	237	145	…
1950	(25)	…	96	143	102	106	203	125	…
1951	(26)	…	107	160	97	101	206	126	…
1952	(27)	23,733							
1953	(28)								

備　考　注：a. 立木地のみの面積で，調査は3年毎に行われる．1946年以後は沖縄県を含まない．
　　　b. 伐採量はすべて丸太材積によるもので，年度は会計年度である．薪炭林伐採量は農林省統計表には柵で示されているが，これを石に換算した．
　　　c. 1948年以降は金額調査がないため不明．
　資料：　A・B. 農林省，第6次〜第29次農林省統計表；C. 山田雄三，日本国民所得推計資料，1951年．

C 生 産（農林水産業）

利用上の注意 1. 林業に関する統計は産業統計の中で最も弱い部分の一つに属する．1941年に大きい調査法の改正が行われたが，なお十分ではない．経済的な分析からの要求にともかくも答えうる計数は，かなり限られている．表にはもっとも基本的な統計として森林面積と木材の生産（伐採量）とをかかげた．林業から生産される総所得額を推計するためには，その他に木炭および林野副生産物を加算しなければならない．林産総額はそれであるが，これに要した費用額の推計は困難であって，通常は農産額と合せて一括して取扱われている．前にかかげた林産指数（→ C-1）と木材生産指数とがかなりくい違うのは後者が木材以外の生産物を含まないこと，指数の性質が異ること等によると解されるが，それにしても戦後の指数のちがいはひどすぎる．これは林産統計の不備をそのまま示すと考える他はない．

2. 伐採量は丸太材積によってはかられているが，これは立木材積の約 70% の容量とみなされる．したがって伐採量と立木総量との比率をみようとする場合には注意を要する．また伐採量は用材林からと薪炭林からとにわけられ得るが，この分離も必ずしも明確ではない．

解 説 1. 森林面積にかんする統計は前述のごとく過去 20 年間に 7 回行われたが，これをみると昭和初期から次第に増加してきた森林も 1946 年以降は 1943 年よりも 1 割近くその面積を減じている．後述する戦後の過伐が主因であろう．木材生産の指数は用材と薪炭用とを合せて，1938 年頃から次第に増大し戦時中は基準時の 6 割以上の上昇を示し，以後急激に減退を示している．これも過伐の事実を推定せしめる一つの有力な指標である．

2. このいわゆる過伐の現象を統計的に示すには，森林の伐採量と成長量の関係を正確に把握しなければならず，現在の公表林業統計からは直接の証左を与えることは正確にはできない．そこで伐採面積と造林面積との差，すなわち差引伐採跡地をそのことを示す間接的な一つの指標としてみよう．左表にみられるように 1943 年頃から伐採跡地は急激な増加をみせ，1947年にピークに達しその後また次第に減少するに至った．もちろん他方において立木の成長を考慮しなければならないが，これら伐採跡地の年々の急激な累積増加は注目すべきところである．

年次\項目	伐採面積	造林面積	差引伐採跡地 国有林	民有林	計
1943 (昭和18)	758	681	21	57	78
1944 (19)	729	586	31	112	143
1945 (20)	806	569	26	210	236
1946 (21)	742	492	95	156	251
1947 (22)	699	446	62	191	253
1948 (23)	668	515	37	116	153
1949 (24)	743	682	32	30	62

備考 単位：千町．林野庁調査による．

3. 我国の森林の所有形態は，これを大きくわけて国有林（現在は以前の御料林を含む）と民有林ならびに県市町村有林に分類しうる．1947 年の林野庁調査にかかる所有権の配分をみると，森林総面積を 100 として国有林 31，個人 51，公有その他 18 となっており，国有林の比率が相当に大きい．殊にこの傾向は中部地方以北にみられ，これら地方では 50% 以上を占めている．一般に国有林は細い施業案の下にいわゆる「科学的原則」にしたがって経営されてきたが，私有林は近代的な経営によるものほとんどなくむしろ農家の副業的生産の色彩が濃い．前掲伐採跡地の増加も民有林において著しい点が注目される．山が急峻であるという地形的事情も無視しえないが，わが国の林野が国土の過半を占めながら一般にはかなり粗放な生産力の低い経営によっていることは否定しえない．

C-8		水　産　業						
項目 年次	A 漁船		B 漁獲高 a			C 指数		D 水産価額 b
	総数	有動力漁船	沿岸	沖合	総漁獲高	漁船	漁獲高	
昭和	千隻	千隻	十万貫	十万貫	十万貫	1934~36 =100	1934~36 =100	百万円
1929 (4)	360	31	5,915	1,711	7,626	98	71	382
1930 (5)	359	36	6,404	1,589	7,993	98	75	308
1931 (6)	361	42	6,967	1,714	8,681	99	81	266
1932 (7)	361	45	7,345	1,815	9,160	99	86	266
1933 (8)	363	49	10,544	2,093	12,637	99	118	298
1934 (9)	365	53	9,008	2,066	11,074	100	103	326
1935 (10)	366	57	7,776	2,306	10,082	100	94	334
1936 (11)	366	62	8,221	2,725	10,946	100	102	384
1937 (12)	364	66	7,714	2,423	10,137	99	95	402
1938 (13)	356	68	6,843	2,192	9,035	97	84	460
1939 (14)	355	72	6,983	2,177	9,160	97	86	564
1940 (15)	352	75	7,394	2,191	9,585	96	90	730
1941 (16)	327	69	...	...	10,834	89	101	789
1942 (17)	334	71	...	...	9,599	91	90	1,051
1943 (18)	327	73	...	...	8,962	89	84	1,066
1944 (19)	312	68	...	...	6,684	85	62	1,048
1945 (20)	279	57	...	...	4,812	76	45	4,362
1946 (21)	297	60	...	...	5,536	81	52	11,883
1947 (22)	274	64	...	...	5,894	75	55	49,153
1948 (23)	451	105	...	...	6,239	123	58	...
1949 (24)	473	120	...	...	6,500	129	61	...
1950 (25)	480	129	...	...	8,565	131	80	...
1951 (26)	473	129	...	...	10,126	129	95	...
1952 (27)	447	131	...	...	12,055	122	113	...
1953 (28)								

備　考　注：a. 1941 年以降は調査形式の変更によって沿岸，沖合の区別が出来ない.
　　　　b. 1948 年以降は金額調査がないため不明.
　資料：　A・B. 農林省，第 6 次～第 29 次農林省統計表；D. 山田雄三，日本国民所得推計資料，1951 年.

利用上の注意　1. 漁獲高統計は水産業という産業の特質を反映して比較的信頼性にとぼしいが，調査方法の変化の点から 1929～40 年と 1945 年以降の二つの期間にわけて述べるのが適当であろう．前の時期には年一回，後の時期には年二回の調査が行われたので後期は前期にくらべれば信頼性がやや高い筈である．前期においては漁獲高のかなりの過小報告が通例であって，その程度は正確にはわからないが，例えば 1935 年について日本学術振興会が検討したところに

C 生 産（農林水産業）

よると，総漁獲高は本表で 101 千万貫であるのが 150 千万貫と推定されている．また水産製造品の統計より推定すれば，1929～40 年の漁獲高統計は約その 5 割増しが妥当であるとも指摘されている位である．1945 年以後調査方法はすすんだがしかし同時に戦後においては統制が行われたため，そのことから報告された漁獲高はふたたび過小となったと推定される．とくに 1946 年のそれは著しく，この年の生産高を 85 千万貫と見積る推定もある．

2. 沿岸および沖合というのは，作業地域でなく作業手段を基礎に区別される．沿岸漁業は，主として村の組合あるいは小規模な個人企業によって行われ，地曳場網，定置網，罠網，流し網および海岸に近いところでは釣竿によるもの，貝および海藻類の蒐集などをふくむ．沖合漁業は，主として会社または特殊の組合によって行われ，大規模な巾着網漁業の大部分，二隻の動力船を使用する底曳き，およびマグロ，カツオ漁業などである．捕鯨は，戦前は日本本土沖，旧植民地の水域および南氷洋に出動する工船によって行われたが，本表には日本本土沖の捕鯨を計上するにとどめこれは沖合漁業のなかにふくまれている．沿岸漁業のなかには内海の漁獲物をふくんでいる．

解 説 1. わが国は，1934 年には世界の主要水産国の漁獲高の 44.5% をしめ，世界の水産国であったが，戦後 1946 年にはアメリカが 23.4% をしめ，ついで日本，イギリスという順位になり，わが国の水産業はいちじるしく回復がおくれている．

この大きな原因のひとつは漁区の喪失である．戦前（統計の信頼性の高い 1935～40 年の年平均をとれば）においてわが国は，比率でみて本土において 55%，植民地において 45% の水揚高を有していたが，戦後植民地を喪失したばかりでなく，本土を基地とする海外の漁区の大部分への出漁を禁止されたため，漁獲高はいちじるしく減退した．漁区の喪失による漁獲高の減少はおよそ 30% と推定されている．

2. わが国水産業の基幹をしめるものは本表で示されるように沿岸および沖合漁業であって，これらの水域の漁業は総水揚高の 80% をしめ，そのうち沿岸水域だけで，ほとんど3 分の2 を占めている．1949 年に実施された漁業センサスによれば，水産業経営体総数は 269,122 であって従業員 5 人以下の零細漁家が 246,731 で全経営体数の 92% をしめ，これを底辺として最高は従業員 800 人以上の資本家的漁業経営体 9 を頂点としてピラミッド型に構成されているが，兼業的な零細漁家（総漁家中，農林業を自営するもの 53%，1949 年漁業センサス）の大部分が従事している沿岸漁業がいちじるしく重要性をもっていることは，漁民一人当りの生産力が低く（年 2.9 瓲），農業の低生産性と趣を一つにしている．

水産業の基本的生産手段である漁船は，動力化がいちじるしく進み大型有動力船では戦前の水準を上廻っている．この結果徳川時代以来の沿岸漁場の漁業権は実情にそわなくなり，漁業改革によって漁場の再構成が行われつつある．

3. 表の最後の欄にかかげた水産価額は前述の理由からあまり正確ではないが，その中約 45% ほどの物的費用を差し引いた額が生産国民所得として計上されている．（→ A-2)

参 考 文献：水産庁，戦後における水産業の実相，1949年；農林省農林統計資料 No.5「漁業センサス」第 1 輯，1951 年．

漁業者一人当りの年生産高を例示するとアメリカ 14.6 瓲，イギリス 13 瓲，ノールウェイ 9.3 瓲で日本の 2.9 瓲はひじょうに低い．

D 生 産（鉱工業）

　鉱工業生産の一般的な発展傾向は，他の経済指標の場合と異らない．すなわち，1929年より太平洋戦争の終結時まで上昇しつづけ，戦後一時急激に減少し，再び次第に回復して，大体戦前(1934～36年)の水準に接近している．(→ D-1)

　生産のうち，農業生産(→C)が主として，土地と労働とを生産の要素として行われるに対し，鉱業生産は土地，労働，資本の三要素を必要とし，工業は主として，労働と資本との結合によって営まれる事実から，一般に農業と鉱工業とを区別するのが普通である．しかし鉱工業といっても，鉱業と工業とでは，その生産の条件を異にすることは，前述の如くであるから，以下の諸統計では，この両者を区別できるようにして統計を編成してある．

　鉱業の生産物は，主として工業の原料として使用せられる．このような関係から，本編では工業を重点的に分析する．すなわち，工業に注目することによって，その原料関係，製品関係，ならびにこれら両者の関係を有機的に理解することができるわけである．

　まず，鉱工業の生産を可能ならしめる一般的な条件として，電力，石炭の工業消費量を考察し，さらに，その原料を工場に運搬し，製品を需要地に輸送する運輸の関係を分析しなければ，生産の研究は万全を期することができない．このような輸送の問題は，いわゆる立地条件によって影響せられることが多大であり，その総合的判定が輸送関係にあらわれてくる．(→ D-2)

　工業生産物の価値を労働者一人当りで割った，いわゆる労働の生産性の問題(→D-3)は，生産力の変化を探るうえに有力な手がかりとなる．労働の生産性に対して，資本の生産性の問題も，資本主義的生産組織のもとでは，当然考慮せらるべきであるが，物的資本を一つの総合的な計数で表わすことが困難なため，この種の分析を行うことができない．

　つぎに，原材料，動力のいかなる種類をいかほど組合せて，これから生産物をいかほど生産するかを示す統計は，一般に生産の技術的な関係を導くうえに必要な資料である(→D-4)．しかし，この資料は従来あまり発表せられず，個々の企業の内部においては利用せられても，国民経済全体の観点からは研究せられるところが少い．そのために，ここに掲げる諸計数も，かなり粗雑なものであることを注意して使用しなければならない．また，この種の資料を包括的に蒐集することは困難である点を附記しておく．

　工業生産の行われる規模と，その構造とを，産業別就業者数および工場数だけで把えることには問題があろう．このほかに使用機械の台数等をも考慮しなければならないであろう．しかし，

D 生産（鉱工業）

一つの生産にも各種の機械を使用するのが近代工業の特質であり，この場合，異種の機械の台数を一元的に総合することに無理があり，したがって機械等の諸設備による産業の規模の分析は本編から割愛されている．(→ D-5)

以上は主として，物的な生産の諸問題を統計的に見たものであるが，生産の問題は，たとえ社会主義的生産組織のもとにおいても，貨幣的な計算を拒否しては，成立しない．この貨幣計算においては，異種の生産要素も，費用として一元的に総合せられ，異種の生産物も生産額として一括して把握されうる．この生産額と費用との関係は所得率としてあらわされるが，工業におけるかかる費用と構成と所得率との関係が D-6 に示されている．この費用，生産額の分析には，各生産要素の価格および生産物の価格を考慮しなければならない (→F)．さらに，この場合の所得率は，全体の国民所得 (→ A) の分析における所得率の具体的内容を示すものであり，同時に他の産業の所得率もしくはこれと類似の収益率 (→ C-6, H-7) と比較することによって工業の所得率の特質を求めることができよう．

企業内部の事業分析が経営の合理的運営のために必要であることはいうまでもない．(→ D-7) この種の統計も，原単位の統計と同様，従来企業内部において整備せられてきたものであるが，ここにはその公表せられたものを集録した．

D-1-a 各種生産指数の比較

年次 種別	A 経済安定本部指数	B GHQ指数	C 国民経済研究協会指数	D 東洋経済新報社指数	E ダイヤモンド社指数	F 通産省指数
昭和	1934～36=100	1932～36=100	1934～36=100	1931～33=100	1934～36=100	1946=100
1929 (4)	…	…	…	83.3	…	…
1930 (5)	…	74.8	64.4	89.4	…	…
1931 (6)	…	73.4	62.5	89.0	…	…
1932 (7)	…	78.7	68.4	97.4	…	…
1933 (8)	…	88.9	77.4	113.6	…	…
1934 (9)	89.9	101.4	90.6	132.8	89.0	…
1935 (10)	99.2	110.5	100.0	148.7	100.0	…
1936 (11)	110.3	119.9	109.7	161.9	110.0	…
1937 (12)	128.6	143.0	125.9	186.4	123.0	…
1938 (13)	141.1	152.5	138.5	182.1	121.5	…
1939 (14)	146.6	160.0	143.6	163.3	113.4	…
1940 (15)	147.9	163.0	146.0	159.6	110.6	…
1941 (16)	150.0	170.0	141.0	147.2	105.9	…
1942 (17)	145.6	164.1	137.8	126.8	90.4	…
1943 (18)	159.7	190.5	69.4	121.5	82.4	…
1944 (19)	176.2	208.8	175.5	79.0	65.4	…
1945 (20)	63.2	87.1	42.5	25.9	25.3	…
1946 (21)	39.2	48.6	40.7	25.6	26.3	100.0
1947 (22)	46.2	57.1	46.0	38.7	33.6	146.1
1948 (23)	61.8	74.1	63.7	54.7	47.4	235.2
1949 (24)	76.7	93.5	78.7	75.9	68.6	322.6
1950 (25)	88.0	112.3	91.2	102.9	94.2	400.7
1951 (26)	119.4	146.5	115.8	133.5		552.5
1952 (27)	131.8	…	128.6	145.0		609.0
1953 (28)	155.0			165.5		

備考　注： a. 経済安定本部指数については D-1-b 参照．
　　　 b. GHQ 指数については D-1-c 参照．
　　　 c. 国民経済研究協会指数——品目数は，公益事業（電気，ガス）2，鉱業 7，工業 43，計 52．部門別ウェイトは原則として附加価値を用い，鉱業にかぎり生産額を使用．品目別には生産額をウェイトとする．総合算式はラスパイレス式．
　　　 d. 東洋経済新報社指数——品目数は，公益事業（電気，ガス）2，鉱業 6，工業 18，計 26．ウェイトは附加価値．総合算式はラスパイレス式．
　　　 e. ダイヤモンド社指数——品目数は，公益事業（電気，ガス）2，鉱業 2，工業 51，計 55．ウェイトは雇用量と附加価値とを併用．総合算式はラスパイレス式．
　　　 f. 通産省指数——戦後指数のみ．品目数は，鉱業 13，工業 115，計 128．ウェイトは附加価値．ただし鉱業および品目別には生産額ウェイト．総合算式はラスパイレス式．
　資料：A. 総司令部経済科学局 (General Headquarters Supreme Commander for the Allied Powers, Economic and Scientific Section, Research and Programs Division) 編, *Japanese Economic Statistics* (Monthly); B. 経済安定本部, 経済統計速報; C. 国民経済研究協会, 経済統計月報; D. 東洋経済新報社, 東洋経済統計月報; E. ダイヤモンド社, ダイヤモンド経済統計年鑑; F. 通商産業省（商工省），通産統計月報．

D 生産(鉱工業)

利用上の注意 1. 生産指数は，物価指数 (→ F-2, 3, 4, 5) に対応する数量指数のうちの一つであって，各種の生産数量の平均的な増減の程度を測定するものである．個別的な品目の数量は，その品目の種類を異にするにしたがって，測定単位を異にするから，生産指数といっても，純粋に物理的な数量だけの変化を見ることはできない．一般には，物理的な個別数量の増減比率にウェイトが掛けられて平均せられる．ウェイトとしては従来附加価値が原則的に用いられてきたが，一般に附加価値を各産業部門別ならびに品目別に計算することは容易ではない．とくに個別品目についてこれを計算することは困難であり，この意味において，附加価値だけでウェイトの計算をすることは不可能であり，これを補うために従来生産額，雇用量が併用されている．したがって附加価値，生産額ないし雇用量をウェイトとする生産数量の平均的な変化をあらわすものが生産指数であって，純粋に数量の変化だけを見るものでない点を注意しなければならない．

2. 品目数ならびにいかなる品目を採用するかということは生産指数においては重要な問題であり，これらは一種の降伏的なウェイトと考えられる．

3. 一般に使用せられる個別指数 (=個々の品目の比較年次の数量÷その品目の基準年次の数量) の総合算式はラスパイレス式であり，本表に掲載した各指数においてもすべてこの方式によっている．ラスパイレス式においては，ウェイトは固定しており，したがって戦前，戦後のように，産業構造の著しく異った二つの時点の生産指数を相互に比較することはかなりの困難がある．すなわち，産業構造を一応ウェイトであらわすこととすれば，この総合指数では，各年次における産業構造が，ウェイト算定年次と同一であると仮定した場合の各品目の生産数量の変化を見ている結果となる．(→ 本項「参考」3)

4. 基準年次はなるべく正常的な経済が行われている時期を選ぶことをもって原則とするのであるが，その時期に生産額や附加価値の調査が行われなかった場合には，やむをえず他の時期を選ぶ必要が起きてくる．この場合，個別指数の基準年次とウェイトの基準年次とを同一の時期にするのが原則であるが，ある場合には，以上の理由によって，この両者が異る場合もありうる．わが国においては 1935 年がこのような統計資料をうるのに都合がよいので，多くの場合この年次を含むように作成されている．さらに日本経済の正常期として 1934〜36 年がとられることは，一般的に認められたところである．

	経済安定本部		GHQ		国民経済研究協会		東洋経済	ダイヤモンド	通産省
	旧指数	新指数	旧指数	新指数	旧指数	新指数			
ウェイト年次	1933〜35	1934〜36	1930〜34	1932〜36	1935〜37	1934〜36	1931〜33	1934〜36	1946
鉱　業	10.0	6.8	13.33	8.6	4.0	8.2	21.3	4.0	10.0
工　業	90.0	82.4	86.67	74.0	96.0	92.0	78.7	96.0	90.0
金属工業	20.3	14.7	6.60	13.0	13.4	16.0	12.7	22.7	15.3
機械工業	11.5	19.8	13.67	18.6	17.3	23.0	0	17.0	36.9
化学工業	14.6	14.6	7.15	13.4	20.2	16.0	12.7	19.5	16.2
窯　業	3.5	0	1.47	3.5	2.9	5.0	6.3	5.3	4.5
紡織工業	27.3	18.7	45.21	15.2	30.7	16.0	47.1	31.5	11.7
食品工業	11.7	4.8	5.18	6.7	11.5	12.0	0	0	0
その他工業	1.1	5.9	7.39	3.6	0	0	0	0	5.4
電気及ガス	0	10.8	0	17.4	0	0	0	0	0
計	100.0	100.0	100.00	100.0	100.0	100.0	100.0	100.0	100.0

5. 以上に掲げた，品目数，品目の種類，総合算式，基準を異にするにしたがって，これから作られる生産指数も異った様相を呈するものであるから，これらの諸点を考慮してその指数を読み取る必要がある．

6. 採用品目については，経済安定本部指数，GHQ 指数および国民経済研究協会指数が食品工業を考慮しているに反し，東洋経済新報社指数，ダイヤモンド社指数および通産省指数はこれを採用していない．さらに東洋経済新報社指数では機械器具工業がとられていない．したがって，一般的な生産指数としては，前三者をとるべきである．

7. 各指数のウェイトは前表の如くである．

解 説 1. 一般的傾向として，1930 年頃から日華事変の初期の頃までは，生産力拡充の政策によって，生産指数は上昇の一途を辿ること各指数とも同様である．

2. 日華事変が初まる 1937 年から，太平洋戦争の終結する 1945 年までは，各種の生産指数は各様の動きを見せている．経済安定本部指数および GHQ 指数ともに 1941 年にそれぞれ 150.0, 170.0 という一つの山があり，翌 1942 年はやや低落し，1944 年の終戦前年には，それぞれ最高の値 176.2, 208.8 を示している．大体両指数の傾向はこの期間において平行的であると見てよい．これに反し，東洋経済新報社の指数は，1937 年最高の 186.4 を記録して後は次第に低落し，この低落は太平洋戦争中変りがない．この点においては特異の指数というべきであろう．ダイヤモンド社指数は大体東洋経済新報社指数と同様である（最高値 1937 年 123.0）．国民経済研究協会指数は大体経済安定本部および GHQ の両指数と同様の傾向を辿るが，ただこれら両指数より一年後れて 1943 年一時 69.4 と急激に減少して再び急激に上昇しその翌年の 1944 年には 175.5 という最高値をとる．

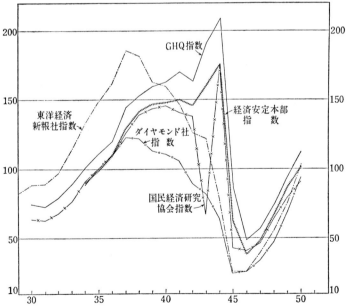

これらの事実は，その基準のとり方，品目数，附加価値等が異ることから由来するものであるが，とくにその採用部門ないしは採用品目に多大の関係を持っている．すなわち，経済本部指数においては，その工業部門において軍需品関係を多数含み，GHQ 指数はさらにその程度が著しく，軍備拡張の影響を最も強くあらわしている．東洋経済新報社指数が他のも

D 生産（鉱工業）

のと少し特異の形を呈するのはとくに機械器具工業を含んでいないためと考えられる．

3. 1944 年から太平洋戦争の終結する 1945 年にかけては，各指数とも例外なく急激に低落しているのは，この時期に生産がほとんど停止の状態に立至ったことを示している．経済安定本部指数は 1946 年 39.2, GHQ 指数は 1946 年 48.6, 国民経済研究協会指数は 1946 年 40.7, 東洋経済新報社指数は 1946 年 25.6, ダイヤモンド社指数は 1945 年 25.3 とそれぞれ最低の谷を示し，戦前 1933～35 年の約 3 分の 1 から 2 分の 1 に生産が激減した．この時期を境にして生産が再び恢復し，1950 年には各指数とも 100 内外であり，戦前水準と大体同一の高さに到達したことを示している．

参 考 1. わが国で用いられてきた鉱工業生産指数はつぎの如くである．
（1） 名古屋高等商業学校産業調査室生産数量指数（農産物生産数量指数；鉱産物生産数量指数；総合指数），（2） ダイヤモンド社生産指数，（3） 東洋経済新報社生産指数，（4） 経済安定本部生産指数，（5） 国民経済研究協会生産指数，（6） GHQ 生産指数，（7） 通産省生産指数．

2. 各国の鉱工業生産指数 (1937年=100)

	日本	アメリカ	イギリス	西ドイツ	イタリー	インド
1941	117	143				118
1942	113	146				111
1943	132	212				117
1944	144	208				117
1945	61	180				120
1946	34	150	90	34		109
1947	40	165	98	40	95	108
1948	52	170	109	60	99	121
1949	65	156	116	89(2)	105	118
1950	78	166	127	113	119	

注：(1) 各指数とも 1937 年を 100 とす．
(2) 英米仏ソ連四区の合計．
資料：(1) 統計研究会編「世界経済統計集」経済統計季報, 9.
(2) インドの指数は United Nations: *Statistical Yearbook, 1949~50*

3. 生産指数のラスパイレス式はつぎの式によってあらわされる．

$$\frac{\sum q_1 p_0}{\sum q_0 p_0} = \frac{\sum \left(\dfrac{q_1}{q_0}\right) p_0 q_0}{\sum p_0 q_0}$$

q_0, q_1 はそれぞれ基準時点および比較時点における個別品目の数量，p_0, p_1 はそれぞれ基準時点および比較時点における，q_0, q_1 に対応する価格である．上式の左辺は，基準時点の価格 p_0 をウェイトとして用いたものであり，右辺は $p_0 q_0$ をウェイトとして個別数量指数 q_1/q_0 を平均した式であって，左右両辺は等しい．$p_0 q_0 = w_0$ とおけば上式は

$$\frac{\sum \left(\dfrac{q_1}{q_0}\right) w_0}{\sum w_0}$$

この w_0 を基準時点における附加価値としたものが，現在用いられている生産指数の総合算式である．

4. 文献：生産指数の総合算式については山田勇「東亜農業生産指数の研究」1942 年，生産指数作成上の問題については 大來佐武郎「経済観測の知識」1949 年，および「生産指数の常識的説明」（東洋経済統計月報，昭和 26 年 3 月号，pp. 2～6）．

| D-1-b | 経済安定本部生産指数 (1934〜36年=100) | | | |

項目 年次	A 総合指数	鉱工業		
		B 総合指数	C 鉱業指数	D 製造業指数
昭和				
1929 (4)	...	...	...	...
1930 (5)	...	...	...	...
1931 (6)	...	...	...	...
1932 (7)	...	...	...	...
1933 (8)	...	...	...	...
1934 (9)	89.9	89.8	92.0	89.6
1935 (10)	99.2	99.0	98.3	99.1
1936 (11)	110.3	110.5	109.7	110.6
1937 (12)	128.6	129.7	118.2	130.7
1938 (13)	141.1	142.4	126.0	143.7
1939 (14)	146.6	147.8	131.3	149.2
1940 (15)	147.9	148.8	142.7	149.3
1941 (16)	150.0	149.6	145.0	150.0
1942 (17)	145.6	144.5	140.7	144.8
1943 (18)	159.7	160.1	147.0	161.2
1944 (19)	176.2	178.8	138.5	182.1
1945 (20)	63.2	60.2	73.0	59.1
1946 (21)	39.2	30.7	52.2	28.9
1947 (22)	46.2	37.4	66.6	35.1
1948 (23)	61.8	54.6	80.3	52.5
1949 (24)	76.7	71.0	92.2	68.9
1950 (25)	88.0	83.6	96.9	82.0
1951 (26)	119.4	114.4	110.8	115.1
1952 (27)	131.8	126.4	114.2	128.2
1953 (28)	155.0	148.9	122.2	152.7

備考 注： a. 総合指数（産業活動指数）は公益事業指数と鉱工業指数とから成る．
b. 公益事業指数は電気業指数とガス業指数をもって構成する．
c. 鉱工業指数は鉱業指数と製造業指数とを含む．
d. 鉱業指数を構成する品目はつぎの如くである．
  （1） 金属鉱業(鉄鉱,銅鉱,亜鉛鉱)
  （2） 石炭鉱業(石炭)
  （3） 原油および天然ガス生産業(原油)
  （4） 非金属鉱業(硫黄,硫化鉄鉱)
e. 製造業指数を構成する品目はつぎの如くである．
  （1） 食品工業(練粉乳,罐詰,味噌,醬油,小麦粉,砂糖,麦酒,清酒,煙草)
  （2） 繊維工業(生糸,綿糸,毛糸,絹糸,麻糸,綿織物,スフ織物,絹織物,人絹織物,毛織物,麻織物)
  （3） 製材木製品工業(一般製材,合板)
  （4） 印刷製本業(新聞発行)
  （5） 化学工業(硫安,過燐酸石灰,石灰窒素,硫酸,硝酸,塩酸,ソーダ灰,苛性ソーダ,カーバイト,塩,染料,塗料,爆薬,人絹糸,スフ,動植物油脂,石鹼,石油,コークス)
  （6） ゴムおよび皮革工業(ゴム製品,革)
  （7） 窯業(板ガラス,ガラス製品,セメント,陶磁器,耐火煉瓦)
  （8） 金属工業(銑鉄,鋼塊,電気銅,亜鉛,アルミニウム,金)
  （9） 機械工業(鉱山機械,工作機械,織機,化学工業用機械,運搬機械,ミシン,軸受,黒鉛電極,汎用電動機,汎用変圧器,電球,電話機,普通自動車シャシー,航空機,船舶,客車,貨車,自転車,双眼鏡,写真機,時計)
資料：経済安定本部調,経済統計速報．

D 生産（鉱工業）

利用上の注意 1. 採用品目は総計 88 品目であって，部門別には公益事業 2 品目，鉱業 7 品目，製造業 79 品目である．（これらの内容については前掲〔備考〕注を見よ．）
2. これらのウェイトは原則として 1934～36 年の附加価値（純生産額）によっており，部門別に見れば，公益事業 107.80，鉱業 67.99，製造業 824.21 である．
3. 指数の算定方式はラスパイレス式であるから，産業構造の著しく異った戦前と戦後の指数を相互に比較することには，問題がある．（→ D-1-a「利用上の注意」3）

解 説 1. 生産指数は，個々の品目の生産の変化を総合したものであり，各品目の生産の変化を平均した計数である．この指数によれば，1944 年の計数 176.2 が，総合指数において最高であり，しかもこの値は，食品工業 63.6，繊維工業 21.1 を犠牲にして，軍需資材を含む部門の計数，すなわち金属工業 220.3，機械工業 463.3（この年次系列において最高値，これらの計数は本表には掲載されていない）によって，えられたものである．
2. 太平洋戦争の終結した 1945 年の総合指数は 63.2 であり，このときの食品工業 36.9，繊維工業 12.1 という最低指数によって強く影響されている．これはその翌年の 1946 年の総合指数 39.2 という谷に低落するさきがけをなし，1947 年からは次第に生産の恢復していく情況は本表の示す如くである．
3. 1950 年に至って総合指数は 101.9 となり，戦前の基準年次 1934～36 年とほとんど同一の生産水準に恢復したことが示されている．しかしこの恢復は，化学工業 100.2，窯業 100.6，金属工業 121.5，機械工業 122.6 等によってもたらされたもので，食品工業が漸く 74.3，繊維工業が基準年次の半分以下 44.6 であることを考えると，生活水準はなお低位にあることを知ることができる．

参 考 1. 経済安定本部統計課においては，本表作成のまえに，旧生産指数を発表しているが，本指数は，GHQ 生産指数と歩調を合せ，将来の日本政府公表の指数たらしめている．
本表と旧指数との主な相違点を挙げればつぎの如くである．
(1) 基準．1933～35 年から 1934～36 年に切り換え，一般の経済指数の場合と同一の基準にした．
(2) 品目．新たに毛糸を加えた．さらに電気，ガスを追加して，GHQ 指数と同様，産業活動指数とした．新指数の品目の分類は，1951 年 5 月 1 日から一般に採用せられている標準産業分類（政令第 127 号および統計委員会告示第 6 号）によった．
(3) ウェイト．附加価値によって計算することは新旧とも同一であるが，旧指数において鉱業 10.0 製造業 90.0 であったものを，改訂によってそれぞれ 4.4, 95.6 と変更した．
(4) 新旧両指数を図示すれば左の如くである．

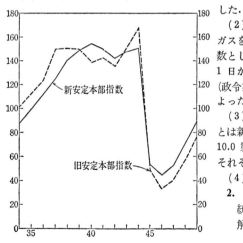

2. 文献：経済安定本部総裁官房統計課，経済統計月報—9～11年基準改訂生産指数とその解説，昭和 26 年 10 月．

D-1-c　　　　　GHQ 生 産 指 数 （1932〜36年＝100）

年次 項目	A 工業活動総合指数	B 公益事業指数	C 鉱工業総合指数	工業活動内訳 鉱工業総合指数内訳			
				D 鉱業	E 製造工業	F 耐久財	G 非耐久財
1929 (昭和4)	...	...	...	...	...	...	...
1930 (5)	74.8	70.2	76.1	88.2	75.2	66.0	80.4
1931 (6)	73.4	73.9	73.4	81.3	72.7	57.8	81.3
1932 (7)	78.7	80.9	78.2	81.8	77.9	65.5	85.0
1933 (8)	88.9	89.9	88.7	92.5	88.4	80.1	93.2
1934 (9)	101.4	99.4	102.1	100.8	102.2	99.4	103.8
1935 (10)	110.5	109.6	110.9	106.5	111.3	118.8	106.9
1936 (11)	119.9	120.2	120.0	118.3	120.2	136.1	111.0
1937 (12)	143.0	131.0	145.8	127.1	147.8	173.4	131.0
1938 (13)	152.5	142.1	154.9	136.3	156.9	194.7	129.4
1939 (14)	160.0	144.9	163.5	143.3	165.6	214.4	128.6
1940 (15)	163.0	152.2	165.5	156.4	166.5	225.7	120.1
1941 (16)	170.0	164.2	171.5	156.3	173.1	253.5	107.7
1942 (17)	164.1	162.9	164.6	159.4	165.1	262.9	83.6
1943 (18)	190.5	167.9	195.5	167.2	198.5	349.9	69.8
1944 (19)	208.8	161.5	219.1	150.9	226.6	432.2	47.8
1945 (20)	87.1	91.2	86.4	64.0	88.8	167.9	20.9
1946 (21)	48.6	122.5	33.1	56.4	30.6	41.0	22.4
1947 (22)	57.1	137.7	40.2	74.2	36.4	48.6	27.0
1948 (23)	74.1	150.8	58.1	90.1	54.5	75.2	38.1
1949 (24)	93.5	171.7	77.2	104.1	74.2	100.7	53.4
1950 (25)	112.3	186.0	97.0	109.8	95.3	121.6	76.1
1951 (26)	146.5	200.1	135.4	124.3	136.4	86.8	96.9
1952 (27)	...	...	...	...			
1953 (28)							

備考　注：公益事業には電気，ガスの2品目を，鉱業には石炭，鉄鉱，銅鉱，鉛鉱，亜鉛鉱，硫化鉄鉱，亜炭，原油，硫黄の9品目を含む．金属工業には銑鉄，鋼材，精銅，精鉛，亜鉛，錫，アルミニウムの7品目を，機械器具工業には，鉄道車輛，産業車輛，トラック，小型自動車，自転車，船舶，飛行機，産業機械，時計，双眼鏡，タイプライター，電球の12品目を，窯業にはセメント，板ガラスの2品目を，製材業には木材，合板の2品目を，繊維工業には生糸，綿糸，毛糸，絹紡糸，綿織物，毛織物，人絹織物の7品目を，化学工業には硫安，過燐酸石灰，石灰窯業，カーバイト，ソーダ灰，苛性ソーダ，硫酸，硝酸，塩酸，人絹，塗料，石鹸，爆薬，染料，石油，コークス，紙，パルプ，ゴム，皮革，マッチの21品目を，食品工業には小麦粉，塩，味噌，麦酒，清酒，煙草の6品目，印刷工業を含む．

資料：総司令部経済科学局 (General Headquarters Supreme Commander for the Allied Powers, Economic and Scientific Section, Research and Programs Division) 編, *Japanese Economic Statistics* (Monthly).

D 生産（鉱工業）

利用上の注意

1. 採用品目は，公益事業 2 品目，鉱業 9 品目，製造工業 58 品目，総計 69 品目であって，工業活動を右のように分類する．

工業活動 ｛ 公益事業 ｛ 電気／ガス
　　　　　鉱工業 ｛ 鉱業／製造工業 ｛ 耐久材工業 ｛ 金属工業 ｛ 鉄鋼業／非鉄金属業
　　　　　　　　　　　　　　　　　　　　　　　　　機械器具工業 ｛ 輸送設備／其の他
　　　　　　　　　　　　　　　　　　　　　　　　　窯業
　　　　　　　　　　　　　　　　　　　　　　　　　製材業
　　　　　　　　　　　　　　　　　　　非耐久材工業 ｛ 繊維工業
　　　　　　　　　　　　　　　　　　　　　　　　　化学工業 ｛ 重化学工業／其の他化学工業
　　　　　　　　　　　　　　　　　　　　　　　　　食品工業
　　　　　　　　　　　　　　　　　　　　　　　　　印刷

2. 指数のウェイトは 1932～36 年の附加価値を用い，品目別の場合に限り雇用量を併用している．これを類別に見ると右の如くである．

鉱業	10.43	繊維工業	18.36
金属工業	15.76	化学工業	18.32
機械器具工業	22.54	食品工業	6.02
窯業	4.28	印刷業	2.72
製材業	1.57	計	100.00

3. 指数の算定方式はラスパイレス式であり，産業構造の変化を考慮していないことは，他の生産指数と同様である．（→ D-1-a「利用上の注意」3）

4. 本指数において，とくに注意すべき点は，採用品目中，輸送設備として船舶，飛行機を含む点であり，平和産業と軍需産業との消長如何によって，指数の形が著しく異る点である．

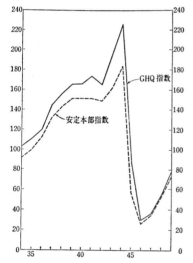

解説 1. 本指数の特長は，他の指数に比較して軍需産業の影響を著しく反映する点にある．このことは，本表において，金属機械工業と，繊維・食品工業との趨勢を見れば明かである．

2. 1931 年満洲事変を出発点として，金属，機械器具両工業は次第に上昇を示し，太平洋戦争中，飛躍的な計数となり，金属工業は 1943 年の 223.5，機械器具工業は 1944 年の 718.0 という最高に達している．これに対応する時期における繊維工業，食品工業は，前二者とはまったく反対の動きを示していることが明かである．安本指数においても，これと同様の傾向が見られるが，本指数ほどは顕著でない（→D-1-b）．これを製造工業について比較すれば左のグラフの如くである．

3. 金属工業は，太平洋戦争終結後，その比重を激減したが，機械器具工業だけは，必ずしもそうではなく，とくに 1945 年には 283.7 を示している．これは，旧軍需品原料を使用しての食器類の生産がこの時期に行われていたことを示している．

4. これらの点については D-1-b をも参照せよ．

参考 1. GHQ 生産指数は本指数のほか，1930～34 年基準のもの，1936 年基準のものもあるが，本項では一般的に使用せられている 1932～36 年の本指数だけを掲げることとした．

2. 東洋経済新報社編，東洋経済統計月報，第 11 巻第 3 号（1949 年 11 月号）pp. 4～9．
3. 通商産業大臣官房調査統計部編，通産統計月報，第 2 巻 11 号および 12 号．
4. 統計研究会指数研究部会資料．

D-2	生産と動力・輸送との関係						
項目 年次	A 生産指数	B 電力消費量		C 石炭消費量		D 貨物輸送量	
昭和	1934～6=100	百万KWH	1934～6=100	千瓲	1934～6=100	千瓲	1934～6=100
1929 (4)	…	…	…	15,207	68.9	85,264	94.1
1930 (5)	…	7,327	55.9	14,179	64.2	70,884	78.2
1931 (6)	…	7,230	55.1	12,206	55.3	66,576	73.5
1932 (7)	…	8,301	63.3	13,793	62.5	67,394	74.4
1933 (8)	…	9,662	73.6	17,357	78.6	78,064	86.2
1934 (9)	89.9	11,360	86.6	19,739	89.4	85,355	94.2
1935 (10)	99.2	13,278	101.2	24,430	110.6	88,883	98.1
1936 (11)	110.3	14,718	112.2	22,076	100.0	97,600	107.7
1937 (12)	128.6	16,777	127.9	25,088	113.6	106,450	117.5
1938 (13)	141.1	19,510	148.7	27,717	125.5	118,054	130.3
1939 (14)	146.6	20,801	158.6	31,408	142.2	131,419	145.0
1940 (15)	147.9	21,278	162.2	34,980	158.4	145,746	160.8
1941 (16)	150.0	22,993	175.3	33,575	152.0	151,694	167.4
1942 (17)	145.6	23,668	180.4	30,480	138.1	158,034	174.4
1943 (18)	159.7	19,812	151.0	29,434	133.3	177,903	196.3
1944 (19)	176.2	19,129	145.8	23,564	106.7	167,355	184.7
1945 (20)	63.2	…	…	8,755	39.6	104,522	115.3
1946 (21)	39.2	8,556	65.2	6,104	27.6	99,985	110.3
1947 (22)	46.2	9,223	70.3	8,402	38.0	111,842	123.4
1948 (23)	61.8	13,694	104.4	13,179	59.7	129,519	142.9
1949 (24)	76.7	16,214	123.6	14,334	64.9	127,581	140.8
1950 (25)	88.0	18,515	141.1	19,374	87.7	135,878	150.0
1951 (26)	119.4	20,800	158.6	23,094	104.6	162,688	179.5
1952 (27)	131.8	22,855	174.3	23,855	108.0	152,931	168.7
1953 (28)	155.0						

備　考　注： a. 生産指数は経済安定本部指数をあらわす．(→ D-1-b)
　　b. 電力消費量は，総消費実績から，電燈および電熱消費量，契約 500 キロワット未満の電力，電気鉄道，公共事業等の消費量を除いた電力であって，鉱工業だけのものである．1948 年以降は自家発電および準事業者の自家消費分を加算したもの．
　　c. 石炭消費量は鉱工業だけの配炭実績．
　　d. 貨物輸送量は国有鉄道および私有鉄道の輸送量を合計したものである．年次は会計年度．26 年度は国有鉄道のみ．
　　e. 電力消費量，石炭消費量，貨物輸送量の計数は，それぞれ，その実数と，1934～36 年の一カ年平均を 100 とした指数とを掲載してある．
　資料：A. (→ D-1-b, 備考)； B. 資源庁電力局，電気事業調査資料； C. 資源庁長官官房統計課本邦鉱業の趨勢； D. 日本国有鉄道経理局統計課，鉄道統計年報．

D 生 産（鉱工業） 75

利用上の注意 1. 本表は，生産指数の年次ごとの変動と，その変動要因としての動力源たる電力および石炭の消費量，ならびに貨物の輸送量との関係を見たものである．
 2. 生産と輸送との関係を知るには，本表に掲げた国鉄，私鉄の輸送量のほか，トラック輸送および海上輸送をも併せて考慮すべきであるが，これらトラック，海上輸送の統計は連続的な計数として掲げることができないので，やむをえず，国鉄，私鉄の鉄道輸送量にかぎることとした．
 3. 本表においては，生産指数，電力および石炭の消費量が暦年の計数であるに対し，貨物輸送量が当該年の4月から翌年3月に終る会計年度の計数であるから，生産指数と電力および石炭との関係を見る場合には当該年度のこれらの計数を比較して差支えないが，生産指数と貨物輸送量との比較を見る場合には，この年度の喰違いを注意する必要がある．

解 説 1. 生産とその動力源たる電力・石炭の消費量とはほぼ相併行して増減していることが認められるが，電力消費量が 1942 年の 23,688 百万キロワット（1934～36 年基準の1.80倍）を頂点として急激に減少の傾向を示し，石炭消費量が 1940 年の 34,980 千噸（同種の基準に対して 1.58 倍）を記録して以降減少傾向を示しているのに，生産はこれらの年次より遅れ，1944 年の 176.2（基準年次はまえと同じ）まで増大の一途を辿っているが，その後においては，これらの動力源の下降に影響されて急激に減少している．戦後は，石炭の生産に努力が集中せられ，これがまた電力を増大し，引いては生産の戦前水準の恢復に好影響を与えた．
 2. 貨物輸送量と生産との関係は，本表だけでは十分これを窺知しえない．すなわち，貨物の輸送量を陸運（トラック輸送をも併せて考慮する必要があるが，その量は鉄道に比して小であるからこれを省略する）のほかに海運についても見る必要がある．しかし，この海運統計は1942年の計数を欠くので，この間の事情を明かになしえない．しかし，一般的に見て，鉄道輸送については，資材の補修の困難や爆撃被害のため，海上輸送については，船舶の徴用や戦争による喪失によって，太平洋戦争中，貨物輸送が甚だしい障害に遭遇したことは争えない．

参 考 海運関係の統計は太平洋戦争中の計数を欠いているが，利用しうべきものを，鉄道輸送の分と一緒に掲げ，しかもこれを重要品目別に示せばつぎの如くである．

		鉄 道 輸 送			海上輸送 (内航)		海上輸送 (外航)	
		石 炭	銑 鋼	木 材	石 炭	木 材	石 炭	木 材
		1,000 噸	1,000 噸	1,000 噸	1,000 フレート噸	1,000 フレート噸	1,000 噸	1,000 噸
	昭和							
1941	(16)	38,670	2,097	13,363	…	…	…	…
1942	(17)	38,566	2,581	12,453	…	…	…	…
1943	(18)	48,799	6,488	20,541	…	…	…	…
1944	(19)	44,622	5,970	18,842	…	…	…	…
1945	(20)	23,536	2,334	11,284	…	…	…	…
1946	(21)	21,325	1,888	13,647	6,564	1,663	…	…
1947	(22)	26,982	1,854	14,623	11,832	2,240	…	…
1948	(23)	32,913	2,441	16,561	16,284	2,860	1,223	5
1949	(24)	34,233	2,658	13,555	15,279	2,126	417	11
1950	(25)	35,546	3,218	13,835	17,652	2,323	231	8

注： 1. 鉄道輸送量——本表 (D-2) 参照．
   2. 海上輸送量——戦前の内航は荷揚高，戦後には米軍物資を含まず（運輸省海運調整部調査課調，海運統計要覧）．

D-3　　　　　　　　　　　　　　　　工　業　の　労　働

年次		A 金属工業			B 機械器具工業			C 繊
		生産	雇用	生産性	生産	雇用	生産性	生産
昭和								
1929	(4)	...	56.7	...	...	64.9	...	...
1930	(5)	55.9	49.8	112.3	53.5	55.9	95.7	79.6
1931	(6)	46.9	50.0	93.8	45.7	51.6	88.6	83.8
1932	(7)	55.9	56.0	99.8	51.6	62.7	82.3	85.4
1933	(8)	73.0	58.4	125.0	58.9	76.7	76.8	91.1
1934	(9)	86.1	85.7	100.5	80.8	94.8	85.2	99.5
1935	(10)	101.9	100.5	101.4	99.0	92.0	107.6	100.9
1936	(11)	111.9	113.7	98.4	120.2	113.1	106.3	99.4
1937	(12)	126.2	142.7	88.4	167.3	147.6	113.3	111.4
1938	(13)	140.8	176.0	80.0	196.3	210.3	93.3	103.8
1939	(14)	152.7	211.3	72.3	219.0	284.6	77.0	92.3
1940	(15)	160.3	220.5	72.7	230.5	326.4	70.6	82.3
1941	(16)	172.0	204.2	84.2	268.3	353.9	75.8	61.7
1942	(17)	178.3	221.3	80.6	287.0	428.6	67.0	40.6
1943	(18)	...	...	...	...	...	...	...
1944	(19)	...	...	...	...	...	...	...
1945	(20)	...	...	...	...	...	...	...
1946	(21)	14.8	164.7	9.0	58.7	211.2	27.8	15.9
1947	(22)	25.6	162.7	15.7	58.6	228.2	25.7	12.2
1948	(23)	58.8	203.3	28.9	95.2	206.1	46.2	19.4
1949	(24)	94.2	157.5	59.8	83.5	166.2	50.2	26.4
1950	(25)	135.6	182.5	74.3	123.2	235.5	52.3	46.8
1951	(26)							
1952	(27)							
1953	(28)							

備　考　注：a. 製造工業の計数は，ここに掲げる金属工業，機械器具工業，繊維工業，化学工業のほか，他の製造工業を含む平均である．
　　　b. 生産統計は GHQ 生産指数（1932～36年＝100）を 1934～36 年基準に換算したもの．雇用統計は「工業（工場）統計表」中の従業者数を指数化したもの．生産性の計数は生産を雇用で割ったものである．
　　　c. 1950 年末の雇用は 1950 年労働基準法適用事業場における労働者数によった．
　　　d. 従業者数は 1942 年以前は民営のみならず官営のものも含めた．
　　資料：生産については G.H.Q., *Japanese Economic Statistics* の各号．雇用については通産省（商工省），工業（工場）統計表（1929～47 年）および同速報（1948～49 年），ただし 1950 年末は労働省労働基準局監督課昭和 25 年労働基準法適用事業場数および労働者数調（昭和 25 年 12 月 31 日現在）．

生 産 性 (1934〜36 年=100)

繊 工 業		D 化 学 工 業			E 製 造 工 業			項 目	
雇用	生産性	生産	雇用	生産性	生産	雇用	生産性	年 次	
101.5	...	...	56.2	...	...	86.2	...	1929	昭和(4)
90.8	87.7	45.7	53.1	86.1	67.6	72.9	92.7	1930	(5)
89.8	93.3	44.7	54.8	81.6	65.4	72.7	90.0	1931	(6)
88.3	96.6	55.3	60.0	92.2	70.0	72.7	96.3	1932	(7)
93.2	97.7	68.8	72.3	95.2	79.5	83.2	95.6	1933	(8)
96.7	102.9	80.2	83.7	95.8	91.9	93.1	98.7	1934	(9)
100.5	100.3	99.0	98.6	100.4	100.0	99.0	101.0	1935	(10)
102.8	96.7	120.8	115.0	105.0	108.1	107.9	100.2	1936	(11)
103.0	108.2	141.2	137.9	102.4	132.9	122.7	108.3	1937	(12)
98.0	105.9	160.0	138.6	115.4	141.1	134.6	104.8	1938	(13)
99.6	92.7	168.5	167.3	100.7	148.9	159.8	93.2	1939	(14)
99.2	83.0	160.4	173.4	92.5	149.7	169.9	88.1	1940	(15)
80.9	76.3	155.0	168.0	92.3	155.7	165.1	94.3	1941	(16)
67.2	60.4	137.1	169.9	80.7	148.5	172.1	86.3	1942	(17)
...	...	...	...	...	...	...	...	1943	(18)
...	...	...	...	...	...	...	...	1944	(19)
...	...	...	...	...	...	...	...	1945	(20)
46.3	34.3	23.7	158.9	14.9	30.9	116.5	26.5	1946	(21)
58.3	20.9	32.1	168.0	19.1	35.0	128.7	27.2	1947	(22)
72.3	26.8	53.3	216.7	24.6	59.0	138.2	42.7	1948	(23)
73.0	36.4	78.3	174.2	44.9	71.3	122.5	58.2	1949	(24)
78.3	59.8	127.8	198.1	64.5	104.6	156.1	67.0	1950	(25)
								1951	(26)
								1952	(27)
								1953	(28)

利用上の注意 1.「工業（工場）統計表」は民営工場の従業者数のほかに官営工場の従業者数も調査している．1934年以降八幡製鉄所が民営として調査されたため，民営工場の従業者数はその年から急にふえて非連続の感をあたえている．1942年以前において従業者数に官営を含めた理由はここにある．その他の産業については機械器具工業を除けば官営はほとんど問題にしなくてよい程度である．
 2. 戦後は民営工場だけの従業者数によった．ここに従業者数とは，職工のほかに職員を含む．
 3. 1950年の「工業統計表」は利用できないので，労働基準法適用工場の労働者数をもって代用した．1949年末の「工業統計表」の従業者数に較べて比較的連続的であるばかりでなく，同法は第8条に「同居の親族のみを使用する事業若しくは事業所又は家事使用人について適用しない」

と述べているから，ほぼ5人以上工場と同じとみなしてよい．しかも朝鮮動乱勃発後の臨時工の増加を含んでいる点で「毎月勤労統計」による雇用指数を用いることよりは正当と考えられる．

4. なお1946～49年の従業者数については，工場調査範囲の改正を念頭においておかねばならない．(→ D-5-a「利用上の注意」)

5. 製造工業の欄の生産，雇用とも電力・ガスを含んでいない．

6. 「工業(工場)統計表」の従業者数はいずれも12月末日の調査である．ところが1930～42年の生産指数はいずれも年平均値であって正確には比較できないわけである．しかしこの点は資料上止むを得ないから，それから生ずべき誤差を念頭においておかねばならない．他方，戦後の数字は生産，雇用とも12月のものによっているから一貫しているといえる．

7. 一般に戦後において生産指数は，雇用指数よりも季節変動が激しいようである．従って生産指数として，数カ月平均でなくて，12月のものを使用すると季節変動による偏倚が生ずる恐れがある．しかし金属工業の1946年末を除けば，12月の生産指数には季節的な偏りがない．ただ金属工業の1946年末生産指数だけが趨勢に比較して低いということを留意すべきである．

解　説　**1.** 製造工業全体としてみると，労働生産性は1931年を底として，1937年まで上りつづけ，その後は下降に転じている．1931年が90%，1937年が108.3%，1942年が86.3%である．戦後は1946年末の26.5%から1950年の末まで主として原料の輸入と傾斜生産とにより，平時にはみられない上昇を示した．

2. 全般的にみて戦時経済に入ってからは，どの産業も生産性の低落を示している．換言すれば，生産性の増大を伴った生産増加でなくて，労働能率低下を犠牲にして遂行された生産拡張が日本の戦時経済の一特質であった．1942年には機械器具工業の生産性は67%まで，繊維工業は60.4%まで低下した．

3. 戦後労働の生産性がもっとも急速に上昇したのは金属工業であった．1946年末の9%から1950年末の74.3%まで約8.2倍の急昇を示した．化学工業は4.3倍，機械器具工業は1.9倍，繊維工業は1.7倍であり，製造工業平均としては2.5倍というテンポであった．

4. 表に掲載しなかった産業をも含めていうならば，1946年頃生産性の高かった産業(電力・ガス工業，食品工業，機械器具工業など)の生産性上昇率はにぶく，当初生産性の低かった産業の上昇率は大きい．生産性の不斉一は漸次縮小されつつあるという傾向を示している．補給金が1950年をもってほぼ打切られた主因は，生産性の産業間の開きが著しく縮小した点にもとめることができるものと考えられる．

5. 生産性が1930～37年のように上昇しても，その間原価構成が別表(→ D-6)にみられるように，原料費の割高を示すようになれば，実質的には純生産性はそれほど高まらないという結果になろう．

参　考　**1.** 以上は産業別の生産性であったが，重要品目別にも労働者一人当りの月産量を計算することができる．附表は通産省「生産動態統計調査」に基づく計算結果である．このように各品目についても戦後生産性を高めてきたけれども戦前に比して，未だ低い．さらに石炭について鉱夫一人当りの生産量がアメリカの$1/20$，鉄鋼については$1/6$の生産性であるにすぎない．しかしこの表の綿糸，綿織物については繊維工業全体としての生産性の指数に比して著しく高くあらわれており，綿糸の生産性はすでに戦前水準を突破している．しかし1947年の「工業統計表」をみてもわかるように，綿糸，綿織物業に従事する従業者数は繊維工業全体の$1/6$にすぎない．従ってこのことは，恐らく綿業の生産性をその他の繊維工業が相殺しているものと考えられ

D 生産（鉱工業）

品　目	単位	戦前		戦　後　(実　数)					備　考
		年次	実数	1948年	1949年	1950年	1951年6月	1951年12月	
石　　炭	トン	1940	14.75	6.2	7.4	8.54	8.74	10.1	全鉱夫
銑　　鉄	トン	1942	21.4	9.22	13.2	19.0	18.8	22.1	全労務者
銅　　材	トン	1941	11.17	1.89	3.87	5.52	6.77	7.4	〃
セメント	トン	1941	60.27	14.48	25.77	28.95	30.32	31.06	〃
硫　　安	トン	1937	6.54	1.23	1.79	2.73	2.81	2.9	〃
綿　　糸	封度	1937	731	460	578	695	743	1,034	〃
綿織物	平方ヤード	1937	3,624	1,224	1,440	2,070	2,090	2,100	〃
自動車	台	1941	0.29	—	0.2	0.23	—	0.3	〃
過燐酸石灰	トン	1942	6.50	7.24	9.28	9.80	9.56 (7月)		代表メーカー分直接工
ア法苛性ソーダ	トン	1938	26.2	7.2	8.2	5.8	7.3 (7月)		〃
電解 〃	トン	1938	7.0	6.75	7.32	10.02	9.63 (7月)		〃
電　　線	トン	1935	0.45	0.26	0.25	0.28	0.29		全労務者
自転車	台	1937	225	98.65	170.25	286.25			〃
ゴ　　ム	瓩	1935~7	120	47	55	77.8	91.6		〃
工作機械	トン	1935	0.123	0.07	—	0.029			〃
製　　紙	封度	1934	9,500	2,530	4,834	5,200	6,000		500人以上の大工場のみ

資料：通産省調査統計部，日本経済年鑑，1951，1952年．

よう．つまり，綿紡績の操業率は 1950 年末には 94.2% に達したけれども，同じ時期に麻織物は 62.7%，屑紡績は 74.5%，漁網（網機）は 29.7%，メリヤス（丸編機）は 31.9% といった調子であり，生糸もまた朝鮮動乱前は著しく操業率が不振であった．これらの事情は綿紡績の生産性が戦前を突破しているにも拘らず，繊維工業全体の生産性がまだかなり低位にあることの理由となる．なおこの附表の計数は労務者一人当りの生産性であるから，職員を含んだ従業者一人当りの生産性よりは大きくなると考えられる．1935 年には，職工数に比し職員数の割合が全工業平均で 7.8% にすぎなかったのが，1945 年にはその割合が 21% に高まっている事実を考慮せねばならない．

2. 産業別の生産性と賃金構造・価格体系との関連については，「産業間の賃銀構造」(「経済研究」第2巻第3号) 参照．そこでは各産業の生産性の不均斉に発展した結果が一部は賃金構造の変容に，一部は価格体系の変容に吸収される過程について統計的に分析される．とりわけ戦後については各産業の労働生産性の対戦前比率がそれぞれの対戦前価格倍率に反比例していることが指摘され，労働生産性と価格体系の相反法則というべきものの貫かれている事実に注目される．

3. 戦後の労働生産性の動向を示す指標として労働白書その他で，往々工業生産指数を「毎月勤労統計」から推定された雇用指数で割ったものが用いられてきた．これによると，労働生産性は 1947 年=100.0，1948 年=148.2，1949 年=201.4，1950 年=274.8，1951 年=369.4 となる．しかし基礎となる雇用指数には臨時工が含まれていないし，その他その特殊の作成方法のため朝鮮動乱後すらもほとんど変動しなかったという事実を念頭において使用すべきであろう．

D-4　　　　　主要工業生産物の原単位

製品	原材料	単位	戦前 年次	戦前 実数	戦後（実数） 1948年	1949年	1950年9月	1951年
石炭	鋼材	瓩	}1940	2.41	2.75	2.30	(6月) 1.90	(7月) 1.57
	火薬	瓦		0.21	0.35	0.32	0.30	0.28
	坑木	石		0.19	0.35	0.31	0.26	0.23
	電力	KWH		33.0	66.0	66.0	64.7	61.6
銑鉄	コークス	瓲	1939	0.95	1.30	0.927	0.893	0.902
	鉄鉱石	瓲	1936	1.70	1.60	1.55	1.46	(9月) 1.21
銅塊	重油	竏	}1939	0.150	0.230	0.194	0.193	0.185
	石炭	瓲		0.330	0.550	0.387	0.339	0.362
セメント	石膏	瓲		37	45	39	35	35
	石灰石	瓲	}1940	—	1.299	—	(4月) —	(7~9月) 1.280
	石炭	瓲		329	427	343	344	330
	電力	KWH		142	176	165	158	150
硫安	電力（電解法）	KWH	}1940	3,850	4,300	4,000	3,800	(8月) 3,750
	コークス（ガス法）	瓲		0.55	1.10	0.802	0.55	0.50
	硫化鉱	瓲		0.62	0.71	0.73	0.96	0.93
石灰窒素	電力	KWH	}1937~40	3,500	4,300	4,000	3,669	(9月) 3,460
	炭素材	瓲		530	610	580	730	794
電気銅	硫酸	瓲	}1937	74	230	152	119	107
	石炭	瓲		118	558	256	(6月) 186	168
	電力	KWH		555	913	687	500	451
苛性ソーダ（電解法）	原料塩	瓲	}1937	1.88	1.83	1.83	(6~8月) 1.67	(6月) 1.66
	電力（隔膜法）	KWH		3,800	4,030	3,790	(6月) 3,460	3,300

備考　注：いずれも製品トン当りの原材料消費量をあらわす．
資料：通産省調査統計部編，日本経済年鑑，1952年版．

利用上の注意　1. 原単位というのは原材料使用量を製品数量の計数で割って得た，製品数量単位当りの原材料使用量であるから，金額であらわしたものの相互の比率，即ち原価構成とは異る．従って原料，製品の相対価格は反映されていない，物理的な計数である．
　2. 原単位の数字は化学工業のように多数の生産物に同種原料が配賦されるような場合には，なかなか計算しにくい．このような技術的な問題のほかに，戦後の数字には，特に1946~47年において，正確なものを見出しがたいという事情もあって，一般に計数に対する信頼性は高くない．従って使用に当っては大凡の見当をつけうる程度のものとなる．正確を期するためには，特定の月のものよりは年平均もしくは年度平均の数字を用うべきである．

解説　1. 電力使用の原単位は硫安，石灰窒素，苛性ソーダなどの化学工業において大きく，他産業において小である．石炭，電力の重点的な配分が傾斜生産方式として戦後工業生産を引上げた役割は大きかった．
　2. ここでは1948年以降しか掲げていないが，一般に1946, 1947年度は原単位が1948年以降よりも高いという共通の傾向がある．

D 生 産（鉱 工 業）

3. 原単位が戦前より割高だということの主たる原因は，戦後操業度が低下したことや，設備の老朽化にあり，そのため，一単位の生産に余分の原料が必要だという結果が生じたのである．
4. しかし生産の回復とともに原単位も戦前の水準に復しつつあり，品目によっては戦前の原単位より低くなるにいたった．
5. 1948〜49年における原単位切下率はかなり著しいもののあることは附表1の通りで，石炭，電力などの使用効率が著しく向上したことを示している．特に生産の恢復，操業度の改善が顕著であった銑鉄，鋼塊になると，コークス・石炭の原単位の切下率は，僅か1カ年余りの間に30〜40%に及んだ．
6. 1949〜51年における原単位切下率は，附表2にみられるように，1948〜49年間ほど目覚ましくはない．附表1が約1カ年間の切下率であるに対し，附表2は約2カ年間の切下率を示すから，同じ%でも後者の方が大きく切下げられたことになる．両表から観察される切下率の低下は，次第に切下の余地の狭められてきたことを示す．しかし電気銅では2カ年間に石炭，電力とともに3割以上に達しており，その他の原単位もかなりの進捗を示している．
7. かくして原単位は戦前水準を越えて低落するに至ったが，基準の多くは戦前といわんより戦時に属しているから，ほぼ戦前のレベルに復したと云えるであろう．
8. 原単位は戦時中の物動計画，戦後の自立，復興計画の基礎として用いられた．石炭・電力の生産が向上するにしたがって鉱工業生産がどれだけ上昇しうるかということの判定は主として原単位計算によったわけである．

参 考 1. この種の数字を戦前に毎年求めることは不可能である．しかし，石炭については，戦前から戦後に至るまで連続して，原単位の統計を得ることができる．たとえば，日本石炭協会「石炭統計総観」をみよ．物価庁「物価統制資料集」も詳細な原単位の資料を含んでいるが，これは公表されていないので利用できない．一般に原単位に関する統計は信頼性の点からであろうが，公表されるものが少なかった．

附表1

製 品	原材料	基準年月 (A)	採用年月 (B)	B/A (%)
銑 鉄	コークス	23.6	24.12	71
鋼 塊	石 炭	〃	〃	63
電 気 銅	電 力	24.4	24.9〜11	82
	石 炭	〃	〃	78
アルミニウム	電 力	〃	24.12	96
真 空 管	石 炭	〃	〃	83
硫安（電解法）	石 炭	23.7	24.7	94
	電 力	〃	〃	93
ソーダ灰	石 灰	24.3	24.6	84
電解ソーダ	電 力	〃	〃	94

附表2

製 品	原材料	基準年月 (A)	採用年月 (B)	B/A (%)
銑 鉄	コークス	24年	26.9	97
鋼 塊	石 炭	24年	〃	93
電 気 銅	石 炭	24年	26.6	66
	電 力	24年	〃	66
アルミニウム	電 力	24年	26.9	90
セメント	〃	24年	〃	91
硫安（電解法）	〃	24年	26.8	94
石灰窒素	〃	24年	26.9	87
ソーダ灰	石 炭	24年	〃	83
電解ソーダ	電 力	24年	26.6	87

D-5-a 産業別生産額

年次 業種	1930 昭和(5)	1935 (10)	1940 (15)	1946 (21)	1947 (22)	1948 (23)	1949 (24)
	百万円	百万円	百万円	百万円	百万円	百万円	百万円
金属工業	509	1,882	5,581	11,404	42,425	115,511	203,901
機械器具工業	695	1,463	6,773	24,748	83,209	183,586	242,452
化学工業	902	1,813	4,735	14,528	53,488	180,675	279,095
窒素および土石工業	162	283	677	2,932	11,715	32,905	62,283
紡織工業	2,174	3,353	4,874	7,587	33,128	119,745	286,653
製材および木製品工業	163	249	1,012	9,374	34,316	53,829	70,667
食料品工業	954	1,168	2,465	8,235	30,143	97,720	216,878
印刷・製本業	192	223	342	2,014	6,951	20,971	46,378
その他工業	194	382	642	4,987	10,109	12,193	18,761
合計	5,945	10,816	27,101	85,808	305,484	817,135	1,427,068
	%	%	%	%	%	%	%
金属工業	8.6	17.4	20.6	13.3	13.9	14.2	14.3
機械器具工業	11.7	13.5	24.9	28.9	27.2	22.5	17.0
化学工業	15.2	16.8	17.5	16.9	17.5	22.1	19.6
窒素および土石工業	2.7	2.6	2.5	3.4	3.8	4.0	4.4
紡織工業	36.6	31.0	18.0	8.8	10.9	14.6	20.1
製材および木製品工業	2.7	2.3	3.7	10.9	11.2	6.5	4.9
食料品工業	16.0	10.8	9.1	9.6	9.9	12.0	15.2
印刷・製本業	3.2	2.1	1.3	2.4	2.3	2.6	3.2
その他工業	3.3	3.5	2.4	5.8	3.3	1.5	1.3
合計	100.0	100.0	100.0	100.0	100.0	100.0	100.0

備考　注： a. 電気およびガス事業の生産額として掲げられいる額は副産物のみであるため，また1948年以後は調査されないことになったため，これを除いた．
　　　　 b. 「工業(工場)統計表」に掲げてある生産額には「品目別」と「主要事業別」の両者があるが，ここでは後者によった．これによると「加工・修理料」は各産業に振りあてられており，「品目別」生産額のように，「加工・修理料」なる別項目を構成しない．
　　　　 c. この表の生産額は職工5人以上を使用する民営工場の生産額であり，官公営を含まない．
資料： 通産省(商工省)，工業(工場)統計表，1930〜47年；同速報，1948〜49年．

利用上の注意　1. 「事業別」生産額というのは，たとえば「生糸製造業」に例をとれば，生糸の製造を主要事業とする工場の総生産額を示し，生糸以外の玉糸，生皮革業等の副産物，兼業による生産物を含む．ところが「品目別」生産額では生糸だけの生産額が掲げられるという点で若干の相違を示している．表はこの「事業別」生産額を産業毎に集計したものである．

　2. 1934年には従来官業であった八幡製鉄所が日本製鉄と改称され，民営となったため，若干金属工業の生産額の上昇カーブが急となっていることに注意すべきである．

　3. 産業分類についてはしばしば改正が行われており，とくに1948年以降は大改正が行われ

D 生産（鉱工業） 83

た．最も注意すべき点は，「新製品を造っていても，その製品を主として一般消費者に直接小売する事業所や修理業を主業とする事業所」，つまり，野鍛冶業，小規模な自転車製造修理，製瓦，陶器製造業（副業的なもの）などは除外された．しかしこれらは職工5人以下の工場に多いから，ここではほとんど問題にならない．本表は，新産業分類による区分をなるべく従来の分類にあわせて，比較できるようにしてある．

解説 1. わが国製造工業の構成が戦前から戦時中にかけて急激に重工業化したことは金属，機械器具工業と，紡織工業の地位の一変したことでわかる．金属機械工業は1930年に20%だったのが，1940年には45%になり，紡織工業では同期間に36%から18%に低下している．

2. 戦後紡織工業の比率が急減し，逆に機械器具工業の比重は戦時中に似た割合を維持している．しかし機械器具工業の比率も1946年の28.9%から1949年の17.0%に低落している．1949年にとくに低下したのはドッジ・ラインに伴う産業界の整理がなかんずく機械部門に強く作用したためと考えられる．

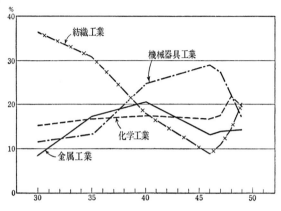

3. これに対して紡織工業の比率は1946年の8.8%から1949年には20.1%に回復している．しかしこれは生産量の増加のみに基因するのではない．他産業に比べてその相対価格が著しく高まったことにも強く依存している．これに反して急激な生産量の上昇を示した金属工業の比率がほとんど変化していないのは，生産の拡張とともに他産業に比して，相対価格が大幅に低落したためである．

4. 5人未満工場の生産額は別表（D-5-c）にみられるように総生産額に比し，6〜7%程度にすぎないが，その産業別構成比を1940年と1946年について調べると5人未満工場の生産額は，とくに食料品，製材，紡織その他の工業に集中しており．紡織工業を除いて戦時戦後の百分率は相似ている．

	5人未満工場の生産額の構成百分率	
	1940年	1946年
金属工業	5.4	9.7
機械器具工業	8.2	8.6
化学工業	7.2	7.1
窯業および土石工業	3.4	4.9
紡織工業	18.7	9.4
製材木製品工業	15.5	18.3
食料品工業	25.7	27.9
印刷・製本業	2.5	1.4
その他工業	13.2	12.6
全製造工業	100.0	100.0

参考 1. アメリカの1939年の「工業センサス報告」によると，製造工業全体に占める機械器具工業の比率は19%，金属工業は16%，紡織工業7%，食品工業19%であり，食品工業の構成が最大である．

2. 工業生産額の詳細については，米沢治文「工業経済統計」（1945年），那菊之助「工業経営統計」（1940年），武内信男「商工統計読本」（1942年）参照．

D-5-b	産業別就業者数						
項目 \ 年次	1930 昭和(5)	1935 (10)	1940 (15)	1946 (21)	1947 (22)	1948 (23)	1949 (24)
	千人	千人	千人	千人	千人	千人	千人
人員 金属工業	98	246	540	406	401	501	388
機械器具工業	205	424	1,541	1,027	1,110	1,002	808
化学工業	143	268	471	434	459	592	476
窯業および土石工業	70	104	155	137	155	167	159
紡織工業	964	1,062	1,053	492	620	768	776
木製品およ製材工業	67	97	193	364	395	343	296
食料品工業	164	185	273	177	215	254	285
印刷・製本業	64	73	78	55	49	101	120
その他工業	100	156	288	113	137	74	65
合計	1,875	2,620	4,592	3,205	3,541	3,802	3,375
	%	%	%	%	%	%	%
構成百分率 金属工業	5.2	9.4	11.8	12.7	11.3	13.2	11.5
機械器具工業	10.9	16.2	33.6	32.0	31.3	26.4	23.9
化学工業	7.6	10.2	10.3	13.5	13.0	15.6	14.1
窯業および土石工業	3.7	4.0	3.4	4.3	4.4	4.4	4.7
紡織工業	51.4	40.7	22.9	15.4	17.5	20.2	23.0
木製品およ製材工業	3.6	3.7	4.2	11.4	11.2	9.0	8.8
食料品工業	8.7	7.1	5.9	5.5	6.1	6.7	8.4
印刷・製本業	3.4	2.8	1.7	1.7	1.4	2.7	3.6
その他工業	5.3	5.9	6.3	3.5	3.9	1.9	1.9
合計	100.0	100.0	100.0	100.0	100.0	100.0	100.0
製造工業従事者指数 (1935=100)	71.6	100.0	175.3	122.3	135.2	145.1	128.8

備考 注： a. 電気・ガス事業の作業者数は1948年以後調査されていないため，統一上掲載しなかった．
 b. 従業者とは職員，職工，その他の従業者の総数を指す．
 c. いずれも職工5人以上を使用する民営工場の従業者数である．
資料：通産省（商工省），工業（工場）統計表，1930～47年；同速報，1948～49年．

利用上の注意 1. 従業者数はその年の12月末日現在の人員によるものであるから，これを雇用指数として用いる場合は，その点に注意しなければならない．
 2. しかし，この従業者数は「工業（工場）統計表」中でも恐らく信頼性の最も高い計数であり，したがって種々の目的のためにこれを利用することができる．戦後には雇用指数として（総理府統計局「労働力調査」，労働省「毎月勤労統計」によるもの）が利用できるるが，種々の難点を伴っているので，これの使用には注意する必要がある．
 3. 戦後の産業分類の改正および従業者数については，D-5-aの「利用上の注意」3を参照．

解説 1. 従業者数による労働力構成の推移も大体生産額構成の場合と類似の動きを示し

ている.すなわち 1930～40 年に機械器具工業の従業者数の割合が 10.9% から 33.6% に高まっているに反し,紡織工業では同じ期間に 51.4% から 22.9% に低下した.1942 年にはさらに低下して実に 15% となった.

2. 戦後は紡織工業の上昇 (1947 年 17.5%→1949 年 23.0%),機械器具工業の漸落 (1946 年 32.0%→1949 年 23.9%) が目立つが,しかし戦前対比でみると,1946 年頃はやはり機械器具工業の割合が圧倒的に大きかった.1949 年に入ると機械,紡織ともほぼ対等の割合をしめるにいたった.

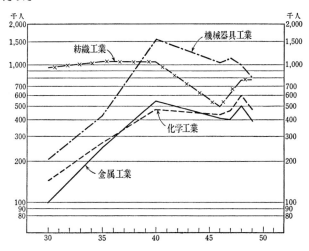

3. 戦後の雇用水準はこれによってみると,1935 年をかなり上廻っていることがわかる.しかし工業生産指数は 1950 年に戦前水準に達するようになったばかりである.GHQ 工業生産指数を 1935 年基準に換算して表に掲げた従業者指数で割ってみると,その結果得られた労働生産性の指数は,1946 年 12 月 25.3%,1947 年 12 月 25.8%,1948 年 12 月 40.6%,1949 年 12 月 55.3% であることを示している.

4. なお 1949 年について従業者の性別構成をみると,全製造工業については男子従業者数は 69% を占めている.しかし紡織工業ではそれが 29% に過ぎない.他方重工業である金属工業ではこの割合は 88% に達する.

5. 「毎月勤労統計」による雇用指数は月初人員と月末人員を毎月調査しているが,これを比率になおして指数化したものである.しかし毎月調査する事業所数に多少の変動があり,事業所数の変化は指数に反映しないという欠点がある.この点「工業(工場)統計表」の従業者数はすくなくとも職工 5 人以上工場の悉皆調査であるから,その範囲内では工場数の変化によるばあいも反映している.さらに「毎月勤労統計」の資料は雇用人員 30 人以上の大工場だけを含み,しかも臨時工を含んでいないから,たとえばドッジ・ライン下に生じた雇用の減少や,朝鮮動乱後の臨時工の急増を反映できなかった.したがって,戦後の雇用統計改善のために,工業統計表の従業者数は今後大いに重視されるようになると思われる.

参 考 1. 「労働力調査」によっては製造工業内の各産業別の雇用を知ることができない.
2. 戦前戦時中の工業労働力については,「工業(工場)統計表」の従業者数以外に,日銀労働人員指数,産業労働者総数(厚生省調)などの資料がある.これらについては,たとえば,森喜一「日本工業労働力論序説」(1944) が要約的に集録しているから参考になるであろう.なお郡菊之助「工業経営統計」(1940) 附録も参照.

D-5-c　　　　工 業 経 営 規 模

規模 \ 年次	1930 昭和(5)	1935 (10)	1940 (15)	1942 (17)	1946 (21)	1947 (22)	1948 (23)
工場数							
職工5人未満工場	…	…	554,137	512,596	275,894	515,306	119,772
職工5人以上工場	61,768	85,174	137,142	125,680	84,393	108,341	100,116
5～ 49人	56,363	78,136	127,876	116,695	76,019	100,388	92,063
50～ 99人	2,826	3,757	4,767	4,736	6,955	6,406	4,510
100～199人	1,369	1,754	2,267	2,055			1,815
200～499人	797	947	1,332	1,317	1,419	1,547	1,127
500人以上	413	580	900	877			601
職工数	千人	千人	千人	千人	千人	千人	千人
職工5人未満工場	…	…	1,143	1,137	584	1,009	372
職工5人以上工場	1,675	2,360	3,831	3,910	2,542	2,759	3,060
5～ 49人	617	875	1,422	1,297	1,037	1,229	1,322
50～ 99人	194	255	324	319	613	548	308
100～199人	190	238	305	276			248
200～499人	244	283	405	400	892	982	342
500人以上	430	709	1,375	1,618			840
生産額	百万円	百万円	百万円	百万円	百万円	百万円	百万円
職工5人未満工場	…	…	2,113	2,342	6,354	32,748	49,748
職工5人以上工場	5,945	10,815	27,103	32,040	84,243	299,896	817,136
5～ 49人	1,799	2,778	7,857	8,713	…	…	320,402
50～ 99人	711	1,047	2,428	2,774	…	…	87,976
100～199人	703	1,147	2,340	2,436	…	…	78,141
200～499人	976	1,559	3,388	3,714	…	…	106,811
500人以上	1,756	4,284	11,090	14,403	…	…	223,807

備　考　注： a. 電気・ガス事業の計数は 1948 年以降調査されていないため，既往の計数から除いて比較出来るようにした．
　　　 b. いずれも民営工場に限られるが，職工数 5 人未満工場の調査されたのは，1939 年以降である．
　　　 c. 1948 年の 5 人未満工場の計数は，同年の改正によって既往の計数と比較出来なくなった．
　　　 d. 5 人未満工場の職工数の欄には雇用従業者のほか，家族従業者をも含めているから，5 人以上工場の職工数とは範囲が異なる．家内工業においてこの両者を区別することは無意味だからである．
　　　 資料：通産省（商工省），工業（工場）統計表，1930～47 年；同速報，1948～49 年．

利用上の注意　1948 年以降「新製品を造っていても，その製品を主として一般消費者に直接小売する事業所や修理業を主業とする事業所」は調査から除外された．したがって従来の調査においてとくに 5 人未満工場にこれらを数多く含んでいた事情から，1948 年とそれ以前とを 5 人未満工場について比較することはできなくなった．たとえば，1947 年と 1948 年とを，5 人未

D 生 産（鉱 工 業）

満工場数について比較すると 515,306 から 119,772 に減少したという結果になっている．しかし 5 人以上工場にはこの種の除外工場はほとんど含まれていないものと考えられるから，過去と比較してもかまわない．

解 説 1. 職工 5 人未満の工場数は，家内工業の多い日本では非常に多数にのぼっている．1940 年についてみると，その数は全工場数の 80％ におよんでいる．1942 年 80％，1946 年 76.4％，1947 年 82.7％ という状態である．

2. ところが職工数からみると，5 人未満工場の占める百分率は，1940 年 23％，1942 年 22.5％，1946 年 18.9％，1947 年 26.8％ となる．他方生産額において占める割合は，1940 年 7.2％，1942 年 6.8％，1946 年 7％，1947 年 9.8％ にすぎないから，総じて家内工業の労働生産性は 5 人以上工場に比しいちじるしく低位にあることが観察される．

3. 工場数を 5 人以上の工場についてみるにしても，そのうち相当部分が 5～49 人工場に集中していることを知る．5 人以上工場の職工数中，5～49 人工場の占める割合は，1930 年 36.8％，1935 年 37.1％，1940 年 37.1％，1942 年 33.2％，1946 年 40.9％，1947 年 44.5％，1948 年 43.2％ となっている．日米開戦後の 1942 年に 33.2％ に落ちたのは，大規模経営への集中の結果であり，戦後この割合が再び大きくなったことは小規模工場数の増加を示すといえよう．

4. しかし 5 人以上工場の生産額についてみると，たとえば 1940 年にみられるように，5～49 人工場の職工数が 500 人以上工場の職工数よりやや大きいような場合にも，生産額は前者の方が後者よりも遥かに小さい．これは大規模生産が一層高い生産性をもつことを示すものにほかならない．しかし戦後においては 1948 年の数字に見られるように，500 人以上工場の生産性が 5～49 人工場のそれよりそれほど高いようにはみえない．これは大規模生産が戦後は戦前ほどの生産性を維持していないことを示している．

5. 職工 5 人以上の工場を大，中，小の規模に分け，その職工数の規模構成をみると，むしろ戦後の方が戦前より大工場の割合が大きくなっている．ただ戦時中よりは小さい．戦時中は企業集中が極めて高度化していた（大工場 1935 年 30％，1942 年 52％）．

	1935	1942	1946	1948
	%	%	%	%
小工場(5～49人)	48	33	41	43
中工場(50～199人)	22	15	24	18
大工場(200人以上)	30	52	35	39

参 考 1. 1930 年頃の職工 5 人以上工場の従業者数は全数の半ばをやや超える程度と推算されていた．たとえば，山中篤太郎「日本工業に於ける零細性」（社会政策時報，1941 年 5, 6 月号）によると，全工業（官公営を含む）の従業者数 4,014,650 人に対して，5 人以下工場の従業者数はその 55.1％ であるところの 2,208,306 人と推計された．この比率が 1940 年の 23％ に低下したということは，5 人以上工場の急速な拡張によるものと思われる．なおこの点については，ほかに二三の文献がある．小出保治「産業経営に関する統計資料」(1937)〔郡菊之助『工場経営統計』(1940) 末尾に附録として再録〕．内閣統計局「昭和 5 年国民所得調査報告」(1934)．小宮山琢二「日本中小工業研究」(1941)．

2. アメリカの 1934 年の「工業センサス報告」によると，職工 5 人以下工場の占める割合は，工場数による場合は 45.7％，職工数による場合は 2.6％，生産額による場合は 4.6％ であって，日本よりは著しく低率である．

D-6　工業における費用構成と所得率

		製造工業	金属工業	機械器具工業	化学工業	窯業および土石工業	紡織工業
		百万円	百万円	百万円	百万円	百万円	百万円
1932 (昭和7年)	生産額	5,969	591	599	938	162	2,212
	原材料費	3,397	363	224	474	40	1,464
	燃料動力費	228	29	18	73	19	62
	総所得額	2,344	199	357	391	103	686
	内賃金支払額	560	56	116	57	24	184
	総所得率	39.3%	33.7%	59.6%	41.7%	63.1%	31.0%
1937 (昭和12年)	生産額	16,398	3,502	2,557	2,917	405	4,242
	原材料費	10,550	2,361	1,283	1,730	152	3,326
	燃料動力費	672	241	49	177	65	97
	総所得額	5,176	900	1,225	1,010	188	819
	内賃金支払額	1,144	188	355	130	48	257
	総所得率	31.6%	25.7%	47.9%	34.6%	46.4%	19.3%
1942 (昭和17年)	生産額	32,039	7,032	10,582	5,012	709	3,969
	原材料費	15,738	4,322	3,396	2,612	231	2,459
	燃料動力費	1,254	437	198	343	112	88
	総所得額	15,047	2,253	6,988	2,057	366	1,422
	内賃金支払額	2,919	446	1,422	276	94	326
	総所得率	47.0%	32.0%	66.1%	41.0%	51.6%	35.8%

備考　注：a. 製造工業とは電気，ガス事業を除いた他の工業であり，表頭に掲げた工業のほかに製材，印刷，食品その他工業を含み，職工5人以上の民営工場を対象とする．
b. 生産額は「主要事業別」のものによった．その意味については→D-5-a．
c. 燃料動力費とは「工業（工場）統計表」中の燃料費に「他より供給を受けた」ガスおよび電気使用額を加えたものである．ガス，電気は数量だけしか発表されていないため，右の推定平均単価によった．ただしガスは石炭庁ガス課調による全国平均価格，電力は通産省（商工省）電力局調による全国平均卸売価格（電力のみ）

	1932年	1937年	1942年
ガス (1立方米)	8.81銭	8.88銭	8.55銭
電気 (1KWH)	1.771	1.599	1.725

d. 所得率とは 総所得額÷生産額 である．
e. 賃金支払額には俸給を含まない．
資料：通産省（商工省），工業（工場）統計表，1932～44年．

利用上の注意　1.「工業（工場）統計表」によって原価構成を知りうるのは1929～42年に限られる．戦後は業者がまちまちの単価（公定あるいは闇価格）で生産額の報告を行ったことや，原材料費その他について未だ完全な集計がなされていないことから，原価構成を知りえない．

2. 今後集計が完全に行われたとしても，1948年以降は中間生産物の処理があらためられたため，過去との比較が困難になるであろう．即ち過去においては，自家生産にかかる原料および

D 生 産（鉱 工 業） 89

材料も市価によって原材料使用額として報告を求めていた．これに対し 1948 年以降は自家生産による原材料は原材料使用額に含めないことになった．理論上は後者の方が正しい．なぜなら後者は真の附加価値を明かにするからである．しかし後者は，たとえば鉄鋼業が一貫作業になった前後について急激に所得率が変るという不便がある．つまり企業の結合程度如何によって所得率が変るかもしれない．しかしこの欠点は調査対象を個々の工場毎とすることによってある程度回避されよう．

3. ここに総所得とあるは（生産額－原材料費－燃料動力費）のことである．減価償却費やその他の雑費を控除していないという意味では，純所得ということはできない．従って所得率も総所得率の謂である．

4. ここに 1932, 1937, 1942 年の3カ年をとくに選んだ理由は大体所得率は 1932 年から下りはじめ，1937 年が底になり，その後再び上昇に転じているからである．

解 説 1. 1932 年以降は為替切下げの影響で，純交易条件（輸出価格指数÷輸入価格指数）（→ E-2）は悪化した．輸入原料価格は製品価格に比して相対的に高くなり，その結果所得率は低下した．一般に景気上昇期には製品価格より原料価格が急激に上るのが例であるから，所得率の低下は為替切下げだけの結果ではない．しかし 1937 年を転機として所得率は再び上昇に転じた．

2. 原料をほとんど輸入にあおいでおりしかも輸出産業でもあるところの紡織工業の所得率の低下 (1932～37 年) は最大である．これに対して機械器具工業の所得率は一番高く，しかもこの間の変動が小さい．機械器具工業の構成比が段々大きくなっている時期にあるため，全製造工業の所得率はその影響をかなりうけている．

3. 附加価値としてここに計算した所得は，純額でなく，また賃金支払額には俸給を含まないから労資分配率の計算は行うことができない．しかし（賃金支払額÷総所得額）は，製造工業全体についてみると，1932 年 23.9％, 1937 年 22.1％, 1942 年 19.4％ という推移を示しており，1932～37 年間は著しい変化を示していないが，戦時中は低下した．しかし紡織工業は 1932 年 26.8％, 1937 年 31.4％, 窯業は 1932 年 23.3％, 1937 年 25.5％ と上り，全体がほぼ不変の際に上昇して，金属・機械・化学などの分野での分配率低下を相殺している．

参 考 1. 山田雄三「日本国民所得推計資料」(1951年) p. 53 には大蔵省理財局で 1930～42 年にわたって計算した工業所得率が掲げられている．その特徴は生産額中に電力・ガスの生産額も推定して含めていること，電力・ガス使用額には自家生産の分も含めていること，減価償却分をも三菱調査によって控除していることなどである．ただ自家発電に用いた燃料などの経費は燃料費にも当然含められるから，二重計算の恐れがあろう．なお同書 p. 56 には，1930 年に内閣統計局が行った所得率の推算が掲げられている．全工業の平均所得率が 33.94％，小規模工場 33.23％，中規模工場 29％，大規模工場 35.85％ となっている．

2. 製造工業の生産額構成を，マルクス経済学の見地から，剰余価値率 $\left(\frac{m}{v}\right)$, 利潤率 $\left(\frac{m}{c+v}\right)$ として計算しているものに，シャー・リフ「戦争と日本経済」(和田勇訳) や上杉正一郎「日本工業における剰余価値率および利潤率の計算」(国民経済 1947 年 6～7 月号) がある．しかしこの種の計算にはまだ論議の余地を多く残している．紡績工業については，永井雅也「紡績標準原価計算」(1941)，守屋典郎「紡績生産費分析」(1948) 参照．なお「日本の剰余価値率と分配率」(経済研究第 3 巻第 2 号) は以上の点について総括的な分析を行っている．

D-7　事業成績分析 (全産業平均) a

年次	項目	固定資産比率	外部負債比率	固定比率	流動比率	配当比率	使用総資本利益率	固定資産償却率	社内留保率
	昭和	%	%	%	%	%	%	%	%
1929	(4)上	58	45	105	200	…	…	1.7	…
1930	(5)上	61	45	110	200	…	…	1.5	…
1931	(6)上	64	44	114	220	5.5	2.5	1.7	1
1932	(7)上	64	44	114	220	5.2	2.7	2.0	13
1933	(8)上	63	44	111	220	5.8	3.8	3.5	29
1934	(9)上	61	41	104	230	6.6	4.5	3.9	28
1935	(10)上	60	39	98	220	7.7	5.7	3.9	33
1936	(11)上	58	39	95	220	8.5	5.7	4.4	28
1937	(12)上	54	40	90	210	8.7	6.2	4.8	37
1938	(13)上	50	41	85	210	9.0	6.1	5.3	33
1939	(14)上	46	43	81	200	9.2	6.0	5.8	34
1940	(15)上	43	45	78	210	9.0	5.7	6.3	41
1941	(16)上	36	49	69	190	8.7	5.0	7.2	36
1942	(17)上	33	51	68	190	8.6	4.6	7.5	35
1943	(18)上	30	55	68	180	8.1	3.9	7.0	33
1944	(19)	…	…	…	…	…	…	…	…
1945	(20)下	27	72	96	140	6.9	1.9	…	…
1946	(21)上	26	74	128	101	0.32	0.5	…	81
1947	(22)	…	…	…	…	…	…	…	…
1948	(23)上	25	80	…	106	…	2.4	…	…
1949	(24)上	15	85	146	109	6.39	3.0	…	70
1950	(25)上下	42	68(21)b	129	119	19.4	7.8	…	67
		33	73(16)	121	113	24.8	17.8	…	50
1951	(26)上下								
1952	(27)								
1953	(28)								

備考　注：a. 全産業とは鉱工業，交通業，電力・ガス事業，商業を指し，金融業を含まない．

b. 外部負債比率の 1950 年（上）(下) の括弧書きしてある部分は，再評価による積立金の増加比率を示す．

資料：1929～43 年：三菱経済研究所，本邦事業成績分析；1945～49 年：日本興業銀行調査部，本邦主要会社業績調査；1950 年：通産省通商企業局，わが国主要産業の経営比較．

利用上の注意　1.　固定資産比率とは 固定資産÷総資産 を指し，100％ からこれを差引いたものを流動資産比率とする．

2.　外部負債比率とは 外部負債÷(自己資本＋外部負債) を称し，100％ からこれを差引いた

D 生産（鉱工業）

ものを自己資本比率とする．
3. 固定比率は 固定資産÷自己資本 を指し，経営分析上 100% より低い程可とされる．
4. 流動比率は 流動資産÷短期負債 を指し，大きい程可で，標準は 200% とせられている．
5. 配当比率は 配当金÷払込資本金 を指す．
6. 使用総資本利益率は 利益金÷総資本 であって，総資本回転率(=売上高÷総資本)と売上高利益率(=利益金÷売上高)との相乗積である．
7. 固定資産償却率は 減価償却費÷固定資産，社内留保率は 社内留保金÷利益金 である．

解説 1. 戦前・戦中・戦後を通じて固定資産比率が低下したのは，実体構成の変化よりも，むしろ急激なインフレーションの進行に基づいて，取得価額で表示されている固定資産の価額を相対的に減少せしめた面の方が大きいと思われる．
2. 他方外部負債比率は益々大きくなってきた．このことは自己資金調達よりも外部資金調達の比重が増大したことを意味する．(→ A-6-a)
3. ところで自己資本の増大よりも固定資産の増大のテンポがにぶいため，戦時中固定比率は低下したが，戦後は再び上昇悪化した．
4. 流動比率は戦前・戦中は 200% 前後にあったが，戦後は 100% 程度にまで下った．増加所要短期資金を一層短期負債に依存しなければならなかったものと考えられる．
5. 戦後の使用総資本利益率，配当比率は戦前に復するか，あるいはそれを越えているが，これはインフレに伴う架空利益の点から，戦前と実質的な比較を許さないと考うべきであろう．
6. 固定資産償却率は戦時中迄ずっと上昇してきた．しかし他方固定資産比率が低下しているのであるから，償却費の原価構成比は大体 4% 台に安定していた．
7. 社内留保率は不況中は，低かったが，戦時中は 30% 台に回復し，戦後は急昇している．1946 年の 81% や 1950 年 (下) の 50% は恐らくこの比率の分母に来る利益金の過小に基づくが，このほか制度的事情として，「会社経理臨時措置法」による利益金の強制積立ならびに，配当抑制措置などによって利益金中に占める配当金の割合が戦後抑制されている点を挙げねばならない．
8. 1950 年には資産再評価を行った企業もあるため，固定資産比率，固定比率，配当比率，使用総資本利益率などは一齊に上昇した．

参考 1. 戦後大蔵省調査部で行っている法人企業統計調査は一層詳細な分析に役立てうる．結果は「財政金融統計月報」に発表されている．なお通産省調査統計課「戦前より戦後に亙る企業経営の変化」，日銀「本邦主要企業経営分析調査」を参照．
2. アメリカの 1948 年における外部負債比率は，金属工業 27%，機械器具工業 38%，化学工業 28%，食品工業 36%，陸運業 43%，電気・ガス業 53% である．

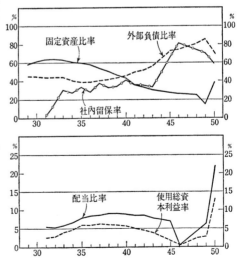

E 貿易と国際収支

　貿易統計は一国の経済進歩の度合や産業構造の特質を知る上に重要な指標である．殊にわが国のように原料資源に乏しく，国内市場が狭隘であって，国民経済の運営上大いに貿易に依存しなければならない国においては特にそうである．

　しかし，輸出入貿易がわが国の経済にとってどれほどの重要性をもっているかを正確に示すことはかならずしも容易ではない．というのは，わが国がどれだけ輸出入を行っていたかということは，輸出入品目のすべてとその数量をいちいち列挙すればともかく，それを総合的に示すことは，種々の不便があるからである．普通，輸出入価額によって貿易の程度やその変動を示すことが行われているが，価額は輸出入品の量によっても，またそれぞれの商品の価格によっても変動するものであるから，輸出入価額はかならずしも貿易の程度を真に正確に示すとは限らない．また輸出入貿易の程度を輸出入量によって表示しようとする統計もつくられているけれども，これまた貿易の程度を真に正確に表示するものとはいい難い．というのは，数量は封度，ヤード，トンなど，商品の性質に応じて種々の単位が用いられていて，共通の単位で表示することが困難であるし，またそれらの輸出入品はわれわれの経済生活に対して，それぞれ異った重要性をもっているからである．さらに，貿易の盛衰を戦前と戦後について時代的に比較しようとするならば，また新しい困難が生じる．それはその間にわが国の領土が甚しく変ったからである．

　戦前と戦後の貿易額を比較すれば，戦後の貿易は著しく小規模となっているが，それはわが国の領土が狭くなったからだ，と簡単に結論することはできない．戦前の貿易額には，旧外地との移出入がしばしば考慮されていないことがある．しかし戦前戦後を通じて貿易の盛衰を表示するためには，移出入を無視することは許されない．

　われわれは，このような点を考慮しつつ，1929年以来最近に至るまで，わが国の貿易がいかに変化したかを一貫した方法で表示することを企て，そのために，戦前の貿易については，内地・樺太の貿易統計を基礎として，その中から樺太の輸出入を除外し，朝鮮，台湾等との移出入を輸出入とみなして加算するなどの地域調整を行って戦後の貿易と直接の比較ができるような計数を示し，さらに貿易の品目別，地域別構成，交易条件，自給率，国際収支等の計数を統計的に整理することを試みた．なお，わが国の問題としては，物資の輸出率と相並んで輸出物資の外貨取得率を明かにすることが重要であるが，それを正確に表示することはきわめて困難であるから，ここでは割愛した．

E　貿易と国際収支

これらの整理の結果，明かとなったことは，

（1）　戦後のわが国の貿易は，戦前に比し，著しく小規模となっていること，

（2）　戦後においては，純交易条件はほぼ戦前と等しく，総交易条件はむしろ高まっているが，貿易利益指数は甚だしく低下していること，

（3）　貿易の品目別構成では，戦後において食料品および原料品の輸入と完製品の輸出が益々多くなっていること，ただし，繊維製品の輸出の割合は低下していること，

（4）　市場構成では，戦後，輸出入ともアメリカへの依存度が高まっていること，ただし，最近においてはポンド圏乃至は東南アジア地域がわが国の主要輸出市場となっていること，

（5）　わが国の食料，原料の自給率は輸入価額によって表示するかぎり，戦前に比し益々低下していること，

（6）　国際収支においては，戦後は貿易の入超と貿易外収支の不利とのために，わが国にとって支払超過となっていること，ただし，1950年以後においては貿易外収支が幾分改善されつつあることなどである．

E-1 貿易の変動

年次 項目	A 輸出額a	B 輸入額b	C 超過額	D 数量指数c		E 輸入に対する輸出の割合	F 国民総生産額に対する割合	
				輸出	輸入		輸出	輸入
昭和	百万円	百万円	百万円	1934～6=100		%	%	%
1929 (4)d	2,649	2,855	-206	75.6	78.0	92.8	18.5	20.0
1930 (5)	1,903	2,090	-187	66.0	69.4	91.1	16.4	18.0
1931 (6)	1,508	1,766	-258	61.9	69.4	85.4	14.7	17.2
1932 (7)	1,829	2,006	-177	67.6	71.0	91.2	15.9	17.4
1933 (8)	2,382	2,547	-165	76.9	78.8	92.7	16.4	18.0
1934 (9)	2,827	3,071	-244	89.5	93.0	92.1	18.2	19.7
1935 (10)	3,312	3,371	-59	102.2	99.7	98.8	18.8	19.2
1936 (11)	3,636	3,766	-130	107.7	106.9	96.6	18.2	18.9
1937 (12)	4,247	4,903	-656	103.6	114.5	86.6	17.0	19.7
1938 (13)	4,029	3,963	66	90.9	87.8	101.7	13.9	13.6
1939 (14)	5,288	4,403	885	110.7	88.3	120.1	14.3	11.9
1940 (15)e	5,524	4,910	614	103.3	88.2	112.5	13.7	12.2
1941 (16)f	4,384	4,067	317	76.7	78.1	107.8	10.2	10.9
1942 (17)	3,505	2,924	581	56.3	45.0	119.9	7.5	6.2
1943 (18)	3,055	2,939	116	45.8	42.3	103.9	4.1	3.9
1944 (19)g	1,298	1,947	-649	...	...	66.7	1.4	2.0
1945 (20)	388	957	-569	...	...	40.5	0.3	0.7
1946 (21)	2,260	4,069	-1,809	4.3	7.4	55.5	0.5	0.8
1947 (22)	10,148	20,265	-10,117	6.5	12.4	50.1	0.8	1.6
1948 (23)	52,022	60,287	-8,265	12.5	13.8	86.3	2.1	2.4
1949 (24)	169,841	284,455	-114,614	25.0	40.0	59.7	5.0	8.3
1950 (25)	298,033	348,196	-50,163	37.3	40.0	85.6	7.6	8.9
1951 (26)	488,775	739,398	-250,623	43.9	63.5	66.1	9.2	13.9
1952 (27)	458,243	730,352	-272,108	40.3	61.4	62.7		
1953 (28)	458,943	867,473	-408,529	39.8	72.0	52.9		

備考　注： a. f.o.b. 価格，ただし，ここに加算された旧外地への移出は c.i.f. 価格．再輸出を含む．　b. c.i.f. 価格，ただし，ここに加算された旧外地からの移入は f.o.b. 価格．再輸入を含む．　c. 1934～36年平均基準の貿易金額指数を同基準日銀卸売物価指数で除したもの．(→F-1)　d. 1929～39年の計数は，内地（樺太を除く）輸出入に，朝鮮，台湾，樺太，南洋群島との移出入を加算．　e. 1940年の計数は，内地・樺太輸出入に，朝鮮，台湾，樺太との移出入を加算．　f. 1941～43年の計数は，内地・樺太輸出入に，朝鮮，台湾との移出入を加算．　g. 1944～45年の計数は，内地・樺太輸出入のみ．
資料：1929～40年：大蔵省，日本外国貿易年表，1938年下；同月表，1939年12月；大蔵省・日銀，財政経済統計年報，1948年；朝鮮総督府，統計年報，1931～40年；台湾総督府，統計書，1929～39年；樺太庁，統計書，1940年；南洋庁，統計年鑑，1934～39．1941～51年：大蔵省・日銀，財政経済統計年報，1948年；大蔵省，日本外国貿易年表，1944～48年上；同年報，1949～53年（輸入の部）；同月報，1950年12月；同月報，1953年12月．

E 貿易と国際収支

利用上の注意 1. 本表は 1929 年以後のわが国輸出入貿易の変動を概観しようとするものであるが,その間,第二次大戦によって,わが国の領土に変更が起ったから,戦後の貿易を戦前のそれと比較するために,戦前の内地貿易額に,朝鮮その他,後に外国となった地域との貿易額を加算して地域調整を施した.その方法は輸出については次の通りである.輸入もこれに準ずる.
  i) 1929～39 年.(内地・樺太輸出－樺太輸出)＋(朝鮮移入－朝鮮の台湾からの移入)＋(台湾移入－台湾の朝鮮からの移入)＋樺太移入＋南洋群島移入
  ii) 1940 年.内地・樺太輸出＋(朝鮮移入－朝鮮の台湾からの移入)＋(台湾移入－台湾の朝鮮からの移入)＋樺太移入
  iii) 1941～43 年.内地・樺太輸出＋朝鮮移入＋台湾移入

なお,毎年一貫した方法が採用できなかったのは,資料が欠けているためである.
2. このように戦前の外地との移出入はこれをわが国の輸出入とみなして,本来の輸出入に加算したが,しかし,戦前のそれらの地域との移出入は戦後のそれらの地域との輸出入とは異った意味をもっており,それを単純に地域調整を行うことは,厳密にいえば正しいやり方ではない.
3. 戦後の輸出入額は,1949 年 4 月,単一為替レート設定のときまでは,ドル建輸出入額を,品目別の複数レートによって換算してえられたものである.品目別レートは,輸出品については比較的円安に,輸入品については円高に定められていた.
4. 輸出入数量指数は金額指数を卸売物価指数で除したものであるが,それは正確な数量指数とはいえない.貿易量をより正確に示すためには輸出入単価指数を使うか,直接輸出入品について綜合数量指数を計算しなければならない.単価指数による貿易数量指数の計算は E-2 参照.

解 説 1. 本表によると,輸出入数量は,1930～31 年を底として,その後増大の一途を辿っている.それは,31 年の金輸出再禁止による為替相場の暴落と,わが国経済の戦時体制化に伴う貿易振興政策のためである.しかし 30 年代末以後は,輸出入数量指数も,その国民総生産額に対する比率も漸次低下している.これは世界各国のブロック経済化による国際貿易の萎縮を反映するものである.第二次大戦中には,移出入を輸出入に加えても,その数量は低下している.
2. 戦後わが国は諸外国との貿易を再開したが,その回復の割合はなお不十分であって,1950 年の輸出は戦前(1934～36 年平均)の 37%,輸入は 40% にすぎない.貿易額の国民総生産額に対する比率も,戦前に比すれば,なおきわめて低い水準にとどまっている.安本の貿易数量指数(1934～36 年基準)も,1950 年現在,輸出 29.0,輸入 33.1 にすぎない.(→E-2)
3. 次に貿易収支をみると,戦前には入超が常態であったが,その後,大戦中には一時出超に転じ,戦争末期以後は再び一層はげしい入超の状態となっている.戦時中の出超は主として,わが国から円地域への財貨供給の増加と,それらの地域からの財貨獲得の不振とを反映するものであって,わが国の経済発展を表示するものではない.戦後においては,わが国は主としてアメリカの対日援助によって必要物資を得ており,貿易は依然として入超状態にある.アメリカの対日援助は 50 年までに合計約 19 億 7 千万ドルに上っており,累計総輸入額の 57% に達している.50 年には輸出貿易が著しく振興したが,それは主として朝鮮動乱の影響によるものである.

参 考 1950年には,諸外国は,ほぼ戦前の貿易水準を回復しており,わが国の回復率が最も低い.

	アメリカ	イギリス	フランス	イタリー	西ドイツ	日 本
	(1937=100)	(1937=100)	(1937=100)	(1938=100)	(1936=100)	(1934～36=100)
輸出	179	155	187	96	95	29
輸入	128	84	94	136	128	33

E-2　　　　　交　易　條　件　(1934～36 年=100)

項目　年次		A 輸出	B 輸入	C 輸出	D 輸入	E 輸出 $\left(\dfrac{A}{C}\right)$	F 輸入 $\left(\dfrac{B}{D}\right)$	G 純交易條件指数 $\left(\dfrac{C}{D}\right)$	H 總交易條件指数 $\left(\dfrac{F}{E}\right)$	I 總貿易利益指数 (G×E)
		金額指数		単価指数		数量指数				
1929	昭和(4)a	81.3	83.9	144.8	100.4	56.1	83.6	144.2	149.2	80.9
1930	(5)	58.4	61.4	107.4	79.9	54.4	76.8	134.4	141.2	73.1
1931	(6)	46.3	51.9	81.2	57.5	57.0	90.3	141.2	158.4	80.5
1932	(7)	56.1	58.9	84.5	67.4	66.4	87.4	125.4	131.6	83.3
1933	(8)	73.1	74.9	100.9	87.1	72.4	86.0	115.8	118.8	84.0
1934	(9)	86.8	90.2	99.6	97.2	87.1	92.8	102.5	106.5	89.3
1935	(10)	101.6	99.1	101.0	100.5	100.6	98.6	100.5	98.0	101.1
1936	(11)	111.6	110.7	99.7	102.3	111.9	108.2	97.5	96.7	109.1
1937	(12)	130.3	144.1	112.9	131.7	115.4	109.4	85.7	94.8	98.9
1938	(13)	120.6	116.5	115.5	127.0	104.4	91.7	90.9	87.8	94.9
1939	(14)	162.3	129.4	125.7	129.5	129.1	100.2	97.1	77.6	125.4
1948	(23)b	27.5	69.5	380.7	382.5	7.2	18.2	99.5	252.8	7.2
1949	(24)	54.2	91.9	354.6	326.6	15.3	28.1	108.6	183.7	16.7
1950	(25)	87.3	98.8	301.3	298.7	29.0	33.1	100.9	114.1	29.3
1951	(26)	144.2	208.7	482.9	441.8	29.9	47.2	109.3	157.9	32.7
1952	(27)	135.4	206.9	435.4	383.1	31.1	54.0	113.6	173.6	35.3
1953	(28)	135.6	245.9	387.0	331.0	35.0	74.2	116.9	212.0	40.9

備　考　注：a. 1929～39 年の金額指数は E-1 表の輸出入金額より算出．単価指数は正金銀行調の 1928 年基準のものを 1934～36 年平均基準に換算した．
　　　　　　b. 1948～51 年の指数は安本調査による．
　　資料：1929～39 年：横浜正金銀行，正金週報，1931 年 4 月 24 日号．1948～51 年：経済安定本部，昭和 26・27 年度年次経済報告．

利用上の注意　1.　単価指数というのは，輸出入品一単位当りの輸出入価額の指数である．正金銀行調の戦前の単価指数は内地・樺太の輸出入について算定されたものであるが，ここでは便宜上それを全体の輸移出入に利用した．またここでは右の単価指数を使って貿易数量指数を算出したが，それは前表の日銀卸売物価指数を基準とする貿易数量指数とは異っている．
　2.　戦後 (1948～51 年) の金額・単価・数量指数はドル建の計数を用い，1934～36 年平均を基準として，旧正金の場合とは別の方式によって算出された指数であるから，その点は本表の戦前のものと比較するときに注意しなければならない．この指数は，採用された品目は少数であるが，戦後の貿易趨勢を示すものとしてもっとも広く利用されている．

解　説　1.　交易条件というのは，ある国が輸出した商品の一定量に対して，どれだけの商品が輸入されたかを示すものである．この場合，もしも貿易外の取引がなく，輸入したものは必

ず輸出によって決済されるものとすれば，交易条件は輸入品単価と輸出品単価の割合によってきまる．これを純交易条件といい，輸出単価指数 (C) を輸入単価指数 (D) で除することによってえられる．この場合には商が1より大となれば，それは輸出入額は均衡していても輸入品の方が輸出品より多量にえられることを意味するから，交易条件は有利といわれる．しかし，実際の場合には，輸出額と輸入額は一致することは少く，あるいは出超，あるいは入超となり，その差額は貿易外収支によって決済される．このあるがままの輸出量と輸入量の割合を総交易条件といい，輸入数量指数を輸出数量指数で除することによってえられる．この場合にも商が1より大であることは，輸出量以上の量の商品が輸入されたことを意味するから，交易条件は有利と考えられる．しかし，貿易の利益は単に輸出入商品の単価の割合によってきまるばかりでなく，貿易総量によっても左右される．たとえ，交易条件が有利であっても，なんらかの理由によって貿易量が少なければ，貿易利益は大とならない．この関係を示すものを総貿易利益指数という．それは，輸出入を綜合した貿易総量指数を純交易条件指数に乗じて算出することもできるが，ここでは純交易条件指数 (G) に輸出数量指数 (E) を乗じて算出した．

2. 本表によると，30年代においては純交易条件も，総交易条件も次第に悪化しているが，それは為替切下によって輸出品価格が安くなり，輸入品価格が高くなったためである．しかし，その間，輸出量は約2倍に増加しており，そのために総貿易利益指数は上昇を示している．こうして，わが国の貿易は 1938 年以降は出超となったが，それは交易条件，殊に総交易条件の悪化と結びついており，いわゆる飢餓輸出を意味する．

3. 戦後においては，純交易条件はほぼ戦前と同じ位であるが，輸出量の激減のために，総交易条件指数は著しく高まり，その反対に総貿易利益指数は甚しく低下している．ただし，1950年は輸出が回復し，貿易利益指数も多少高まった．

参 考 戦後におけるヨーロッパ諸国の交易条件の変動は次の通りである．交易条件指数は，1938年を基準とし，輸出品価格指数を輸入品価格指数で除したものである．

		ベルギー	デンマーク	イタリー	スエーデン	スイス	イギリス
1938		100	100	100	100	100	100
1947		125	96	—	89	107	86
1948		107	106	100	95	101	85
1949	3	110	106	114	89	106	89
	6	119	107	105	86	109	93
	9	111	109	102	82	112	95
	12	108	102	107	77	115	87
1950	2	102*	93	108*	81	112	86

* 1950.1. (国際経済銀行第二十回年次報告，邦訳 163 頁)

スイスは有利な輸入価格の恩恵に浴しているが，平価切下を行ったイギリス，スエーデン，デンマークなどはいずれも，わが国に劣らぬ不利な交易条件となっている．

E-3		貿易の品目別構成						総額 百万円 内訳 %		
項目		1934～36年 昭(9～11)a	1949 (24)	1950 (25)	1951 (26)	項目		1934～36年 昭(9～11)a	1949 (24)	1950 (25)	1951 (26)

項目		1934～36 昭(9～11)a	1949 (24)	1950 (25)	1951 (26)	項目		1934～36 昭(9～11)a	1949 (24)	1950 (25)	1951 (26)
輸出総額		3,216.4	169,841.0	298,033.2	488,776.8	輸入総額		3,294.2	284,455.3	348,195.6	737,241.3
食料	合計	9.4	4.5	6.3	5.1	食料	合計	23.3	43.1	33.5	27.7
	茶	0.4	1.2	0.6	0.4		米	10.6	2.8	8.7	5.8
原料	合計	5.2	3.3	2.9	2.8		小麦	1.2	21.3	15.2	7.7
	石炭	0.6	1.6	0.6	0.0		豆	2.7	3.7	3.0	2.4
半製品	合計	23.3	23.8	25.6	29.3		砂糖	4.8	3.3	4.8	4.6
	生糸	11.1	3.8	4.7	3.0		塩c	0.5	3.0	0.8	1.7
	綿糸	1.4	2.8	2.1	2.4	原料	合計	49.3	34.0	42.0	58.4
	人造繊維	0.9	3.1	0.7	1.2		綿花	23.6	15.6	28.4	22.9
	鉄鋼材	3.6	7.3	8.8	13.5		羊毛	5.9	2.0	6.1	9.6
完製品	合計	57.6	68.1	64.5	60.8		石炭	1.7	4.4	0.9	2.4
	絹織物	3.1	3.3	2.7	1.5		鉄鉱石	1.0	2.4	1.5	2.9
	綿織物	16.7	28.6	24.9	23.4		生ゴム	1.8	1.8	4.3	4.1
	人造繊維織物	4.5	2.1	6.0	6.4		原油	3.2	0.1	2.6	3.3
	セメント	0.5	1.4	0.7	1.1	半製品	合計	16.6	11.7	6.3	7.3
	陶磁器	1.5	3.8	2.4	2.5		パルプ	1.7	1.7	1.0	1.6
	硝子および製品	0.9	1.4	0.8	0.6		鉄鋼材	6.2	1.1	0.1	0.4
	機械b	6.6	10.1	9.5	7.8	完製品	合計	9.2	10.0	18.1	6.5
	玩具	1.1	2.1	1.5	0.9		石油	1.4	7.0	1.7	1.7
その他		2.6	0.3	0.7	2.0		機械b	4.2	0.2	0.8	2.8
						その他		0.9	1.1	0.1	0.1

備考　注：　a. 輸出入は朝鮮，台湾との移出入を含むが，樺太，南洋群島との移出入は含まない．また樺太の輸出入および旧外地相互間の移出入も調整してない．輸出入総額がE―1のものと一致しないのはそのためである．
　　　　　b. 車輌船舶を含み，いわゆる科学器械（時計，写真機等）を含まない．
　　　　　c. 工業用塩を含む．

資料：1934～36年：大蔵省，日本外国貿易年表，1935・36年上篇；朝鮮総督府，朝鮮貿易年表，1936年；台湾総督府，貿易年表，1936年；1949～51年：大蔵省，日本外国貿易年表，1949～51年（輸入の部）；同月表，1950年12月・1951年12月．

利用上の注意　1. 本表は戦前（1934～36年平均）と戦後（1949, 50, 51年）のわが国貿易の商品別構成を示すものである．戦前の計数として 1934～36年平均だけにとどめたのは，一貫して利用しうる資料が得られないためである．

　2. 食料，原料，半製品，完製品の区別はほぼ慣用の分類に従った．ただし，完製品である食料は「食料」の部に入れた．朝鮮，台湾の移出入統計の制約のために，ある程度の推定を施して，五部類のいずれかに分類したが，推定不可能なものが若干ある．1934～36年平均の五部類の各合計が 100 に足りないのはそのためである．なお再輸出入は「その他」に計上されている．

3. 各部類中の商品は, 戦前か戦後のいずれかの時期に比較的金額が大きかった輸出入品である.

4. 本表はそれぞれの輸出入品の当該年価格による輸出入額を基準として比率を算出したものであるから, 品目別の価格変動が区々である場合には, 品目別比率が変ることは当然である. 従って, 品目比率の変化は, 輸出入数量の変化を示すものとは限らない.

解説 1. 戦前のわが国の貿易の特色は, 食料と綿花その他の工業原料とを輸入し, 繊維製品, 機械, 車輛, 雑貨等の完製品を輸出するという加工貿易であった. 食料は主として中国, 朝鮮, 台湾, 東南アジア諸国から輸入し, 原料はアメリカ, 中国, 東南アジア諸国から買入れ, 輸出品としては生糸をアメリカへ, 生糸以外の繊維製品をアジア, アフリカ諸国へ, 機械その他の重工業品を中国, 朝鮮その他のアジア諸国へ, 雑貨をアメリカ, イギリス, アジア諸国へそれぞれ輸出していた.

2. 戦後においては加工貿易の特色が益々濃厚となり, 輸入においては食料および原料の占める割合が 1949 年には 77.1%, 1951年 には 86.1% という圧倒的比率となるとともに, 輸出においては, 罐詰, 生糸などの食料, 原料乃至は半製品の比率が下り, 綿織物, 陶磁器, 機械類などの完製品が輸出の 60〜70% を占めるようになった. 中でも生糸輸出の凋落と, 陶磁器, 機械, 科学器械の輸出の振興とが特に顕著である.

3. 食料, 原料の輸入が増加したことは, わが国の経済自立化との関連において特に注目に値する. 本表においては戦前の計数も地域調整を施し, 朝鮮, 台湾からの移入も輸入の中に算入してあるから, 食料, 原料の自給率は戦前と戦後においてあまり違わないはずである. しかるに, それらのものの輸入比率は戦後において著しく高まっている. それは, 一つには輸入総額が減少したためであり, また一つには, それらの輸入品の供給源の変化とそれに関連する輸入価額の変動によるものである. すなわち, 戦前においては, わが国は主として旧外地その他の近隣のアジア諸国から, 比較的廉価に食料, 原料を獲得することができたが, 戦後においては, 種々の政治的経済的原因によって, それが困難となり, 大部分をアメリカに仰ぐに至ったために, 輸入価額が高まり, それが輸入比率を高める結果となったのである (自給率については → E-4).

4. 戦後においては, 輸出市場は主としてやはりアジア諸国であり, 殊にわが国の重要輸出品である繊維製品, 金属製品, 機械等はその大部分がアジア洲に輸出されている. 主要輸入品である食料, 繊維, 油脂等は大部分アメリカ洲, 殊に合衆国から輸入されている. もっとも, 1950 年には輸出においてはアジア洲の比重が多少後退してアメリカ洲の地位が高まり, 輸入においてはアメリカ洲の地位が著しく後退してアジア洲の比重が多少とも戦前の水準に接近するという相当顕著な輸出入市場構成の変化が現われたが, そのような市場構成はまだ安定的なものではなく, 1951 年には再びアジア洲その他のポンド市場への輸出と, アメリカ洲からの輸入とがそれぞれ増加している (市場別構成については → E-5).

E-4　主要物資の輸入率と輸出率　(％)

(1) 輸入率 a

年次	食料品				
	米	小麦	小麦粉	豆類	砂糖
1930～34	15.7	37.4	0.8	54.7	87.9
1948	0.5	27.6	19.9	41.1	98.3
1949	6.4	49.5	4.3	38.2	94.9
1950	6.5	52.9	0.4	32.2	95.3

年次	原料品								
	綿花	羊毛	塩	鉄鉱石	銑鉄	石炭及びコークス	原油	石油	生ゴム
1930～34	100.0	100.0	53.8	87.1	34.1	10.0	75.0	56.0	100.0
1948	100.0	100.0	80.2	48.8	1.3	3.0	0	88.3	100.0
1949	100.0	100.0	80.8	67.7	8.1	4.1	0	90.3	100.0
1950	100.0	100.0	60.6	64.0	0.1	2.0	81.0	43.5	100.0

(2) 輸出率 b

年次	繊維製品							
	綿糸	生糸	人絹糸	梳毛糸	綿織物	絹織物	人絹織物	毛織物
1933	2.1	78.5	9.1	—	54.4	12.7	72.7	6.2
1949	6.7	30.1	28.6	17.1	76.0	29.2	20.9	16.2
1950	4.5	63.9	55.6	19.4	72.2	62.4	38.4	3.8

年次	金属製品及び機械							
	自動車	自転車	時計	ミシン	写真機	双眼鏡 c	鋼材	綿織機 d
1933	—	40.0	25.0	—	—	19.5	10.6	11.1
1949	1.7	9.0	18.6	38.2	77.2	64.2	9.0	5.0
1950	5.5	16.2	19.3	66.7	58.6	110.9	14.4	13.3

年次	雑貨					
	板硝子	セメント	陶磁器	琺瑯鉄器	茶	寒天
1933	4.8	9.9	41.8	—	39.8	—
1949	12.7	14.7	56.8	38.9	24.2	24.0
1950	16.4	10.9	83.7	43.5	17.6	175.7

備考　注：a. 輸入率は各商品の 輸入量/(生産量＋輸入量).
　　　b. 輸出率は各商品の 輸出量/生産量，但し，1933 年の輸出率は板硝子およびセメントを除き，各商品の 輸出額/生産額.
　　　c. 1933 年は顕微鏡等を含む.
　　　d. 1933 年は紡織機.
資料：1. 輸入率は，通産省，昭和 26 年通商白書附表第 6 表による.
　　　2. 輸出率中，1933 年のものは三菱経済研究所，日本の産業と貿易の発展，昭和 10 年 12 月により算出．1949，50 年のものは，通産省，昭和 26 年通商白書附表第 7 表による.

E 貿易と国際収支

利用上の注意 1. 本表は食料品,原料品の海外依存度と,製品の海外市場依存度を,戦前と戦後の時期について示そうとするものである.輸入率というのは,わが国において消費される物資のうち,どれだけが海外からの輸入によるかを示す百分率であり,輸出率というのは,わが国で生産される物資のうち,どれだけが海外に輸出されるかを示す百分率である.

2. 戦前の輸出入率を戦後のそれと比較するためには,戦前の旧外地を外国とみなして地域調整を行うべきであるが,ここではその調整が十分に行われていない.もし,厳密な地域調整をすれば,戦前の輸入率も,輸出率もかなり違ってくるはずである.

3. この表においては輸入率も輸出率も主として物量を基準として算出されているが,それはあくまで基礎的な資料であって,現実に意味のあるのはむしろ価額を基準とする比較である.それは交易条件に依存する.もしも交易条件が悪化して,輸入品の価格が比較的高くなるならば,物量上の輸入率は変らなくても価額上のそれは変ることもある.輸出率も同様で,それは輸出量の変化によってのみでなく,輸出価格の変動によっても影響される.

解説 1. 食料品,原料品の自給度が低く,従ってその輸入率が高いことはわが国経済の根本的特徴であって,戦前と戦後において変りはない.例えば綿花,燐鉱石,ボーキサイト,マグネサイト,生ゴム,原油等はわが国においては本来的に欠如しており,従ってその輸入率はつねに100%前後である.しかし,小麦,小麦粉,砂糖,塩などの輸入率が1948,49年にはそれぞれ増大しているのは戦後の食糧難を表わすものであることはいうまでもない.これに反して鉄鉱,銑鉄,石炭などの輸入率は多少低下しているが,それは国内生産の増大による自給率の向上というよりも,むしろそれらの物資の海外からの獲得が困難となったためである.

2. 輸出率は生糸,人絹織物,自転車,時計などを除き,一般に戦後において高まってきているが,それは食料,原料の輸入率の増加の必然的結果である.つまり,わが国は食料,原料を輸入するために,ますます多くの製品を外国に輸出しなければならなくなったのである.製品の輸出率の高い産業を輸出産業というが,わが国の代表的な輸出産業はやはり繊維工業である.但し,そのうち生糸だけは輸出率が低下しているが,しかし絹織物のそれはむしろ著しく高まっている.戦後において輸出率が特に著しく高まったものは,金属製品,機械類である.中でも繊維機械,ミシン,車輌,電気機械,通信機具,光学機械等の輸出が旺盛となった.これを通常プラント輸出と言っているが,その輸出状況は次の通りである.

戦後のプラント輸出 (単位千ドル)

	船舶	鉄道車輌	繊維機械	電気機械	通信機械	その他	合計
1947	—	1,389	—	—	960	—	2,349
1948	4,231	129	511	—	100	—	4,971
1949	6,319	11,661	6,740	—	—	409	25,129
1950	21,164	6,842	2,573	2,095	610	330	33,614

資料: 昭和26年通商白書,p. 120.

3. ある産業の輸出産業としての重要性は,その製品の輸出率に依存するが,結局,問題となるのは単なる輸出率ではなくて,それから原料輸入額をさし引いた純輸出率もしくは外貨手取率である.戦前においてはわが国の輸出品全体の外貨手取率は約76%といわれていたが,戦後においては,外貨手取率の高い生糸,絹織物の輸出が不振となったことや,一般に原料輸入率が高まっていることなどからみて,外貨手取率はかなり低下しているものとみられる.最近,化学製品や機械類の輸出が旺盛となったことは,この点からみて喜ぶべきことである.

E-5　貿易の市場

	アジア洲				北アメリカ洲			南アメリカ洲
	総額	中国,朝鮮,香港 a	東南アジア b	インド,パキスタン,ビルマ,セイロン	総額	カナダ	アメリカ	
輸 出								
1934~36 (9~11)	63.6	42.3	8.7	8.6	17.2	0.3	15.7	2.1
1938~39 (13~14)	74.9	60.7	4.5	4.6	12.6	0.3	11.4	1.4
1941~43 (16~18)	94.9	85.9	2.9	1.5	2.8	0.0	2.5	0.6
1948 (23)	47.2	16.9	19.0	4.9	34.0	1.2	32.5	0.7
1949 (24)	49.7	10.3	17.1	16.4	20.2	1.3	18.1	0.6
1950 (25)	46.3	15.6	15.8	12.0	25.4	1.8	21.7	3.7
1951 (26)	51.5	9.8	20.6	13.8	15.0	1.1	13.6	6.6
1952 (27)	51.6	14.8	14.0	13.8	20.6	1.2	18.0	2.8
1953 (28)	51.3	22.1	18.3	7.0	23.0	1.2	17.8	4.6
輸 入								
1934~36 (9~11)	52.6	33.1	5.5	9.6	25.8	1.8	23.6	1.8
1938~39 (13~14)	58.3	42.6	4.5	4.3	25.7	2.6	22.9	2.5
1941~43 (16~18)	85.5	63.1	15.0	1.2	6.7	0.2	6.0	3.4
1948 (23)	15.8	4.4	4.7	3.0	75.1	1.1	62.6	1.7
1949 (24)	21.4	5.8	8.4	4.2	63.4	0.5	62.2	0.7
1950 (25)	32.5	9.2	13.0	7.5	48.0	1.6	43.3	4.1
1951 (26)	29.8	4.0	10.9	10.0	42.3	3.4	33.3	8.4
1952 (27)	31.2	5.6	11.0	9.3	49.6	5.4	37.8	2.2
1953 (28)	33.1	5.2	12.4	9.8	42.5	5.3	31.4	5.2

備　考　注： a. 中国は台湾，満洲，関東州を含む.
　　　　　b. インドシナ，タイ．マレイ，シンガポール，英領ボルネオ，フィリピン，インドネシア．
　　　　　c. 濠洲および旧日本外地南洋を含む.
資料：E-1に同じ.

別 構 成 (%)

ヨーロッパ洲			アフリカ洲				大洋洲 c		
総額	イギリス	ドイツ	総額	エジプト	南ア連邦	英領西アフリカ	総額	オーストラリア	
									輸 出
8.2	3.8	0.8	5.8	1.7	1.1	…	3.3	2.1	1934~36 (9~11)
5.4	2.9	0.6	3.1	0.3	0.9	…	2.7	1.5	1938~39 (13~14)
1.0	0.0	0.8	0.4	0.1	0.2	…	0.3	0.2	1941~43 (16~18)
10.5	6.1	0.3	5.2	1.2	0.5	1.1	2.3	1.1	1948 (23)
13.4	7.4	0.2	11.8	1.6	0.5	5.0	4.3	3.3	1949 (24)
12.0	3.2	1.2	8.9	0.3	3.6	2.3	3.6	2.8	1950 (25)
10.7	4.0	1.5	8.2	0.2	2.2	2.5	8.0	6.6	1951 (26)
14.1	5.7	1.3	7.4	0.2	1.4	2.6	3.5	2.2	1952 (27)
9.3	2.6	1.2	10.1	0.2	2.2	1.7	1.7	0.7	1953 (28)
									輸 入
9.6	2.2	3.4	2.5	1.4	0.4	…	7.2	6.0	1934~36 (9~11)
8.2	1.0	3.7	1.8	1.0	0.4	…	3.3	1.8	1938~39 (13~14)
3.1	0.1	2.3	0.4	0.2	0.2	…	0.9	0.8	1941~43 (16~18)
2.8	0.3	0.3	2.9	2.0	0.5	…	1.7	1.1	1948 (23)
6.8	0.5	1.2	4.3	2.0	0.5	0.0	3.4	2.6	1949 (24)
4.1	0.7	1.0	2.8	1.3	0.4	0.0	8.6	7.8	1950 (25)
7.6	1.6	0.8	3.9	3.1	0.3	0.0	7.8	6.8	1951 (26)
6.8	1.8	1.2	2.6	1.2	0.6	0.0	7.6	6.5	1952 (27)
8.4	2.0	1.8	2.3	0.9	0.8	0.0	8.5	7.2	1953 (28)

利用上の注意 1. 本表はわが国の輸出入貿易を相手地域別に示したものである．各洲のうち，とくにわが国と緊密な通商関係がある国もしくは地域はやや詳細に示したが，南アメリカ洲などは，総額だけを示した．
2. 台湾，朝鮮等旧日本外地の分は，E-1 の場合と同じ方針によって地域調整をほどこした．
3. 「総額」は各洲の総額であって，その合計が 100 となる．但し，四捨五入その他の関係上，多少の誤差がある．
4. 期間は，日華事変以前，事変中，第二次大戦中，戦後の状態を比較するために，表示のような期間を選んだ．

解　説 1. 戦前のわが国の貿易は輸出においてはアジア諸国を主要市場とし，北アメリカ洲にも相当の輸出を行っており，輸入においては，やはりアジア諸国を第一とし，それにつづいて北アメリカ洲から輸入総額の約四分の一を輸入していた．当時においてはアジア市場の占める比率は圧倒的であって，わが国は中国，満洲，朝鮮，台湾，東南アジア等から，鉄，石炭，塩，米等の原料並に食料を輸入し，その代りに，綿糸，綿布，人絹，機械等を輸出していた．1937～39 年のアジヤ洲との輸出入を地域別百分比で示すと次の通りである．

	中国	台湾	朝鮮	香港	その他	アジア洲
輸　出						
1937	29.7	15.4	21.5	1.9	31.5	100.0
1938	41.0	14.8	25.0	0.6	18.6	100.0
1939	48.7	14.2	20.6	0.9	15.6	100.0
輸　入						
1937	18.8	11.9	31.6	0.2	37.5	100.0
1938	24.5	14.2	40.0	0.1	21.2	100.0
1939	24.6	12.8	44.1	0.0	18.5	100.0

中国は，中国本土の外，当時の関東州，満洲国を含む．「その他」は，インド，セイロン，海峡植民地，蘭印，仏印，露領アジア，フィリピン，タイ，アデン，イラク，南洋等を含む．

戦前のアジア貿易は，輸出においては中国，朝鮮を最大の市場とし，輸入においては朝鮮からの輸入が最も多く，中国がそれに次いでいた．中国はアジア輸出の半ばを占める重要市場であった．

2. 戦後においては，輸出ではアジア洲が依然として最も重要であるが，輸入においてはアメリカ洲，殊に合衆国からの輸入が圧倒的な比重をもつようになった．アジア洲への輸出の中でも中国，朝鮮，香港の占める割合は比較的少なく，その代りに東南アジア並にインド，パキスタン，ビルマ，セイロンへの輸出が重要な地位を占めるようになっている．もっとも，1950 年においては，わが国貿易の市場構成は多少の変化を示し，輸出においてはアジア洲，ヨーロッパ洲，アフリカ洲，太洋洲の比重がやや後退し，その代りに南北アメリカ洲の地位が高まった．これは同年においては，北アメリカに対しては生糸，加工食品，雑貨，非鉄金属等の輸出が，南アメリカに対してはアルゼンチン向けの金属輸出が，それぞれ著しく増加したためである．また輸入においても 1950 年には，北アメリカ洲の地位が後退し，アジア洲の地位が向上して戦前の形態に近づくという変化が現われた．しかし，アジア洲内部についてみれば，輸入が伸びたのは，主としてインドシナ，ビルマ，タイ，マレイ等のものであって，中国からの輸入はほとんど杜絶しており，この点戦前とは根本的に趣きを異にしている．主要輸入市場たる北アメリカ洲からの輸入は綿花が過半を占め，小麦その他の食糧，硫安，粘結炭等がそれに次いでいる．アジア洲からの輸入品は，ビルマ，タイの米の外，鉄鉱石，粘結炭，生ゴム，大豆，砂糖，塩等が重要である．

3. 戦後におけるわが国貿易の市場構成は大陸別にみるだけでなく，決済通貨地域別にみることが大切である．これを通貨地域別百分比で示すと，次の通りである．

	総額（千ドル）	ドル地域	スターリング地域	オープン・アカウント地域	その他地域
輸 出					
1948	510,928 (100.0)	16.4	43.2	20.1	20.3
1949	509,700 (100.0)	27.4	45.9	26.7	—
1950	820,188 (100.0)	35.9	29.8	34.3	—
輸 入					
1948	887,487 (100.0)	64.2	14.5	10.4	10.9
1949	906,521 (100.0)	75.2	15.4	9.4	—
1950	969,946 (100.0)	57.2	22.8	20.0	—

資料：通商産業省，通商白書，昭和 24, 25, 26 年．

これによってみると，輸出においてはスターリング地域およびオープン・アカウント地域の占める割合が大であり，輸入においてはドル地域の比重が大きいことが明かである．なおオープン・アカウント地域というのは，貿易協定によって現実の外貨資金を要しないような相互清算勘定（オープン・アカウント）が開かれている地域のことである．しかし，1950 年においては，輸入の面におけるドル地域への依存性が多少とも緩和されている．これは主としてポンド圏に属する諸国との間の，貿易協定による民間貿易方式が次第に軌道に乗りつつあることを反映するものである．

E-6									
年次　項目	1934a 昭(9)	1935 (10)	1936 (11)	1937 (12)	1938 (13)	1939 (14)	1940 (15)	1941 (16)	1942 (17)
貿易収支									
受取勘定									
商品輸出	2,256.1	2,600.5	2,797.2	3,318.4	2,895.0	3,929.4	3,968.9	2,346.9	1,813.2
国連特需物資輸出	—	—	—	—	—	—	—	—	—
計	2,256.1	2,600.5	2,797.2	3,318.4	2,895.0	3,929.4	3,968.9	2,346.9	1,813.2
支払勘定									
商品輸入	2,400.1	2,617.8	2,925.3	3,953.4	2,834.8	3,126.0	3,709.4	2,372.6	1,895.7
米国援助物資輸入	—	—	—	—	—	—	—	—	—
計	2,400.1	2,617.8	2,925.3	3,953.4	2,834.8	3,126.0	3,709.4	2,372.6	1,895.7
貿易収支	-144.0	-17.3	-128.1	-635.0	60.2	603.4	259.5	-25.3	-82.5
貿易外収支									
経常取引収入 b	740.4	820.6	888.1	1,086.9	1,170.8	881.6	1,541.4	1,727.1	1,594.1
経常取引支出 c	596.0	642.3	655.2	1,104.8	1,967.4	1,858.5	2,331.1	3,069.3	3,200.6
経常取引収支	144.4	178.2	232.9	-17.9	-796.6	-976.9	-790.2	-1,342.2	-1,606.5
国際収支 d	0.5	160.9	104.8	-652.9	-736.4	-373.5	-530.7	-1,367.5	-1,689.0
誤差および脱漏修正	0.5	160.9	104.8	-652.9	-736.4	-373.5	-530.7	-1,367.5	-1,689.0
資本取引(資本補塡)									
負　債 e	314.3	385.1	677.9	708.6	1,359.3	163.2	197.7	248.0	779.6
資　産 f	497.8	756.7	947.2	1,273.7	1,400.7	1,311.0	1,498.1	1,692.9	1,750.2
純資産	183.5	371.6	269.3	565.1	41.4	1,147.8	1,300.4	1,444.9	970.6
金銀輸出入超	13.8	146.6	28.5	866.8	676.2	686.7	351.0	155.0	102.7

備　考　注： a. 戦前 (1934～44年) の計数は朝鮮, 台湾等の外地を含む旧日本全域のもの.
　　b. 利子および配当, 海外投資収益, 事業収入, 役務収入, 海運, 保険関係収入, 外国人の本邦内消費, 政府の海外収入 (1950年は終戦処理費を含む), 一方的移転等を含む.
　　c. b と同じ項目の支出額.
　　d. 貿易収支と貿易外経常取引収支との差額.
　　e. 外資導入額, 邦人海外投資回収額, 外貨支出等を含む.
　　f. 海外投資, 外資償還額, 外貨等短期資金受取額, 輸出入回転基金クレディット償還額等を含む.
資料：1934～49年：総理府統計局第二回日本統計年鑑, 1950年. 1950年：大蔵省, 財政金融統計月報, 第16号, 1951年5月1日.

収　　　　支　(単位百万円)

1943 (18)	1944 (19)	1945 (20)	1946 (21)	1947 (22)	1948 (23)	1949 (24)	1950 (25)	年次　項目
								貿易収支
								受取勘定
1,926.8	1,298.1	58.0	3,254.7	15,078.4	82,381.5	192,507.6	298,587.2	商品輸出
—	—	—	—	—	—	—	32,760.0	国連特需物資輸出
1,926.8	1,298.1	58.0	3,254.7	15,078.4	82,381.5	192,507.6	331,347.2	計
								支払勘定
2,379.0	1,947.2	76.2	5,284.8	27,978.5	79,450.3	151,726.3	172,120.3	商品輸入
—	—	—	—	—	—	178,289.6	128,637.0	米国援助物資輸入
2,379.0	1,947.2	76.2	5,284.8	27,978.5	79,450.3	330,015.9	300,757.3	計
-454.2	-649.1	-18.2	-2,030.1	-12,900.1	-2,931.2	-137,508.3	30,589.9	貿易収支
								貿易外収支
2,027.9	3,286.0	333.9	…	279.4	6,122.8	25,287.0	284,999.4	経常取引収入 b
2,945.6	2,441.3	137.4	…	0.9	43.8	1,884.4	128,867.4	経常取引支出 c
-917.7	844.7	196.5	…	278.5	6,079.0	23,402.6	156,132.0	経常取引収支
-1,371.9	195.6	178.3	-2,030.1	-12,621.6	3,147.8	-114,105.7	186,721.9	国際収支 d
-1,371.9	195.6	178.3	-2,030.1	-12,621.6	3,147.8	-114,105.7	169,002.7	誤差および脱漏修正
								資本取引(資本補塡)
638.6	524.2	106.4	…	…	…	…	333,789.9	負　　債 e
1,826.8	1,529.4	85.3	…	…	…	…	501,441.8	資　　産 f
1,188.2	1,005.2	21.1	…	…	…	…	167,651.9	純 資 産
180.5	181.3	118.7	…	…	…	…	1,350.8	金銀輸出入超

E 貿易と国際収支

利用上の注意　**1.** 国際収支とはある国の諸外国との間の輸出入貿易並に貿易以外の一切の取引の収支を意味する．本表はわが国の戦前と戦後における国際収支をできるだけ一貫した方法で表示しようとしたものであるが，資料の不備のため十分な比較を行うことができない．
　2. 国際収支の表示の方法は，最近は国際通貨基金の方式が用いられているが，ここでは戦前の数字と比較するために慣用の方法に従った．1950年の統計は大蔵省発表のものを基礎として再編成した．
　3. 戦前の統計においては，資本取引は臨時取引という項目の下に貿易外収支の中に含められていたが，本表では，これを国際収支の決済方法とみなして，貿易外収支と切り離して表示した．また最近の統計においては貨幣用金の授受は資本取引の中に含められているが，ここでは戦前の慣習に従って別項目とした．
　4. 戦前の計数は旧外地を含む旧日本全地域のものであって，本来は現在の領土を基準として地域調整を行うべきであるが，それは技術的に不可能であるために，もとのままの計数を掲げた．したがって戦前戦後を厳密に比較することはできない．
　5. 本表の輸出入額は地域その他の関係上，他表のものとは一致していない．
　6. 1947〜49年については資本取引および金銀輸出入の円表示統計がないので，ここにもそれを表示することができなかった．参考としてドル貨表示の国際収支統計を掲げると次の通りである．

ドル表示国際収支 (単位 100万米ドル)

	1936	1947	1948	1949	1950
貿易収支					
輸出 (FOB)	1,034.9	181.6	262.3	533.3	911.2
輸入 (FOB)	-1,049.3	-449.0	-546.6	-728.1	-969.9
貿易収支	-14.4	-267.4	-284.3	-194.8	-58.7
貿易外収支 a	84.9	-91.0	-102.5	-111.6	111.2
国際収支	70.5	-358.4	-386.8	-306.4	52.5
民間資本移動	-56.9	0.4	0.6	-35.9	23.8
誤謬および脱漏	-6.7	13.6	26.9	-10.9	48.2
剰余又は欠損 (-)	6.9	-344.4	-359.3	-353.2	124.5
政府資金補塡 b					
米国よりの援助 c	—	404.4	461.0	531.9	360.9
貿易勘定 d	15.7	-40.6	-41.0	-195.0	-438.5
その他 e	—	-17.6	-58.1	19.2	-43.1
貨幣用金	-22.6	-1.8	-2.6	-2.9	-3.8
計	-6.9	344.4	359.3	-353.2	-124.5

注： a. 非貨幣用金，海運および保険，投資収入，役務収支等の項目を含む．
　　b. 政府資金補塡は国際収支をバランスさせるため通貨当局によって行われる資金操作であって，「剰余又は欠損」に見合う．
　　c.「米国よりの援助」は援助基金によって購入された商品の CIF 価格．
　　d. 貿易勘定の外，スターリング残高，ドル残高，その他短期資産を含む．
　　e. アメリカ綿花クレディット，その他の借款を含む．
資料： 日本銀行統計局，外国経済統計年報，1950年の計数を基礎とし，それに多少の修正を施した．

解説　**1.** 戦前1934〜37年当時のわが国の貿易はつねに輸入超過であったが，貿易外収支

は海運運賃,保険料,観光収入などが相当額に上っていたために受取超過となっていた.それらの項への収入は貿易外経常収入の全体に対し,1934年75%,1935年64%,1936年65%を占めていた.そのために当時においては貿易収支と貿易外収支とを綜合した国際収支は僅かながら収入超過となっていた.ところが,1937年以後は貿易外収支はつねに支払超過となり,したがって国際収支も不利となった.それは主として世界恐慌とヨーロッパ戦乱の勃発によるものである.ただ第二次大戦中の1944~45年には国際収支は僅かながら受取超過となっているが,それはもちろん正常状態ではない.一方,資本取引は海外投資や外資引上のために,つねに資産の方が多くなっていた.当時の海外投資は主として満洲その他アジア地域への投資であったことはいうまでもない.

2. 戦後においては,貿易収支はつねに多額の輸入超過となっており,その上,運賃,保険料等の貿易外収支も支払超過であるから,経常取引に関する限り,1950年までは毎年5億5千万ドル前後の支払超過となっている.しかし,最近においては,(1) 輸出が増加し,貿易収支バランスが多少改善されている,(2) 輸入のうちコマーシャル・ベースによる輸入が増加し,米国の対日援助,CCC(商品信用会社)その他の回転基金クレディットによる輸入の比率が減少している,(3) 商業勘定輸入の支払に充当された残りの為替資金(ドル,ポンド手持およびオープン勘定尻)の蓄積が増加していることは注目すべきである.

3. 殊に1950年においては,国際収支上,次のような注目すべき現象が現われた.(1) 朝鮮動乱を契機として国際連合軍が本邦内で調達する「特需物資および役務」の受取勘定が現われた.(2) 海運運賃,保険料,外国人の本邦内消費等の貿易外収入が著しく増加し,経常貿易外収支は1,561億円余の受取超過となった.しかし,受取超過の主たる原因となったものは,外国人の消費,政府の海外収入,一方的移転等の増加であって,運賃,保険料は依然として支払超過となっている.(3) 資本取引は貿易並に経常貿易外取引の決済として取引されるものであるから,1950年において純資産の増加が起っていることは当然であるが,その内容は外貨その他の短期資金の増加であって,長期資本においてはやはり負債(外資受入)の形となっている.(4) 右の純資産に貨幣用金の取得高を加えた計数は,丁度,誤差および脱漏を修正した国際収支の計数と見合っている.

4. なお1951年は商品貿易は依然として入超であったが,貿易外経常取引は特需並に連合国関係者の本邦内消費の増加のために受取超過となり,そのために国際収支は約1億4,774万ドル余の黒字となった.詳細は次の通りである.

1951年国際収支 (単位 1,000ドル)

貿易収支	
輸　出	1,353,968
輸　入	1,641,019
貿易収支	(−)287,051
貿易外経常取引	
収　入	767,023
支　払	332,230
貿易外経常収支	434,793
国際収支	147,742

貿易外経常収入7億6,702万ドルのうち最も多額を占めるものは,特需(3億2,700万ドル)および連合軍関係本邦内消費(2億9,437万ドル)であって,それだけで約81%を占めている.従って1951年の国際収支の改善も根本的な改善とはいえない.

F　物価と賃金

F-1 に代表的な商品とサービスの価格を例示したのであるが，このような個別価格が時の経過とともに変動する姿は個別の価格指数で表わされる．これらの価格指数の値は決して一致せずまちまちであるけれども，しかし傾向としては一致している．つまり，大部分の価格が上昇する時期とか，大部分の価格が下落する時期とかを区別することができる．物価の変動というばあいには個々の価格の変動を総合して考えているのであって，この物価の変動を測定するためには物価指数が用いられる．物価の変動は裏がえしていえば貨幣の購買力の変動に他ならないから物価指数は貨幣の購買力の変動を表すものといえる．

物価指数には標準というものがある．物価の変動とか貨幣の購買力の変動とかいっても，現実には消費者の立場で考えるのと企業者の立場で考えるのとではちがう．消費者のばあいにはその購入する消費財の物価変動が測定されなければならないし，企業者の場合にはその購入する原料の価格，その販売する製品の価格について物価変動が測定されなければならない．そしてこの二つの物価指数は異ったものである．そこでこの例にみられるように何にかかわらしめて貨幣の購買力を考えるかの立場をきめなければならず，その立場を標準という．消費標準，取引標準というわけである．この例のように標準を特定することによって，いろいろな物価指数ができるしまた理論的にはかならず標準を特定しなければ意味が判然としない．

一般に行われている物価指数には以下に述べるように，卸売物価指数，小売物価指数，消費者物価指数等があり，農家についてはとくに農家販売物価指数，農家購入物価指数がある．これらのうち消費者物価指数と農家に関する指数は標準が明確であるが，その他はかならずしもそうでない．とくに卸売物価指数は卸売という規定はあるけれども，卸売取引の段階は広汎にわたっていて単一ではないからである．

標準の特定ということは理論的にはこのように重要なことであるが，他方において日常の物価変動という用語は標準を特定せずに用いられている．また取引一般，一般通貨を対象として考えられる一般物価指数も理論的に成立するという考え方もないではない．このような指数は不特定標準の物価指数という．卸売物価指数を物価の一般的変動の指標として代用することがよく行われるが，それはこのような実際上の要求に応ずるためである．

物価指数は価格データの調査方法，品目の質と数，算式，ウェイト等の採り方によって，同一期間の同じ特定標準に関するものでも，異った値を示す．そのいろいろな値の中どれが正しいか

を判定する基準は統計技術的には与えられる．たとえば個別価格指数を総合するときに算術平均よりも加重平均の方が一般に合理的であるといえる．けれどもそのように技術的に優位性を絶対的意味で与ええない性質の問題も含まれている．たとえば消費者物価指数について，基準時の支出金額比率をウェイトにとって作られるラスパイレス式と，比較時の支出金額比率をウェイトにとって作られるパーシェ式と，通常この二つの指数があり，その値は，わが国の戦前，戦後の比較というような支出構造の著しく変化した時期に関するばあいには，かなりの開きを示す．通常ラスパイレス式の値はパーシェ式の値より高い．このような場合いずれが正しいかをきめることは理論的にはできない．基準が二つあれば二つの指数が存在するのが当然である．いかなる基準をとるべきかは別の立場から考えられなければならない．このような性質を物価指数の多数性または相対性という．物価指数の利用上注意すべき点である．

　賃金は労働力の価格であるから，理論的にはその変動は賃金指数で測定される．しかし通常，賃金指数というときは労働力の種類の変化などにかまわずに作った平均賃金額の指数をさしている．たとえば賃金の低い女子労働が増加すれば指数の値が低下するといった具合である．この場合にも，物価のときと同じようにウェイトをとる基準を一定しなければ真の賃金指数はえられない．

F-1　重要商品の価格推移

項目 年次	A 石炭 1 瓲, 円	B 銑鉄 1 瓲, 円	C 硫安 10貫入 1 叺, 円	D 電燈料 5 燈 30KW, 円	E 白米 1 斗, 円	F 砂糖 100斤, 円	G 木炭 4貫1俵,円	H 葉書 1枚, 銭	I $\left(\dfrac{\text{男子1日賃金}}{\text{E}}\right)$ 斗
昭和									
1929 (4)	22.47	...	...	2.90	2.99	17.58	1.05	1.5	0.88
1930 (5)	20.77	...	...	2.90	2.68	15.15	0.80	1.5	0.95
1931 (6)	17.20	38.22	2.69	2.90	2.16	13.71	0.77	1.5	1.13
1932 (7)	15.52	35.83	2.68	2.90	2.41	15.37	0.64	1.5	1.04
1933 (8)	18.22	47.42	3.53	2.90	2.46	17.33	0.85	1.5	1.03
1934 (9)	20.06	51.58	3.52	2.90	2.94	16.38	0.89	1.5	0.84
1935 (10)	20.92	55.79	4.17	2.90	3.35	16.64	0.77	1.5	0.73
1936 (11)	21.24	56.49	3.69	2.90	3.47	16.83	0.84	1.5	0.70
1937 (12)	23.77	81.19	3.75	2.90	3.75	19.63	0.97	1.9	0.66
1938 (13)	25.41	90.63	3.87	2.90	3.99	20.17	1.23	2.0	0.62
1939 (14)	23.19	91.00	3.86	2.90	4.15	20.82	1.36	2.0	0.61
1940 (15)	23.61	91.00	3.82	2.90	4.65	22.92	1.66	2.0	0.60
1941 (16)	25.04	91.67	3.80	2.90	4.65	23.82	1.81	2.0	0.66
1942 (17)	25.61	145.01	3.80	3.13	4.65	25.65	1.85	2.0	0.71
1943 (18)	25.40	146.50	3.81	3.89	4.71	28.98	1.87	2.0	0.80
1944 (19)	24.74	146.50	3.84	4.09	5.00	35.78	2.17	2.7	0.89
1945 (20)	31.35	202.19	3.78	5.54	5.00	53.33	4.67	4.5	1.11
1946 (21)	174.46	1,219.14	86.39	10.54	28.16	220.95	19.04	10.0	0.85
1947 (22)	955.71	2,193.82	167.44	25.87	106.88	1,588.68	61.48	41.3	0.71
1948 (23)	2,754.92	4,354.11	334.78	73.69	304.69	1,766.28	161.96	125.0	0.68
1949 (24)	4,228.20	6,426.25	459.92	122.79	537.03	3,979.00	227.56	200.0	0.70
1950 (25)	5,002.50	12,406.75	649.53	201.99	608.10	3,843.67	237.75	200.0	—
1951 (26)	6,733.00	27,712.41	812.17	204.32	782.25	5,974.00	297.92	250.0	—
1952 (27)	6,182.42	30,563.33	937.89	269.96	868.00	6,999.00	346.39	500.0	
1953 (28)	5,879.80	26,583.00	879.56	289.19	952.00	6,249.00	416.39	500.0	

備　考　注：A～H：いずれも日銀において指数作製の基礎となる価格を原表からとった.
　　 I：男子1日当り賃金を白米価格で除したものである. 前者については → F-6.
　資料：A, B, C, F, G：日本銀行，東京卸売物価指数；　D, H：日本銀行，料金指数；　E：日本銀行，東京小売物価指数.

利用上の注意　**1.**　ものの値段，すなわち財貨やサービスの価格はどれにも共通な一般的要因（通貨量）によって変動すると同時に，それぞれに固有な要因（そのものの需給関係，生産費，競争の行われる程度等）によっても変動する．だから一般的な変動，すなわち物価水準の動きに注意すると同時に，個別価格の変動にも留意する必要がある．価格体系とはすべての個別価格をそれらが相互依存の関係において存在するすがたの謂である．価格体系として個別価格が並存し

ている形を価格系列という．個別価格が固有の要因で動くために価格系列は長い間について見るとかなり変化するばあいが多い．

2. 個別価格の変化を長い間にわたって統計的に把握するためには，その銘柄，等級の一致性が持続的にえにくいという困難がある．表にはごく代表的な，とりやすいものを挙げたのでこの点についてできるだけ注意が払われているが，それでもたとえば次のように数回の変化を伴うものが多い．

石炭——1929～38年5月，田川炭坑，塊炭；1938年6月～39年，九北1級，塊；1940～41年第一種甲号，塊4級；1942～43年，同3級；1944～45年，同2級；1946年以降，九州炭一般用，塊．

砂糖——1929～30年，分蜜糖，台湾黄双；1931～36年，同，6マーク；1937～39年，同，5マーク，中双，1940～42年，同，上白双；1943年以降，分蜜白糖；1951年10月以降，精製上白，家庭用．

木炭——1929～30年，野州土釜，楢丸上；1931～39年，青森角俵，楢割並；1940～42年，東北産黒炭2等；1943～45年，黒炭；1946年以降，黒炭，楢，上．

銑鉄——1931～42年，輪西1号；1943年以降，鋳物用1号．

白米——1929～41年10月，内地米3等，1941年11月以降，内地米，粳．

したがって銘柄，等級の差，その変革からくるいくらかの誤差のあることは止むをえない．

3. 電燈料と葉書以外はすべて卸売価格であるが，価格統制のあった時期のものは公定価格であって実効価格ではない．

解 説 1. 戦前の1934～36年を1とした1950年の指数を作ると，木炭286，石炭341，銑鉄227，砂糖231，白米188，硫安171，葉書133，電燈料70であって，これだけの例からみてもこの間に価格系列が著しく変化したことがわかる．平均的な倍率以上に上昇したものはその相対価格が上昇したといい，それ以下に下ったものはその相対価格が下落したという．木炭や石炭のような燃料は相対価格が上昇したものの著例で，葉書や電燈料は相対価格が下落したものの著例である．このように価格系列が著しく変化した要因をもれなく吟味することは困難であるが，長期的な変化の主な要因は一般的には生産性の相対的な変動である．なお戦後のインフレの時期，ほぼ1950年までには，銑鉄，硫安．電気，石炭の諸産業には財政の負担において多額の価格差補給金が支払われ，そのために人為的にかなり低い公定価格となっていることに注意しなければならない．

勤労者の生活にとって関係の深い生活物資の個別価格だけをとってみても，やはり長い間には価格系列は大いに変化する．それに戦中，戦後の激動期をへたために戦前と戦後ではとくに変化が著しい．詳しくは別の箇所（→F-4）で述べるが，ここでは簡単に白米14 kg（=1斗）の小売価格と男子労務者の日給の二つの系列をとりあげて，その変動の関係を示すようにした．前者で後者を除した値（I）は1日の賃金で買える白米の量をあらわす．1930～33年ごろは1日の賃金でおよそ1斗の白米を買えたのであるが，だんだんに少くなって1940年には6升になった．その後1945年までまた反転して上昇したことをI欄の計数は示しているが，これは公定の消費者価格がそのように統制されたことを意味するので，ヤミを含めた実効価格はもちろんもっと高かった．しかし公定価格としても戦後には1日当り賃金が米にくらべて1930～33年の時期の3割かた低くなっていることが注目される．

F-2　　　　　　　　　　　　　　　　　東　京　卸　売

項目 年次	A 食用 農産物	B その他 食料品	C 繊維品	D 同 素材および 原　糸	E 同 織物および 其　他	F 燃　料	G 金属および 金属製品
昭和							
1929 (4)a	…	…	…	…	…	…	…
1930 (5)a	…	…	…	…	…	…	…
1931 (6)	62.3	89.9	78.3	73.7	84.9	83.0	60.9
1932 (7)	73.5	92.7	88.4	85.7	92.3	78.6	73.9
1933 (8)	76.6	98.3	103.5	102.2	105.4	91.9	102.8
1934 (9)	89.4	97.4	99.4	96.2	104.1	96.7	103.6
1935 (10)	102.8	98.8	98.3	99.9	96.2	99.4	96.0
1936 (11)	107.7	103.7	102.2	103.9	99.7	103.9	100.5
1937 (12)	115.1	112.6	117.5	118.5	116.0	120.7	199.5
1938 (13)	122.8	119.7	118.3	105.9	136.9	150.0	198.7
1939 (14)	137.9	129.0	146.6	132.8	167.0	149.2	176.3
1940 (15)	157.3	148.3	164.6	154.3	180.8	160.5	181.0
1941 (16)	158.3	151.3	189.0	174.0	211.2	171.4	184.3
1942 (17)	158.8	165.7	213.0	190.4	245.5	183.8	199.4
1943 (18)	170.8	203.2	220.2	196.7	253.7	184.0	199.9
1944 (19)	191.4	270.4	234.4	219.6	253.7	193.7	200.6
1945 (20)	211.8	415.4	380.4	376.4	371.5	253.1	263.9
1946 (21)	1,002.2	1,779.1	1,583.5	1,231.0	1,966.7	1,150.3	1,697.2
1947 (22)	3,419.1	6,164.2	4,823.6	4,168.9	5,552.7	4,637.8	3,733.3
1948 (23)	10,162.6	17,516.1	14,104.8	11,281.1	17,191.1	12,533.7	8,843.3
1949 (24)	18,080.8	28,728.2	30,399.8	27,279.2	34,295.0	18,787.1	12,603.6
1950 (25)	21,027.1	27,761.2	37,098.0	36,002.4	38,889.4	20,885.0	18,582.1
1951 (26)	26,240.7	30,670.6	51,463.6	…	…	25,471.1	37,600.9
1952 (27)	29,089.5	31,554.1	41,035.0	…	…	32,270.7	36,557.7
1953 (28)	31,201.0	31,213.4	39,648.6	…	…	32,855.9	34,483.7

備　考　　注：a. 戦前基準指数として日本銀行で連結したものであるが，1930年以前はそれ以後と作製方法が相違するので，1929，1930 の両年の各項目別の指数は計算されていない。
　　　　 b. 森田教授の推定した実効卸売物価指数である。1936年=100．
　資料：　A～L：日本銀行，本邦経済統計，昭和 28 年版；M：大蔵省理財局，昭和 15 年度より昭和 19 年度に至る国民所得推計，1947 年 3 月．

物 価 指 数

(1934〜36 年＝100)

H 建築材料	I 化学製品	J 肥料	K 雑品	L 総平均	M b 森田推定指数	年次
						昭和
…	…	…	…	(117.7) 107.5	…	1929 (4)a
…	…	…	…	(121.3) 88.5	…	1930 (5)a
80.8	79.7	70.2	66.3	(91.2) 74.8	…	1931 (6)
87.7	84.4	80.7	76.9	83.0	…	1932 (7)
100.9	103.1	91.8	91.3	95.1	…	1933 (8)
101.0	98.8	90.5	96.1	97.0	…	1934 (9)
99.3	105.0	103.5	98.4	99.4	…	1935 (10)
99.8	96.9	105.9	105.6	103.6	100	1936 (11)
137.5	111.1	120.2	132.5	125.8	119	1937 (12)
156.7	125.0	129.9	144.8	132.7	126	1938 (13)
179.6	128.2	148.8	157.8	146.6	145	1939 (14)
208.2	149.6	232.6	179.1	164.1	171	1940 (15)
220.3	161.1	213.2	183.6	175.7	184	1941 (16)
228.2	167.1	211.9	190.8	191.1	236	1942 (17)
240.5	184.6	205.8	204.8	204.4	267	1943 (18)
279.8	383.3	205.8	240.9	231.6	325	1944 (19)
405.0	561.2	208.5	333.0	349.2	…	1945 (20)
1,726.3	2,585.3	2,823.6	1,475.5	1,622.9	…	1946 (21)
5,837.3	5,118.6	5,112.3	3,957.9	4,827.1	…	1947 (22)
13,249.8	11,736.0	10,404.5	10,685.5	12,813.3	…	1948 (23)
18,709.7	15,783.6	13,448.1	15,948.9	20,876.4	…	1949 (24)
21,916.7	20,632.6	19,633.1	19,903.7	24,552.4	…	1950 (25)
32,161.7	28,535.9	…	29,564.9	34,253.1	…	1951 (26)
35,161.6	30,701.0	…	26,464.2	34,935.7	…	1952 (27)
42,772.6	28,446.9	…	24,980.6	35,418.6	…	1953 (28)

利用上の注意　1. 卸売物価指数は商品の卸売段階における価格の変動をあらわす目的で作製される．含まれる商品は国民経済上重要性の大きいものであって，原料，半製品，完成品をすべて包括する．卸売物価指数がどんな立場からみた物価の変動を表すものであるかということは理論的にむずかしい問題である．後に述べる消費者価格指数は「消費者の立場」というはっきりした限定があるけれども，卸売物価指数にはそういう限定がないからである．卸売段階といっても幅が広いのではっきりと限定されない．そこでこの点をはっきりさせるために二つの方向が考えられる．一つは小売でないすべての取引の段階

をできるだけ広く包括しようという方向であり，他は特定の卸売段階，とくに生産者にもっとも近い卸売の段階にのみ限定しようという方向である．日本では後者の考え方が採られている．日銀の東京卸売物価指数が代表的なものである．

2. 戦前基準の日銀卸売物価指数は次の三つの指数を連結したものである．すなわち，(i) 1900年10月基準指数，(ii) 1933年基準指数，(iii) 1948年1月基準指数である．(i) は56品目についての単純算術平均による指数であって，1936年11月まで継続発表された．途中1925年6月に経済状勢の変化に伴って6品目の差し換えを行っている．(ii) の1933年基準指数は，1931年1月に遡って改正作製されたもので，算式は加重算術平均に改め，調査品目も調整拡大された．1932～34年の3カ年における品目別内地生産価額および同移輸入額合計の年平均額から自家消費推定額を控除したものを取引価額とみなして，その価額1千万円以上のものを採用品目として110品目を選定した．加重のウェイトは大体において各品目の前記取引額に基いて決定されたが，そのウェイトが当該採用品目だけでなく，他の同じ商品類別に属する商品もカバーするように按分された．この指数の公表は1949年5月で打切られた．(iii) は戦後指数であって1949年8月に改正が行われた．1948年1月の価格を基準価格とし，1946年1月に遡る．1947年6月～1948年5月の1年間における取引額によって商品の重要度を判定し，約330品目を選定した．取引金額は原則として（国内生産額＋輸入額－生産者自家消費額）とし，出来うる限り在庫量の増減も加味してある．算式は加重平均法によっている．これが現行の指数であって類別のウェイト（括弧内は商品数）は千分比で食用農産物 173 (15)，その他食料品 172 (42)，繊維品 143 (71)，燃料 119 (30)，金属および金属製品 132 (70)，建築材料 107 (27)，化学製品 92 (35)，雑品 62 (39) である．戦後改正で従来調査されていなかった電力，ガスおよび機械器具類が含まれたことは注意を要する．

3. 上記のように再度の改正をへているので，卸売物価の変動を全期間を通じて観るためには，三つの指数をリンク（連結）しなければならない．このリンクの方法いかんがまた指数利用上の一つの問題である．日銀当局は次のようなリンク方法を採用している．まず前記 (ii) の戦前指数と (iii) の戦後指数とのリンクであるが，これはフィッシャー式で連結されている．フィッシャー式というのはラスパイレス式とパーシェ式の幾何平均である．ここでラスパイレス式にあたるものは戦前のウェイトでつくられる指数で，パーシェ式にあたるものは戦後のウェイトでつくられる指数である．戦前戦後を貫いた物価指数をつくるのに戦前のウェイトを用いた場合と，戦後のウェイトを用いた場合とでは指数の値がひじょうに異ってくる．このどちらがいいというわけにいかないのでその幾何平均を採っている．次に品目であるが，戦前の調査品目は戦後にくらべて少いので個別の価格指数は戦前の品目数しか採れない．ウェイトもそれに応じて戦前は再配分を行って調整している．とにかくこのような面倒な操作によって，1946年1月物価の1934～36年物価にたいする倍率を類別ならびに総平均指数について算出する．この倍率を1948年1月基準指数に乗じて1946年1月以降の指数を求める．次に1945年以前については1948年1月基準指数と1933年基準指数が1946年1月で丁度接続しうるように，趨勢に調整を加えて作られている．すなわち1931～39年は1933年基準指数を1934～36年基準に換算しただけであるが，1940～45年は1946年1月における1948年1月基準指数と1933年基準指数の比率を求めてこれを1940～45年の期間の月別指数にたいして按分して，1946年1月に接続させるという方法をとっている．これで戦前と戦後のリンクができたが，さらに1930年以前の戦前の旧指数に連結しなければならない．これは1931年における1900年10月基準指数と1933年基

準指数の比率 (0.49) をもとめこれを後者に乗じて接続させている．算定方式も異り品目もひどく相違しているので総平均指数のみ連結してある．以上の方法によってえた値が表にかかげた計数であるが，リンクの方法には問題がないわけではない．フィッシャー式を用いることが唯一の正しい方法であるというわけではないし，またウェイトのない指数とウェイトのある指数を単純に連結することも無理な点がある．たとえば 1900 年 10 月基準指数と 1933 年基準指数のリンクについて 1931 年でなく 1934~36 年でリンクすれば修正のために乗ずる比率は 0.529 となって，1930 年以前の指数は約 8 分ほど高くなる．(→ L 欄, 1929, 1930 年括弧内計数参照)．そしてその方が妥当であると考えられる．というのは古い指数は単純算術平均法によっているから 1931 年の頃のように物価が著しく低落しているときは，加重平均法によるばあいにくらべて低落の度合を過小に表す傾向があり，したがってそのような時期で新しい指数とリンクすれば古い方の指数の水準を新しい指数の水準にくらべて誤って高く評価することになるからである．物価が比較的正常であった 1934~36 年でリンクする方がこのような誤差を含む危険がずっと少いと判断される．

4. 1939 年以降価格統制が施行されてからは公定価格のあるものはそれを採用している．したがって 1933 年基準指数は実質上「公定物価指数」に性質を変じ，ヤミ価格の変動を全く反映せず，戦時中については卸売物価の実情を示していない．森田指数はこの欠点を補うために試みられたもので，現金取引額指数を取引量指数で除して求めるという方法によっている．これは推定計算によるものではあるが当時の物価の実勢をうかがうに足る．戦後指数においても原則として統制品目については公定価格を採用し，非統制品目については自由価格を採用しているので，上記の欠点はまぬがれていない．ただし最近はこの欠点はほとんどなくなった．(→ F-3)

5. 全国平均の指数の代りにこの東京に関する指数が一般に代用されるが，その場合には大都市の物価変動は地方のそれより一般には大きい傾向があることに注意する必要があろう．

解 説 1930~35 年は世界的な不況の時期に属し，低物価の時期であり，1931 年は全期間を通じて卸売物価の最低年である．その後次第に騰勢に転じ戦中戦後のインフレの時期を経て，1951 年には戦前の基準時にたいして 342 倍に上昇している．ヤミ価格を含まないその指数の上昇率が，後に述べるヤミ価格を含む消費者実効物価指数の上昇率よりも却って高いのは一見奇異な感を与える．この点については種々の物価指数は作製の方法が異るから直接比較できかねるという点を考慮しなければならない．さらに短期的には卸売物価は消費者物価にくらべて変動の幅が大きい傾向があること，したがって景気の動向をより強く反映するという特徴のあることにも注目してよい．

参 考 1. 別に商工省全国卸売物価指数（商工省，卸売物価統計）がある．これは 1929~41 年について作製（ただし 1940 年以降発表なし）されたものである．この指数は全国 13 都市の商工会議所がその地区の卸売業者 3 店以上を選定し，毎日の価格の月平均を報告させたものである．調査品目は 1929~40 年 7 月までは 150 品目，それ以後は 199 品目で，単純算術平均法である．

F-3		東京小売物価指数					
年次	項目	A 総平均a	B 食料品	C 燃料燈火	D 衣料品	E その他	F 森田c 推定指数
	昭和	1934〜6=100	同	同	同	同	1936=100
1929	(4)	118 b	118	132	130	111	…
1930	(5)	101	100	113	103	99	…
1931	(6)	88	87	99	84	89	…
1932	(7)	89	91	86	84	89	…
1933	(8)	95	93	97	96	98	…
1934	(9)	97	95	99	100	99	…
1935	(10)	99	98	98	99	100	…
1936	(11)	104	107	103	102	101	100
1937	(12)	114	112	115	120	114	119
1938	(13)	130	122	143	150	132	126
1939	(14)	146	138	147	169	148	145
1940	(15)	170	163	156	195	172	171
1941	(16)	172	158	163	200	182	184
1942	(17)	177	160	163	211	190	236
1943	(18)	187	164	165	217	215	267
1944	(19)	210	185	172	220	251	325
1945	(20)	308	285	262	317	351	…
1946	(21)	1,893	1,972	1,355	1,919	1,890	…
1947	(22)	5,099	5,006	4,503	4,342	5,734	…
1948	(23)	14,956	13,851	11,572	14,362	17,722	…
1949	(24)	24,336	25,159	17,149	23,566	25,146	…
1950	(25)	23,896	23,598	19,975	25,745	24,444	…
1951	(26)	30,940	30,337	25,212	38,012	29,956	…
1952	(27)	30,116	30,454	30,646	33,131	28,124	…
1953	(28)	30,968	32,328	33,195	31,965	27,855	…

備考 注：a. 品目数は合計 100 で，その内訳は食料品 42，燃料燈火 6，衣料品 20，その他 32．価格データは毎月 15 日現在．
　　　b. 原指数は 1913 年 7 月基準，それを 1934〜36 年基準に換算．
　　　c. 森田教授の推定した実効小売物価指数である．
資料： A〜E：日本銀行統計局，東京小売物価指数，昭和 28 年 12 月；F：(→ F-2, 資料 M)．

F 物価と賃金

利用上の注意　1. 小売物価指数は小売段階における物価の変動を示すために作製される．したがってこの指数の価格データは原則として小売店における販売価格である．消費者がその最終消費のために直接購入する価格から作製される消費者物価指数と類似していて，それと同じ目的に用いられる場合が多いが，異っている点に留意しなければならない．第一に消費者の購入価格はかならずしもつねに小売店の販売価格と一致しない．第二に品目の選択基準は同じく「消費生活上の主要商品」となっているが，小売物価のばあいには商品の銘柄，等級は原則として明確に規定される．第三に小売物価指数は本来サービス料金的なものを含まない（もっとも実際には含めている．たとえば日銀小売物価指数は「燃料燈火」のうちに電燈料金，瓦斯料金を，「その他」のうちに新聞料金，水道料金を含んでいる如きである）．一般にこの指数は理論的には消費者物価指数ほどに定義が明確でないという欠点を指摘する学者も多いが，しかし調査上の便宜や前述の第二の点の優位の故に，この指数が用いられる場合も多い（→F-2, F-4）．日本におけるこの種指数で現在一般に行われているのは表に示した日銀のものである．この指数の利用については前記の一般的性質のほかになお次の点に注意されたい．

2. 指数算出方式は商品類別指数についても総平均指数についても単純算術平均である．つまり，各商品の価格倍率の和を単純にその商品数で除したもので，各商品の小売市場における重要性をあらわす重み（ウェイト）によって加重されていない．これは物価指数として理論的には致命的な欠陥である．また実際上も指数の値がやや歪みをもつ．単純算術平均からくる誤差の程度を示すため，一例として1926〜27年における前述の四類別の家計における支出割合（朝日生計費指数ウェイト，飲食46.3，光熱6.1，被服10.1，その他37.5）をウェイトとして1934〜36年を基準として加重平均で指数を算出すれば，綜合指数は1929年117，1945年312となる．これらは前表の1929年118，1945年308に対応する値であって，その差は僅かであるが商品別のウェイトを用いればさらに強く違ってくる筈である．一般に価格の変動の著しいときは誤差が大きいとみられるが，著しくないときはウェイトなしでもそれほどひどく不都合な値とはならないと判断していい．

3. 統制のはじまった1939年以降については，㋹のあるものについては公定価格を採用している．したがってヤミ価格を含まないから小売物価の実際的動向をあらわすものとなっていないという重大な欠点がある．森田指数はこの欠陥を補うために試みられた推定指数である．これは実効小売物価の動向を，現金取引額指数を取引量指数で除して求めるという方法によったものであるが，その際若干の仮定，とくに小売市場における取引高の変動は卸売市場における取引高の変動に比例するという仮定が設けられていることに注意しなければならない．1945年以降の実効小売物価指数は試算は行われているが公表されているものはない．したがって実効物価として統一した小売物価指数は存在しない．

解　説　小売物価指数の値は1950年で239倍，消費者物価指数の221倍よりも上廻っている．ヤミ値を含まない前者がヤミ値を含む後者よりも倍率が高くなっているのは矛盾しているが，これは前述したような両指数のもつ諸性質の相違，とくに品目の相違による．後者では前者に含まれない騰貴率の小さい品目（とくに家賃等）が強いウェイトをもっているからとみられる．

参　考　商工省，全国小売物価指数（商工省，物価統計表）がある．これは1929年12月16日基準で1929〜42年にわたって存する．全国で13都市，100品目について行われた．毎月16日現在で単純算術平均方式である．品目は食料品56，被服21，燃料7，建築材料7，雑品9である．

F-4		消費者物価指数 (CPI) と生計費指数					
項　目 年　次		生 計 費 指 数			D 消 費 者 物価指数 (CPI)	E リ　ン　ク 指数 I.a	F リ　ン　ク 指数 II.a
		A 上田指数	B 朝日指数	C 統計局指数			
	昭和	1914=100	1914・7=100	1937・7=100	1948=100	1934〜6=100	同
1929	(4)	193.1	…	…	…	112	112
1930	(5)	174.5	…	…	…	102	102
1931	(6)	155.6	…	…	…	91	91
1932	(7)	156.5	164.2	…	…	91	91
1933	(8)	161.1	168.3	…	…	93	93
1934	(9)	…	174.1	…	…	97	97
1935	(10)	…	180.5	…	…	101	101
1936	(11)	…	184.9	…	…	103	103
1937	(12)	…	192.8	…	…	107	107
1938	(13)	…	207.0	110.1	…	110	110
1939	(14)	…	221.0	120.2	…	139	139
1940	(15)	…	247.0	142.8	…	180	180
1941	(16)	…	252.0	146.1	…	210	210
1942	(17)	…	259.0	152.5	…	273	273
1943	(18)	…	277.0	163.2	…	321	321
1944	(19)	…	308.2	185.3	…	401	401
1945	(20)	…	…	…	…	(1,500)	(1,300)
1946	(21)	…	…	…	26.9	5,700	4,600
1947	(22)	…	…	…	55.3	12,000	9,700
1948	(23)	…	…	…	100.0	19,800	15,900 b
1949	(24)	…	…	…	126.6	23,700	20,000
1950	(25)	…	…	…	117.9	22,100	18,600
1951	(26)	…	…	…	136.9	25,700	21,600
1952	(27)	…	…	…	142.6	26,610	…
1953	(28)	…	…	…	153.3	28,620	…

備　考　注：a. A, B, C, D 四指数を連結させたもので，東京都の労働者を対象としている.
　　b. 経済安定本部で作製した消費者物価指数の戦前リンク指数である.
資料：　A. 上田貞次郎編，日本人口問題研究第三輯，上田貞次郎・井口東輔，我国における生計費及び実質賃金；B. 朝日新聞社，朝日経済年鑑，1944 年；C. 総理府統計局，第一回日本統計年鑑，1950 年；D. 総理府統計局，消費実態調査年報，1951 年．

利用上の注意　　**1.**　消費者物価指数 (Consumer's Price Index, 略称 CPI) は消費者の生活の立場からみた物価の変動をあらわすために作製される指数である．したがって消費者がその最終消費のために購入する商品とサービスの価格からつくられる．同じような目的をもって作られるものに生計費指数がある．この指数は消費者がその生計を維持するために必要とする費用の変

動をあらわすものと定義される。この定義から文字通り解釈すればこの方は生活のための費用，つまり支出金額の指数であって，物価の指数ではない。アメリカではこのような考え方に立って，消費者物価指数を用いているが，イギリスあたりでは依然として生計費指数を用いている。価格データについても消費者物価指数は原則として消費者の直接の購入価格によるが，生計費指数は小売段階の販売価格を用いるという相違もある。しかし実際上はこの二つの指数はそれほどの明確な区別なく使用される場合が多い。それには理論的な理由がある。生計費指数は生活のための費用の指数であるが，その「生活」の内容をある一定のものにきめて作製されるから，それは物価指数で基準時のウェイトを使用するラスパイレス式と同じ形式になるからである。したがって実際にはやはり一種の物価指数とみるべきである。日本では戦前までは永く生計費指数が行われてきたが，終戦後から消費者物価指数が行われるようになった。しかも生計費指数も一貫したものがないので，甚だ不便であった。表に示す二種のリンク指数はこの不便を除くため全期間を通じて連結するよう工夫したものである。

2. 次に各指数の特質を述べよう。

(i) 上田指数……上田貞次郎氏が井口東輔氏と共に作製されたもので，1914 年基準で 1933 年まで，東京都の工場労働者対象，加重平均である。ウェイトは 1925 年 9 月～26 年 8 月の内閣統計局の家計調査の支出割合をとり，品目数 81。各品目の価格は日銀小売物価指数のもの，ただし家賃およびサービス関係の価格は別個の調査によっている。(→ F-3)

(ii) 朝日指数……朝日新聞社において全国の給料生活者，労働者対象で 1914 年 7 月基準，加重平均法，77 品目である。ウェイトはやはり上田指数と同じく 1925 年 9 月～26 年 8 月の内閣統計局家計調査資料の全国の部を用いているが，価格資料は朝日新聞社の全国 13 都市の小売価格調査によっている。これは 1932～44 年の間発表された。

(iii) 統計局指数……内閣統計局により 1937 年 7 月を基準とし，1937 年 7 月～47 年 8 月の間，全国 24 都市について発表されたもの，全国の給料生活者，労働者対象，加重平均法，156 品目である。1931～32，1933～34，1935～36 年の三回に亙る内閣統計局家計調査から 650 世帯を選定してその支出割合をウェイト (ただし年代順に 2:3:5 のウェイトで加重) とした。価格資料は地方長官からの小売価格報告に基き，1939 年以降は統制品目については公定価格，その他は自由価格。したがって 1939 年以降は消費者の生活の実情に副わない。

(iv) 消費者物価指数 (CPI) ……総理府統計局により消費者価格調査 (CPS) とともに 1946 年 8 月以降全都市 (28 都市) と東京都について発表され現在継続中のもの。基準時，基準価格，ウェイト，実際購入数量何れも 1948 年 1 カ年間。品目数 195。家計上の支出金額，購入頻度，規格品質の明確性を基準として選択されている。価格は消費者価格調査により基準時，比較時ともに期間中に実際購入された総量で加重平均した実効価格を用いている。(→ G-1-b)

3. 以上の四つの指数は対象，品目，ウェイト，基準等まちまちである。これを一本にリンクするためには止むなく次の前提と限定をおかざるをえない。

i) 対象を東京都の労働者と限定しうるものと前提する。原指数はその対象が全国のものと東京都のものがあり，また給料生活者，労働者の別があり，また CPI は都市の消費者全般に亙っている。これを上記のように限定することは問題を含むけれども一応可能である。

ii) 1939 年以降価格統制の実施された時期については統計局指数が公定価格についてのみ計算されているので，ヤミ価格を考慮するため森田教授推定の小売物価指数で調整を行う。(→ F-3)

iii) 基準を 1934～36 年にとる．4 指数ともラスパイレス式であるからリンク指数もラスパイレス式に対応してその連鎖指数の性質をもつものとする．

iv) 表に掲げたものはすべて都市についての指数であって，農村の生活に基いた指数はない．しかしながらこの点に関しては先般当研究所で計算した戦前戦後の生活水準において（『経済研究』第 2 巻第 1 号参照），1949 年のラスパイレス式による指数は，1934～36 年＝1 として農村は 247 であり，本指数における 1949 年は 265 であって両者の差は僅かに 7% であるので（但し両者とも家賃を除く），一般的な生計費指数としても本指数はほぼ適当であると推定されることを前提する．

四つの期間について次のような連結方法をとる．

i) 1929～36 年，上田指数と朝日指数の連結．1932，1933 の両年について両指数が重複する．両指数の 1933 年の 1932 年にたいする上騰率は綜合指数に関するかぎりほぼ等しいとみられる．そこでこの両年の比率をもとに 1929 年まで上田指数の変動率で朝日指数をさかのぼって延長する．

ii) 1937～44 年，1937 年は朝日指数，1938 年以降は統計局の東京都指数を用い，1939 年以降森田氏の小売物価指数を参考指標として統計局指数を調整する．統計局指数は 1937 年 7 月を基準としているが，同基準で朝日指数と比較してみると，1937 年については両指数はほぼ等水準にあり，この傾向は価格変動のあまり著しくない時期だから 1934～36 年においても妥当するという前提を立ててもよいとする．これが朝日指数と統計局指数のリンクの前提である．次に 1939 年以降の森田指数による調整であるが，勿論この指数は大胆な前提を含んでいて問題をもつがこの期間における唯一の実効価格指数である．森田指数と基準をあわせた統計局指数と森田指数の比を 1939 年から 1944 年まで各年求め，その比率を 1934～36 年基準の統計局指数に乗じて補正して実効価格指数とする．

iii) 1945～1946 年 7 月の期間，この期間については統計局指数があるが，これも調査が断続的であり，また価格資料も戦後の混乱期で信頼し難いため，連結を中断してブランクとした．無理に連結させるとすれば，1945 年については 1944 年の指数と 1946 年 8～12 月の指数の傾向を対数グラフでみて，その連結線上で 1945 年をとって推定する以外に方法はない（表の括弧内計数）．

iv) 1946 年 8 月以降，戦後，CPI が開始されてから以後の期間．まず総理府統計局試算にかかる 1948 年の東京都 CPI を 1934～36 年にリンクした統計局リンク指数のラスパイレス式の値（197 倍）を採用して戦前に連結する．1948 年以前は CPI のそれぞれ 1948 年の前記指数にたいする比率で算出する．1949 年は前述した生活水準の計算中に示された都市の戦前基準指数を用いて連結を行い，1950,51 年は CPI の比率で算出する．なお 1946 年は 8～12 月の 5 カ月間しか CPI 資料がないが一応これを 1946 年の指数とみなす．

以上の方法で求めたのが表に示すリンク指数 I である．

この指数は戦前の支出構造をもとにしたラスパイレス式であって，指数の倍率は高めにでる方法によっている．そこで戦後の支出構造に基づくパーシェ式をも考慮して，両者を幾何平均したフィッシャー式によったばあいの倍率を示すためリンク指数 II をかかげた．経済安定本部等の官庁のリンク指数はこの方法によっている．

解　説　戦前 1934～36 年の水準にくらべると，国民の生活に必要な商品とサービスの物価は 1949 年でラスパイレス式では 237 倍，フィッシャー式では 200 倍となった．1950 年には戦

後はじめて低落した．

卸売物価との比較を下図にみると，消費者物価指数は 1930 年代の不況期には割高で，物価が騰勢に転じた 1936 年以降数年は割安である．これは消費者物価指数がその性質上短期的には比較的変動の幅の小さいものであることを示している．1939 年以後それが卸売物価指数を上廻っているのはそのまま実情を示すものではない．卸売物価指数がヤミ価格の動向を反映していないこと，それがフィッシャー式リンクによっていることのためと解される．($\rightarrow$ F-2)

消費者物価の変動は飲食（主食，副食），被服，住居，光熱，雑費等の類別にみることが必要であり，そのために消費者物価指数や生計費指数は類別指数の発表をともなって行われている．類別指数を全期間リンクすることはすこし無理なので，ここでは 1934〜36 年と 1949 年の比較のみをかかげよう．上昇率には著しい差があり，その大いさの順位も戦前基準と戦後基準では一致しないが，だいたい被服費，嗜好品費が高く，住居費が最低である．ただし住居費の倍率は調査技術上かなり低めにでている点に注意する必要がある．

物価指数は所得や賃金の実質額を算出するために用いられる．名目所得額指数÷物価指数＝実質所得指数 という算式を用いるとき，名目所得をデフレートするといい，それに用いる物価指数をデフレーターという．

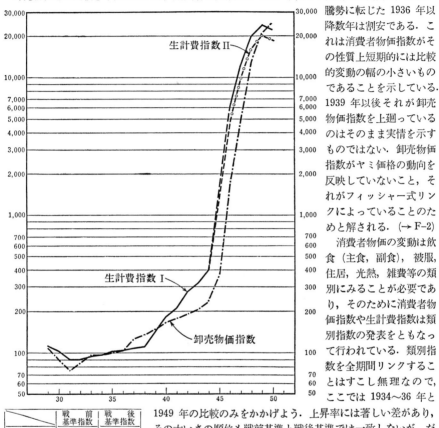

	戦　前 基準指数	戦　後 基準指数
食　　料	276.4	229.7
嗜 好 品	336.4	291.1
被　　服	434.5	243.8
光　　熱	137.1	91.9
家　　賃	20.0	20.0
其他住居	389.7	274.2
雑　　費	171.5	107.6

F-5			農家物価指数				
年次 項目	A 農家販売物価指数	B 農家購入物価指数	C 農産物購買力指数	D 農業用品	E 家計用品	F パリティー指数
昭和	1934〜6=100	同	同	1937=100	同	1934〜6=100
1929 (4)	124a	116a	107d	…	…	…
1930 (5)	89	91	98	…	…	…
1931 (6)	69	73	95	…	…	…
1932 (7)	78	83	94	…	…	…
1933 (8)	91	94	97	…	…	…
1934 (9)	84	94	89	…	…	
1935 (10)	105	101	104	…	…	100
1936 (11)	111	106	105	…	…	…
1937 (12)	118	118	100	100e	100e	…
1938 (13)	128	140	91	117	120	…
1939 (14)	162	169	96	139	146	…
1940 (15)	193	223	87	186	190	…
1941 (16)	191	227	84	181	201	…
1942 (17)	196	242	81	189	217	…
1943 (18)	207	263	79	194	244	…
1944 (19)	233	300	78	201	296	…
1945 (20)	423	404	105	241	421	…
1946 (21)	3,553	4,495	79	2,127	5,119	…
1947 (22)	8,460	14,482	58	6,206	17,002	5,100
1948 (23)	18,572	31,955	58	14,691	36,733	10,100
1949 (24)	21,901b	26,254b	83	28,003f	24,880f	14,800
1950 (25)	19,329c	22,086c	88	…	…	17,300
1951 (26)	23,600	26,690	88	…	…	23,800
1952 (27)	27,770	29,166	95	…	…	24,850
1953 (28)				…	…	

備 考 注：a. 東大指数（a 指数）と全農指数（b 指数）を連結したものである.
b. 農林省官房調査課のリンク指数.　　c. 農林省統計調査部指数.
d. 農家販売物価指数を農家購入物価指数で除したもの.
e. b 指数である.　f. 農林省官房調査課のリンク指数.

資料：A, B：東大農学部農政学研究室, 農産物価格変動と農家購入品価格変動との比較検討；全国農業会調査部, 農村物価調査, 1945 年；農林省統計調査部, 農村物価調査, 1948 年, 農林省官房調査課, 昭和 9〜11 年を基準とする戦後農林物価指数の算出（改訂版）, 1950 年 9 月；農林省統計調査部, 農家経済調査物財統計報告；D, E：全国農業会調査部, 農村物価調査, 1945 年；農林省統計調査部, 農村物価調査, 1948 年；農林省官房調査課, 昭和 9〜11 年を基準とする戦後農林物価指数の算出（改訂版）, 1950 年 9 月；F：統計研究会, 農業パリティーに関する基礎資料, 1951 年 3 月.

F 物価と賃金

利用上の注意 1. 農家は生産者としても消費者としても特殊の主体であるから，農家をめぐる物価変動は農家標準の物価指数によらなければならない．それに二種類ある．農家の販売する農産物の農場（庭先）価格の変動をあらわす農家販売物価指数（農家受取物価指数ともいう）と，農家の購入品の価格変動をあらわす農家購入物価指数（農家支払物価指数ともいう）である．さらに後者は農業用品に関する指数と家計用品に関する指数の二部分にわけられる．販売物価指数を購入物価指数で除した値を農産物の購買力指数という．これは農家の販売品の物価変動を購入品の物価変動にたいする比率として表したもので，その値が比較時に 100 であれば二つの物価指数が基準時にたいして完全に等しい割合で変動していることを示し，これをパリティーにあるという．100 より大ならば販売価格が有利に，100 より小ならばそれが不利に変動していることを示す．鋏状価格差（シェーレ）といわれるのはこの場合であって基準時に一致していた両指数が ＜ 形になるためにその名称がある．しかしながら購買力指数はあくまでも物価の変動のみに関するもので，分量の変動を含んだ所得の変動に関するものではない点に注意しなければならない．

わが国で今日パリティー指数といわれているものは農家購入物価指数のことで，この指数を基準時の価格に乗じて米麦等の公定価格をきめることによって前述した購買力のパリティーを政策的に実現しようとする意味でそういわれているのである．

2. F欄にかかげたパリティ指数は 1934〜36 年基準で「農家経済調査」にあらわれた支出金額をウェイトとしてフィッシャー式で作製されているが，公定価格設定の目的からヤミ価格が除かれているから農家の現実の購入物価指数とは区別されなければならない．

3. 米国では農家標準の物価指数はかなり整備されてきているが，わが国では最近ようやく本格的なものが農林省で作成されるようになったばかりで（1950 年基準 1950 年以降），表にかかげた二種類の指数は本格的なものではない．a 指数と b 指数は次に述べるように性質の異ったものであるが，ごく大凡の傾向を示すために両指数の重なっている 1937〜39 年における a 指数の b 指数にたいする比率（118.2）を b 指数に乗じてリンクした．a 指数は自作農，小作農別に作成されているが大差ないので自作農の分をとり，b 指数は D, E 欄にかかげたように農業用品指数と家計用品指数の 2 本に分れているのを 1937 年の農家経済調査における農業用品と家計用品の支出金額比率 44:56 を不変ウェイトとして加重平均して総合した．

4. a 調査はこの種指数の先駆的なもので販売物価指数 7 品目，購入物価指数 15 品目をとりそれぞれ 1927〜31 年における出廻高と農家購入高を不変ウェイトとして作成されているが，価格は主として日銀卸売物価のデータで代用されている．b 調査は農林生産物 80，農業用品 80，家計用品 80 について全国 45 市町村から価格データをとり，1937年の農家経済調査における現金収入割合と現金支出割合をそれぞれ不変ウェイトとして作成された．

解 説 1. 戦前にくらべて戦後購買力指数が 60% 弱にまで低下して表れているが，この計数には疑問がある．表に明かなように農業用品の購入指数に比して家計用品の購入指数が著しく上昇していることがその主たる原因であるが，農林省調査課の調査によれば同一基準時との直接のリンクによる計算で 1949 年について表の括弧内の計数（フィッシャー式）がえられている．また当研究室作成の購入物価指数は同じく 1949 年について，ラスパイレスで 247 倍，パーシェで 224 倍である．b 指数は購入物価指数について過大であると推定される．この指数は前述のように不完全であるため，これによって農家経済への物価の影響という実態面についてあまり立ち入った解釈を加えることは危険である．

| F-6 | 賃金と賃金指数 | | | | | | | |

賃金と賃金指数

項目 年次	A_a 製造工業労務者1人1日当り実収賃金	B 同指数	C_b 工業男子労務者1人1日当り実収賃金	D 製造工業中分類別労務者数をもって加重した1人1日当り実収賃金指数c		E 製造工業職工賃金支払総額	F 同指数
				D_1 1934~6年の労務者による加重	D_2 1948年10月の労務者による加重		
昭和	円	1934~6=100	円	1934~6=100	1934~6=100	千円	1934~6=100
1929 (4)	2.064	109	2.645	119	115	754,399	87
1930 (5)	2.002	106	2.551	114	110	648,328	74
1931 (6)	1.870	99	2.430	107	104	555,988	64
1932 (7)	1.909	101	2.506	107	106	566,909	65
1933 (8)	1.879	99	2.544	104	105	647,340	74
1934 (9)	1.891	100	2.482	102	102	773,811	89
1935 (10)	1.877	99	2.433	100	100	871,164	100
1936 (11)	1.901	101	2.415	99	98	971,779	111
1937 (12)	1.957	104	2.476	101	100	1,152,266	132
1938 (13)	2.059	109	2.490	102	100	1,442,009	165
1939 (14)	2.033	108	2.550	106	103	1,957,230	224
1940 (15)	2.278	121	2.781	118	113	2,291,561	263
1941 (16)	2.557	135	3.047	131	125	2,626,870	301
1942 (17)	2.817	149	3.294	145	136	2,935,773	337
1943 (18)	3.268	173	3.746	163	154	…	…
1944 (19)	3.718	197	4.471	188	175	…	…
1945 (20)	4.537	240	5.559	239	220	…	…
1946 (21)	18.220	964	23.960	1,070	1,004	5,186,479	595
1947 (22)	63.250	3,347	75.450	3,267	3,130	17,587,790	2.019
1948 (23)	173.900	9,203	206.770	9,229	8,674	…	…
1949 (24)	317.880	16,822	373.570	16,583	15,552	…	…
1950 (25)	356.530	18,867	—	22,166	19,676	…	…
1951 (26)							
1952 (27)							
1953 (28)							

備考　注：a, b. 1929~46年はガス・電気業を含む．1929~39年5月は職工．1939年6月~1949年は労務者．1950年は職員，労務者の計．1944年は1~6月の平均，1945年は8，9月を欠く．1947~50年は月額賃金を出勤日数にて除す．ただし出勤日数は1947年は3，6，9，12月，1948年は3，6，9~12月の平均．

　　　c. 実収賃金——Aの産業分類中分類別の実収賃金．労務者数——1934~36年は工場統計表工場規模職工30人以上の工場の職工およびその他従業者(人夫)の計，1948年10月は事業所賃金調査．算式——総和法．ガス・電気業(1929~46年)，修理業(1950年)は除く．

資料：内閣統計局，労働統計要覧（大正15年~昭和14年）；労働統計（昭和14年6月~16年11月）；労働毎月統計（昭和16年12月~19年2月）；事業所賃金調査（昭和23年10月）；労働省労働統計調査部，労働統計調査年報（昭和24~25年）；同月報（昭和24年1月創刊）；商工省，工場統計表（昭和4~17年）；同，工業統計表（昭和21~22年）．

F 物価と賃金

利用上の注意　**1.** 賃金率と実収賃金．賃金は雇用契約において労働者が彼が提供する労働力に対する反対給付として受けとる報酬である．雇用契約における賃金のきめ方は最も基本的には一定時間に対する賃金額をもって定められる時間賃金率と，一定の仕事の完成に対する賃金額をもって定められる出来高賃金率とに分れる．労働者に支給されるべき賃金の総額を実収賃金といい，これには前述の賃金率に基づいて算定される基本賃金の外に歩増，手当，賞与等すべての報酬が含まれる．前者に関する統計は賃金率統計であり，後者に関する統計は実収賃金統計である．わが国の賃金制度の複雑性（一事業所の賃金の種類が 53 におよぶ極端な例さえある）のために基本賃金率をもって賃金関係を代表させえないので，わが国においては賃金率統計は未発達である．本表の統計は実収賃金統計である．

2. 実収賃金と手取賃金．賃金は原則として貨幣をもって支給されるが，一部は物品をもって支給されている．また現金給与を分けると事業所の賃金規則によって算定方法および金額があらかじめ定められた定期的現金給与と期末，年末等に支給される賞与およびベース改訂に伴う追給額等の臨時的現金給与となる．前表に掲げた実収賃金 (A〜D) はこの中，定期的現金給与に関するものである．臨時的現金給与についての調査は 1947 年に始まる．戦前については断片的資料があるにすぎない．また労働者は賃金の中から所得税，各種社会保険料等の控除を受ける．これらを控除した後の労働者の手取賃金は彼が自由に処分し得る所得である．前表に掲げた賃金 (A〜F) はすべて諸控除差引前の賃金である．

附表 1　製造工業労務者の定期的給与に対する臨時的給与の割合

	%
1934〜36	4.7
1947	12.7
1948	12.7
1949	6.0
1950	8.5

注　1. 1934〜36 年は全国産業団体職合会調査（統計時報65号）．
　　2. 1947〜50 年は毎月勤労統計．
　　3. 1950 年は職員を含む．

3. 平均賃金と賃金分布．前表の賃金 (A〜D) はすべて平均賃金に関する統計である．平均賃金は賃金総額を労働者数で除して求められる．したがって，各労働者に支給される賃金には何等の変化がなくとも，平均賃金以下の賃金を支給されていた労働者が解雇されるか，経営困難のため従来賃金水準の低かった事業所が閉鎖されれば，それだけで平均賃金は上昇する．これは雇用の減少する時期に起りがちなことである．また雇用の増加する時期には逆のことが起りがちである．つまり平均賃金は賃金分布が著しく変化しない限りにおいて賃金水準のよい指標となる．右図のように，賃金分布の山がかなり左に位置しているから，平均賃金以下の労働者が多いことになる．また分布の形は右に緩く裾を引いており，左に急峻である点に注意したい．

4. 実収賃金統計調査の変遷．内閣統計局の賃金毎月調査 (1923 年 7 月〜1939 年 5 月) は北海道外 22 府県の地方的特色を有する約 1,000 工場，その所属職工数約 52 万 (1936 年の平均) を対象とする月次の調査であるが，調査対象工場は大規模なもの多く，産業別に見れば重工業に偏している．これを 1933 年の労働統計実地

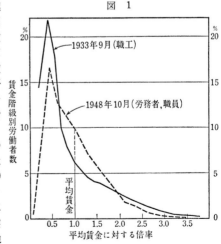

図 1

調査(原則として職工30人以上の全工場を対象とする,調査は9月分の事実に関する)と比較すれば平均賃金において,約40%高い(1.300円と1.845円).1939年6月に大規模な改正が行われ,法規に基づく労働統計毎月実地調査(1939年6月～1941年11月)となった.この時日銀の労働統計(1921年11月～1939年8月)は吸収され,商工省の調査(1900～1939年)は廃止された.調査の対象は33道府県約6,500工場,その所属労務者約190万(全労務者の約60%)に拡張され,1938年臨時労働統計実地調査の結果に基づき道府県別産業小分類規模別に調査工場数の基準が指示された.しかしながら戦時下の諸情勢と要望により重工業に調査の重点が置かれた.調査対象の労務者も「本職工,見習工,養成工,常傭人夫等苟しくも賃金を得て直接間接工場本来の作業に従事する者一切を包含する.日々雇傭契約の更新する日傭人夫のみは除外する」と明確に規定された.その後,労働統計毎月調査(1941年12月～1944年6月,産業分類改正),毎月勤労統計調査(1944年7月～1946年12月)と改正が加えられたが,特に注意すべきは毎月勤労統計調査の第1回の改正(1946年12月～1949年12月)である.調査対象は特定の産業に属する事業所(工場,事務所等の総称)中事業所規模100人以上の事業所は全数,99～30人の事業所は10分の1の割合で抽出された.調査事業所約3,700,その所属労働者約120万である.1946年12月において旧調査と改正調査とを労務者一人一カ月平均賃金で比較すれば前者は711.03円,後者は710.38円でほとんど相等しい.職員,臨時給与,現物給与の調査が新たに追加された.また1948年10月において事業所賃金調査(30人以上の全事業所に関するセンサス)と比較すれば製造工業の平均賃金は約10%高い.1949年11月には第2回改正(1948年11月～1950年12月,1950年9月に産業分類改正)が行われて,30人以上の全事業所に対応するように推計された結果が発表されるようになった.労務者,職員の区別と実物給与の調査は廃止された.

以上によって全期間の賃金統計がいかに不連続のものであるかが明かであろう.戦後については,連結の一つの試みが労働省星野技官によって発表されている(星野幸治,改正毎月勤労統計調査結果の検討——労働統計調査月報2巻8号).

5. 戦前基準賃金指数. 前述した統計調査自体の不連続性を別としても,長期間の賃金水準の比較については問題が多い.その最も重要なものは産業構造の変動である.左の図は1934～36年と1948年について,雇用の面から見た産業構造の相違を示すもので,軽工業から重工業への推移は明瞭である.前表 D_1 指数は,1934～36年の産業分類(中分類)別の労務者の分布が全期間にわたって不変に続いたとの仮定に基づいて作製されたものである.D_2 指数は1948年の産業構造不変を仮定して算出された.D_1, D_2 指数については次の三つの大きな欠点を含んでいる.(1)中分類内における産業構造の変動が無視されていること,(2)前項に述べた統計調査の変遷に

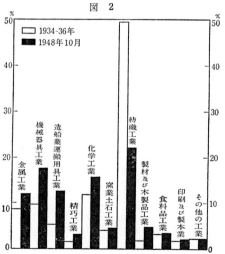

図 2

基づく相違の調整が全くなされていないこと,(3) 定期的現金給与で一貫しているが,戦前と戦後とでは臨時給与の性格が変っており,戦後においてはベース改訂に伴う遡及払は多額で,これは賞与等とはまったく異るものであって,賃金の範囲について形式的一貫性は保たれても実質的には一貫していると認め難いこと.

6. 賃金支払総額. 国民所得を推計するためにも,また国民所得と賃金所得を比較して種々の分析を加えるためにも賃金支払総額の統計はきわめて重要であるが,わが国においては職工5人以上の工場の職工に対する賃金総額の統計が 1929 年以降についてのみ利用し得るにすぎない. 職員および人夫に関する賃金統計は戦前には全くない.

解 説 1. 製造工業労務者の賃金水準は 1929 年以降連年下落して 1936 年が谷となっている. これは深刻な恐慌の反映であるが,物価の谷が 1931 年に現われているのに較べれば約5ヵ年の遅れである. これは賃金の硬直性を示すものである. その後賃金水準は回復を示したが 1929 年の水準にもどったのは 1940 年の下半期である. しかも,この前年の 1939 年 9 月には物価の 9.18. ストップ令が発せられている. 1941 年から賃金水準の上昇は急激である. 賃金統制令下においてかような賃金水準の上昇を見たことは当時の戦時インフレーションの進行状況を物語るものである. 戦後の賃金物価の急激な上昇は周知のことである.

上述の賃金水準の変動に対して,賃金支払総額は 1929 年以後減少しているが,谷は 1931 年に現われ,雇用の減退を示している. 物価に対する遅れは1ヵ年である. その後漸増傾向を示したが,1936 年頃から増加のテンポは急速化してきた. 1936 年の経済情勢は朝鮮動乱による特需景気の 1950 年下半期に似た様相を示した. 雇用の面では,臨時工の増加著しく当時臨時工は 30 万にのぼったとの推定も行われた.

附表 2 製造工業戦前基準賃金指数

	A	B		C
	労働省公表指数	労働省の研究指数		手取賃金指数
		1934〜36年ウェイト	1948年10月ウェイト	
1934〜6	1.0	1.0	1.0	1.0
1947	31.2	31.7	30.2	27.1
1948	86.5	87.1	82.9	75.4
1949	148.5	159.2	151.6	127.0
1950	180.5	187.8	178.8	154.2

注 1. 星野幸治「戦前基準賃金指数について」
　　　　労働統計調査月報 2 巻 11 号
　2. 赤坂敬子「戦前基準賃金指数の研究」　同　3 巻 7 号
　3. 孫田良平「手取賃金指数の一試算」　　同　4 巻 2 号

附表 3 他の賃金指数戦前

	日本銀行 民営工場	商工省
1929	114	122
1930	108	113
1931	99	103
1932	98	99
1933	98	99
1934	100	99
1935	100	100
1936	101	100
1937	106	106
1938	116	113
1939	*127	128

注: 1. 1934〜36 年=100.
　2. * は 1〜8 月の平均.

参 考 1. 附表 2. 現在最も広く用いられている戦前基準賃金指数は A である. これは製造工業職員および労務者の一人一ヵ月当り現金給与総額によるものであるが推計の根拠に若干の無理がある. B は主表に掲げた D_1, D_2 指数とほぼ同じ推計方法によるものであるが,戦後の賃金は 30 人以上の全事業所に対応する如く修正されている点が異る. C の手取賃金指数は A 指数の基礎となる賃金から所得税,地方税,(扶養家族数 1.5 人) 各種社会保険料等,法規によって労働者が支払うべきものを推計控除して手取賃金とし,これを指数化したものである.

2. 附表3. 戦前における賃金指数としては主表の B 指数に対応するものとして,日本銀行の労働統計によるものと商工省の職業別賃金統計とがある.

G 消費と家計

　国民がその生活のために直接に消費する財貨とサービスの分量の変化を知ることは，国民生活が向上したか下落したかを判断するためにもっとも重要なことである．経済学で単に消費というときは，生活のための直接の消費だけをさすので，生産のために物質を費消すること（たとえば米をつくるために硫安をつかうこと）は含まれない．この意味の消費の量が増加すれば，それを国民が欲しているかぎり，国民生活は向上したといえる．逆にそれが減少すれば，それを国民が欲していないかぎり，国民生活は下落したといえる．通常このような変化を消費水準の上昇または下落という．貯蓄の大いさとか，労働条件とか，この他に国民生活を左右する要素はもちろんある．消費水準は上昇したが同時に労働時間も増加したというばあいには，国民生活が向上したと直ちにいうことはできない．けれども消費水準の変化はやはり国民生活を左右する最大の要素である．

　消費の大部分は家計単位で決意され，かつ支出の形で行われる．これを集計したものが個人消費支出（→ A）に他ならないが，支出は原則として収入に対応して行われるものであり，また支出の仕方は生活条件や労働条件によっても異るから，詳しくは国民の各層について家計を調べなければならない．以下では都市と農村の家計についてそれぞれの収入の形態と支出の形態，および支出と収入の関係を取り扱う．家計がどのようにして収入をえているかは，家計調査からおよそ判明するが，勤労者家計の収入の主体である賃金の実質額の変化は国民生活の重要な指標としてとくに別に注目される．家計における支出と収入の関係は，いわゆる赤字，黒字といわれる問題で，収支のバランスの正負とその大いさは一定の消費水準における家計の安定度（または不安定度）を示す．これも国民生活のすがたを知るための重要な指標である．

　さて，消費ないし支出，収入および賃金，家計の安定度の三つの指標の変化を有効適切につかむためにはどうすればよいか．第一に家計調査の利用については，それがよい代表性をもって連年，同じ調査方法で行われていることが望ましい．しかしこの条件はなかなか満されにくいから，種々の工夫をして比較判断をする必要が生れてくる．戦前の内閣統計局の家計調査と戦後のCPSやFISとの連結のごときがその著例である．

　第二に消費水準や実質賃金の測定については，もっと根本的な問題がある．われわれの消費する財貨やサービスは，きわめて数多い種類のものからなっている．戦前と戦後を比較するばあいに幸にどの品目もすべて戦後の方が少なく消費しているのであれば，戦後の消費水準は戦前のそ

れにたいして低下したということができるが，ある品目は低下しある品目は上昇しているというばあいには，総合的に消費水準が上昇したとか下落したとかいうことができない．またたとえ一様に低下したばあいでも，ある品目はその低下率が2割，他の品目は3割というぐあいに低下率が異れば，総合的に消費水準の低下率を云々することは直接にはできない．この問題の処理態度には二つある．一つはそうした総合判断を一義的に行わない態度である．つまり肉の消費は2割増加した．住宅の坪数は1割低下したというぐあいに並べるだけにする．他は何等かの評価でこれを総合する方法をとる態度である．そしてこの評価には通常価格が用いられる．これを消費数量指数による方法という．消費の変化が一義的に表示できる方が便利であるから，通常この方法が用いられる．実際の計算には直接に物量の比率をまず算出してこれを総合する方法と，支出金額の比率を算出してこれを消費者物価指数で割る方法とある．どちらの方法を用いても理論的には同じく価格で評価した数量指数となる．賃金等，収入額の実質額をうるためには後者の方法が適用されるが，それは収入がかりに全部消費のために支出されるとみるわけである．数量指数によるばあいには，物価指数のばあいと同様に評価する価格の異るに従って異った値となるという相対性の問題がある点に注意しなければならない．

G-1-a		都市生活者の家計──収入							
項目 年次	A 総収入	B 実収入					C 実収入 以外の 収入	D 世帯数	E 世帯 人員
		計	勤労収入			勤労外 収入			
			計	世帯主 収入	その他				
昭和	円	円	%	%	%	%	円	戸	人
1929 (4)	...	...	...	...	...	...	...	...	...
1930 (5)	...	...	...	...	...	...	...	...	...
1931〜32 (6〜7) a	149.25	86.47	92.3	89.7	2.6	7.7	62.78	1,517	4.07
1932〜33 (7〜8)	153.64	88.66	91.8	88.8	3.0	8.2	64.98	1,606	4.12
1933〜34 (8〜9)	159.03	90.35	91.9	89.2	2.7	8.1	68.68	1,653	4.10
1934〜35 (9〜10)	160.22	90.26	91.8	88.9	2.9	8.2	69.96	1,671	4.11
1935〜36 (10〜11)	159.14	90.59	92.2	89.1	3.1	7.8	68.55	1,673	4.12
1936〜37 (11〜12)	165.97	93.62	92.0	89.2	2.8	8.0	72.35	1,678	4.12
1937〜38 (12〜13)	171.97	98.09	92.5	89.5	3.0	7.5	73.88	1,601	4.12
1938〜39 (13〜14)	181.76	104.70	92.1	88.9	3.2	7.9	77.06	1,643	4.10
1939〜40 (14〜15)	200.75	115.42	91.4	87.9	3.5	8.6	85.33	1,592	4.11
1940〜41 (15〜16)	217.50	124.95	91.9	88.0	3.9	8.1	92.55	1,544	4.12
1942 (17)	...	...	...	...	...	...	...	...	...
1943 (18)	...	...	...	...	...	...	...	...	...
1944 (19)	...	...	...	...	...	...	...	...	...
1945 (20)	...	...	...	...	...	...	...	...	...
1946 (21) b	2,970.00	1,724.00	80.4	77.0	3.4	19.6	1,246.00	1,425	4.35
1947 (22)	6,534.00	4,177.00	85.7	81.4	4.3	14.3	2,357.00	1,532	4.47
1948 (23) c	10,882.00	10,129.00	97.8	83.4	14.4	2.2	753.00	2,043	4.60
1949 (24)	13,258.00	12,611.00	97.9	84.8	13.1	2.1	647.00	2,282	4.48
1950 (25) d	14,792.00	13,900.00	96.6	84.7	11.9	3.4	892.00	2,350	4.59
1951 (26)	18,289.00	16,532.00	95.4	83.4	12.0	4.6	1,757.00	2,132	4.68
1952 (27)	22,877.00	20,822.00	95.4	83.2	12.1	4.6	2,055.00	2,072	4.77
1953 (28)		26,025.00	93.1	82.0	11.1	6.9		1,990	4.79

備 考 注：a. 内閣統計局調査により，毎年 9 月から翌年 8 月に至る期間である．
b. 労働省調査．1946 年は 4〜12 月の 9 カ月平均．
c. 総理府統計局調査．1948 年は 7〜12 月の 6 カ月平均．
d. 9 月からは支出調査と統一された新調査による．なお繰越金は除外してある．

資料： 内閣統計局，家計調査報告，全国平均総数；労働省，都市家計調査，全国平均；総理府統計局，勤労者世帯収入調査 (FIS)，全都市；総理府統計局，消費者価格調査 (CPS)，全都市，勤労者収入；総理府統計局，消費実態調査年報，勤労者，1951 年.

G 消費と家計

利用上の注意 1. 注に示したようにこの表には三種のちがった調査の結果がそのまま並べてある．空欄の年次には適当な調査がない．三つの調査の特性は次のようである．調査地域——a, b とも全国 10 都市で大中都市（但し 4 都市異る），c は全国 20 都市で小都市 5 を含む．調査対象——何れも都市勤労者世帯，企画として a. 2,000, b. 2,000, c. 2,400. 対象の選定——a, b とも予めきめた一定の条件に妥当する世帯をえらぶ典型調査，その条件も大差はない．これにたいし c は任意抽出調査．ただし a, b と同様に単身世帯や勤労外収入が全収入の過半を占めるものは除外されている．調査方法——a, b は従来行われてきたいわゆる家計調査で支出と同時に収入が調査されているが，c すなわち FIS はその名称の示すように収入のみの独立の調査である．以上の三点から c は a, b に比して物価の比較的低い可能性ある小都市を含むこと，ただし a, b に比し調査対象および調査方法において，より正確となっている筈であることを注意する必要がある．

2. 都市勤労者世帯一般における収入の代表として表の計数を利用するためには，次の吟味に留意することが必要である．FIS は抽出調査であるから一応その代表性はよいとしても，a, b 両調査はその代表性はどうか．一例として a 調査を吟味するに，1933 年の労働統計実地調査によれば，男子工場労働者の年齢 30～39 歳の者の平均日収は 2 円 43 銭，労働日数を 28 日として月額 68 円 4 銭，半月分のボーナスとしてこれを加えても 71 円 24 銭である．a 調査の労働者の世帯主収入は月額 80 円であってこれよりかなり高い．物価の地域差を考慮しても高い方にやや偏向をもっていたのではないかと判断される．

3. 勤労者収入額の一般的変遷をみるために表の計数を利用するときにも，当然前述の偏向の問題に注意しなければならないが，この場合にはさらに調査方法の細かい相違にも留意しなければならない．たとえば a, b では現物収入の評価額が含めてあるが，FIS では現金収入だけが調査されている．戦中および戦後数年間の計数比較について留意すべき点である．

4. 実収入外の収入中には通常繰越額を含むが FIS は含んでいない．なお FIS は 1950 年 9 月から改正され，CPS の対象である 28 都市の調査世帯中から勤労者世帯のみ約 2,000 を抽出し支出と同時に収入を調査することとなった．

解説 1. 勤労者世帯収入の主部分はもちろん世帯主の勤労収入であって，それは戦前には実収入の 88～90% を占めていた．しかし残余の 10% 余はその他の家族の勤労収入（約 3%）および勤労外収入（7～8%）によって補われて家計は成立していた．この関係は戦前において永く安定していたが，戦後きわめて不安定となった．

2. 戦後における b, c の二調査は方法が異るから年次間の比較を連続して行うことはできないが，戦前の a 調査と戦後の b 調査は類似しているから，まずこの比較で観察すると，勤労外収入の割合が著しく増加して，世帯主の勤労収入の割合がかなり減少していることがめだつ．勤労外収入の主な内容は一般に受贈，年金，下宿代，財産収入等である．戦前はその中受贈が主であった．戦後の比率増大の主因は現物収入，とくに家庭菜園収入であって，当時の家計の困窮ぶりを表わしている．c 調査になってからこれが急に減少しているのは現物収入を除外したことに多く原因している．また家族の勤労収入の割合が急に増加したことは，調査方法の相違にもとづく点もあろうが，家計におけるこの種の収入のウェイトが増大しているという実態を表わしている．かなり安定してきた最近の家計においてもそれは 1 割以上を占めている．FIS における有業人口は一世帯当り 1.25～1.30 人であって，戦前については調査がないがこれより遥かに小であったと推定される点にも，補助的勤労収入の占める地位の著しい変化が裏書きされる．

G-1-b		都市生活者の家計——支出								
項目 年次		A 総支出	B 実支出計	C 飲食費	D 住居費	E 光熱費	F 被服費	G 雑費	H 実支出以外の支出	I 世帯数	J 世帯人員
1929	昭和(4)	円 …	円 …	% …	% …	% …	% …	% …	円 …	戸 …	人 …
1930	(5)	…	…	…	…	…	…	…	…	…	…
1931〜32	(6〜7)a	149.25	75.73	32.7	18.1	4.7	13.0	31.5	73.52	1,517	4.07
1932〜33	(7〜8)	153.64	76.78	33.1	18.1	4.7	12.6	31.5	76.86	1,606	4.12
1933〜34	(8〜9)	159.03	78.29	32.9	17.6	4.9	12.5	32.1	80.72	1,653	4.10
1934〜35	(9〜10)	160.22	79.43	35.1	17.0	4.9	12.1	30.9	80.79	1,671	4.11
1935〜36	(10〜11)	159.14	79.55	36.5	16.9	5.0	11.4	30.2	79.59	1,673	4.12
1936〜37	(11〜12)	165.97	81.59	36.5	16.3	4.8	11.4	31.0	84.38	1,678	4.12
1937〜38	(12〜13)	171.97	83.05	37.7	16.4	5.2	10.9	29.8	88.92	1,601	4.12
1938〜39	(13〜14)	181.76	86.22	38.5	15.6	5.4	10.0	30.5	95.54	1,643	4.10
1939〜40	(14〜15)	200.75	96.22	41.7	13.9	5.4	9.6	29.4	104.53	1,592	4.11
1940〜41	(15〜16)	217.50	103.21	42.1	13.7	5.7	10.1	28.4	114.29	1,544	4.12
1942	(17)	…	…	…	…	…	…	…	…	…	…
1943	(18)	…	…	…	…	…	…	…	…	…	…
1944	(19)	…	…	…	…	…	…	…	…	…	…
1945	(20)	…	…	…	…	…	…	…	…	…	…
1946	(21)b	2,970.00	2,007.00	60.1	3.5	3.4	6.2	26.8	963.00	1,425	4.35
1947	(22)	6,534.00	4,452.00	61.9	3.4	4.6	7.0	23.1	2,082.00	1,532	4.47
1948	(23)c	8,780.00	8,780.00	63.4	4.2	4.5	11.3	16.6	…	5,118	4.81
1949	(24)	11,885.00	11,885.00	60.1	4.6	4.2	10.8	20.3	…	5,279	4.74
1950	(25)	12,003.00	12,003.00	57.2	4.5	5.0	12.1	21.1	…	4,796	4.79
1951	(26)	15,808.00	14,348.00	55.0	4.7	5.3	13.2	21.8	1,460.00	2,132	4.68
1952	(27)	20,103.00	17,852.00	49.1	5.3	5.2	15.1	25.3	2,251.00	2,072	4.77
1953	(28)		22,483.00	43.5	5.4	5.3	13.8	32.0		1,990	4.79

備 考 注： a, b. (→ G-1-a).
    c. 総理府統計局調査により，1947 年 7 月より調査され (1946 年 8 月〜1947 年 7 月の間は半月毎に調査が行われた). 1950 年 9 月に調査が改正されたが，1950 年は新旧の平均. なお本表では 1948 年以後を採用した. 1951 年は繰越金を除外してある.

資料： a, b. (→ G-1-a).
    c. 総理府統計局, 消費者価格調査 (CPS), 全都市；消費実態調査年報, 勤労者, 1951年.

利用上の注意 1. 家計調査において「支出」といわれるものは大きくわけて三種類の支出からなっている. 第一は直接生活のための支出であって，これを消費支出という. 第二は公租，公課等の支出であって，これを負担的支出という. 第三は貯蓄であって，これは主として貯金である. 家屋の建設のための支出などは本来投資であるから貯蓄に見合うものであるが，通常の家

G 消費と家計

計調査ではこのような異常な支出は調査されない．家計調査上は第一，第二の支出を実支出，第三の支出は繰越金とともに「実支出以外の支出」としてとり扱われている．第三の支出については別の項で取り扱うこととし（→G-1-c），ここでは主として消費支出について述べる．負担的支出も本来は家計調査によって正確に把握されうる筈のものであるが，戦後の実情はそのようになっていないのでこれを除外してある．戦前の家計調査によると負担費は 1934～36 年で一世帯平均 60 銭できわめて小であるが，戦後との比較のためにこれを除外して計上した．したがって表の計数の利用は以上の三種類の支出の中第一の消費支出についての可能なものであり，主として実支出とその内訳に注目すべきである．

2. 実支出の内訳をどのように分類するのがもっとも合理的であるかは家計調査上いわゆる「費目分類」に関する専門的な問題で最近は ILO（国際労働事務局）等による国際的統一の企てもあり，わが国でも統計委員会等によってその努力が為されつつある．ここではわが国で長い間行われてきた五つの大分類によって分割して支出の割合を示したが，細かい品目のとり扱い方でこの割合は異ってくることに注意する必要がある．通常，煙草は飲食物費の中に入れて集計されているが，これは雑費の中に入れるよう再集計してある．飲食物費の割合は後述するようにエンゲル係数として特別の目的に使用されるので，煙草のような異質な支出は除外する方が合理的だからである．なお戦前の調査と戦後の調査の間には細かい品目について分類上不統一がないではないが，大分類別観察には大差を与えない．

3. a, b, c 三つの調査のうち，a と b については別に説明した（→G-1-a）が，c はその調査の性質について a, b との対比上次の点に注意する必要がある．c は総理府統計局の消費者価格調査（CPS）であるが，これはその名称から明かなように戦後のはげしいインフレーションの時期において，公定価格と闇価格および自由価格を総合した実効価格の変動を捉えようとした物価調査（→F-4）にともなって行われたもので，したがってその性質上家計における支出の調査，すなわち生計費調査ではない．けれども自家生産物，物交，贈答等のいわゆる現物支出を除く現金支出については生計費調査とほぼ同様に行われているので，これを生計費調査の代用として十分に利用しうる．i) 地域は全国 28 都市で，a, b 両調査に含まれない小都市（人口 5～10 万）を含んでいる．もっとも別に東京都のみについての集計が発表されるから，これと a, b 調査の東京都の分を比較することはできる．しかし，ii) 28 都市の選定は地理的位置，人口，工業化の程度および人口移動等の諸条件を考慮していわゆる層別抽出法できめられていて，厳密にいえば全国 28 都市の集計についてよい代表性をもつように設計されている点に注意しなければならない．iii) 約 5,500 世帯が抽出調査されている点は，a, b の約 2,000 世帯の典型調査に比し，調査結果の信頼度を高めていると推定される．しかし，iv) 調査世帯は農家を除くあらゆる職業を包括しているから，一般的であるという利点もあるが，他方 a, b 両調査のように勤労者世帯のみをとろうとするときにはやや不便である．

以上の説明は旧 CPS についてであって，それは 1950 年 9 月まで継続され，同月以後は改正された．改正 CPS は勤労者について FIS と結合して行われるようになり，物価調査的性格から家計調査的性格に移行した．層別抽出を新しい基準で行い 8 都市が入れかわったこと，約 4,200 世帯となったこと，調査方法に多少の変更が行われたことの他は大体旧調査と同様である．新旧 CPS は重ねて調査のあった 1950 年 9 月において次のような相違を示しているから，両者は厳密にはリンクしないが，その差は全国では著しくはないから大体論としては無視してもよかろう．

4. 前述した種々の相違のうち，連結利用上一ばん不便な点はやはり CPS が一般世帯についての調査であって，生計費の変動がもっとも問題とされる勤

新旧 CPS の比較 (1950 年 9 月)

	全都市	東京
旧 CPS	11,300 円 (4.76 人)	13,258 円 (4.67 人)
新 CPS ｛全平均	11,209 (4.76 人)	12,594 (4.60 人)
勤労者	11,651 (4.72 人)	12,699 (4.56 人)

労者世帯のみについての戦前，戦後の比較が直接にはできない点であろう．しかし旧 CPS について東京都の特別分析を利用して吟味してみると，当時においては CPS の平均が勤労者世帯（全体の約60％を占める）の平均とほぼ等しいことがわかるし，また前掲表に明かなように新 CPS についても両者の差は少ない（もっとも勤労者世帯の支出は一般世帯の支出にたいし戦後の期間相対的に次第に増大してきた）ので，おおまかな比較ならば CPS の支出金額を勤労者のそれに代用してもいいと判断される．しかし大分類別の支出割合の比較についてはもっと周到な注意を払わなければならない．たとえば 1950 年 10 月に全国平均で住居費は 5.4％ であるが勤労者世帯のみでは 3.6％ であるというぐあいにかなりの相違があるからである．

解説 世帯における消費支出額は大別して三つの要因によって変動するとみられる．第一は世帯の人員である．人員が多くなれば消費量は増加する．人員といっても性別，年齢別で消費量は異るから，その点を斟酌して消費単位（ケット，このことを初めて行ったケトレーの名にちなむ）が用いられることがある．第二は所得である．税金等を差引いた可処分所得が大きければ消費額は大きくなる．第三は価格である．物価水準が上昇すれば同じ消費量をうるのにより大きい支出額を要することは当然であるが，それは逆に実質所得が減少したことになるから第二の原因と同じである．しかし個々の価格（相対価格）が変動すると，安くなった品目を多く買い，高くなった品目の購入を少なくするという適応が行われる．消費についてはその水準と構造という二つの点からその変化を考えなければならないのだが (→ G-3)，相対価格の変動はこの消費の構造に影響を与える．

生活環境や労働条件に基づく消費慣習が不変であるような期間について，消費支出の変動を観察するときは，その変動は前述の三つの要因による変化から合成されているものと考えていい．以下各要因について別々に解説する．i) 世帯人員．消費単位はわが国でも戦前には多く用いられたが，今日では合理性が少いと考えられている．消費単位は多くのばあい食糧の生理的消費量の差に基づいて，男子成年 10 にたいし女子成年 8，子供を年齢別に 5，3 というぐあいに換算するように作られるが，食糧以外の消費にそれが妥当する保証はないし，また家計には世帯人員が大きくなればそれにつれて費用が節約される事実（大規模の経済）もあるのに，このような機械的な換算ではそれを含めることもできないからである．そこで世帯人員の違う生計費を同一規準で比較するためには人員修正係数（マルチプル）という値が多く用いられる．この修正係数は数多くの異る人員の実態生計費の比較から経験値として算出される．表において戦前の世帯人員は約 4.1 人で戦後のそれは 4.7〜4.8 人である．同一人員の生計費に換算するためにたとえば人員の変化率 4.7/4.1=1.146 を戦前の支出額にかけたのでは修正がやや過大になる．それで

$$\log y = 2.35284 - 0.49167 \log x \quad (x: 世帯人員, y: 一人当り支出金額指数)$$

という式によると修正係数は 1.072 になる．上式は 1948 年 11 月と 1949 年 3, 6, 9 の 3 カ月の 4 回の CPS から求めたもので修正係数の一例である．このようにして算出された支出金額を物価指数でわって実質支出額を比較することは別の箇所で述べる．(→ G-3)

ii) 所得が増減するとき消費支出がそれにつれて増減する関係は消費性向といわれるが (→ G-

G 消費と家計

1-c), 支出の項目別にそれを観察すると規則的な関係がある．有名なエンゲル法則はこのことに他ならない．この法則は所得が上層の階級ほど，全支出額のうち飲食物費のような必需品にたいする支出の割合は，下層の階級にくらべて減少することをいうのであるが，それは所得の増大に伴って飲食物費にたいする支出は増大するがその増大する割合は全支出の増大する割合より小さい事実をいっているのである．それは奢侈品等への支出は逆に全支出の増大割合をこえて増大することを含意している．同時期の異った所得階層間にみられるこの傾向は同一家計の異る時点間の実質所得の変動についてもみられる．しかしこのばあいは第三の要因である相対価格が異っているから，各項目の支出割合（支出構造ともいう）は両要因によって変動する．

表について観るに戦前においては支出割合は各年を通じてかなり安定していたが，戦後は著しい変化を来している．飲食費の全支出にたいする割合をエンゲル係数というが，このエンゲル係数は戦前には 33～42% で徐々に増加してきていたのに，戦後は急増した．そして最近は徐々に減少しつつあるが，まだ 60% に近く，戦前にたいし著しく大きい値となっている．これは戦後家計の苦しさを示す有力な一指標である．之に応じて他の項目，とくに雑費（その多くは文化的支出）の割合が減少している．住居費の割合の著減は住生活の低下を示すことはもちろんであるが，調査方法に基因する部分も存する．これら支出額の変化から正確に消費水準の変動を測定するには，エンゲル係数の比較だけでは不十分で，別の方法によらなければならない．(→ G-3)

参 考

文献：

1. 東京都家計調査（東京都総務局統計課）は 1946 年 4 月から現在なお行われているもので，労働省の都市家計調査の延長せられたものである．戦後東京都の家計収支が一貫してみられる長所があるけれども，サンプルが僅々 150 世帯程度であるため信頼度に乏しいうらみがある．

2. 本邦家計調査（改造社版，経済学全集，第 25 巻「本邦社会統計論」1933 年所収）はわが国における 1916～32 年にわたる約 15 年間の家計調査の発達の歴史を考察したもので，殊に内閣統計局調査について詳しい．

3. 「消費者価格調査とは何か」（総理庁統計局編，1948 年) は CPS についての詳しい説明がなされている．

実収入階級	実支出(A)	食料費(B)	$\frac{B}{A}$
円 6,000 未満	円 8,642	円 5,163	% 59.74
10,000 〃	9,437	5,339	56.58
14,000 〃	12,425	6,536	52.60
18,000 〃	15,679	7,764	49.52
22,000 〃	18,497	8,730	47.20
26,000 〃	21,784	9,580	43.98
30,000 〃	24,371	10,271	42.14
30,000 以上	34,335	11,989	34.92
平 均	15,422	7,386	47.89

資料：農林省，消費実態調査報告における実収入階級別勤労者世帯の主要食糧消費支出，1952 年 3 月．
注：東京都，大阪市，札幌市，富山市，徳島市，鳥取市，青森市，都城市の 8 都市平均．

エンゲル法則を最近の事実について明快に示すために上の表をかかげる．これは 1950 年 10 月～1951 年 9 月の 1 年間について CPS を特別集計した資料から作製したものである．

G-1-c		都市生活者の家計収支バランス			
年次	項目	A 実収入	B 実支出	C 収支バランス	D 同比率
1929	昭和 (4)	円 ...	円 ...	円 ...	% ...
1930	(5)	...	...	...	...
1931〜32 (6〜7) a		86.47	76.33	(+) 10.14	(+) 11.7
1932〜33 (7〜8)		88.66	77.40	(+) 11.26	(+) 12.7
1933〜34 (8〜9)		90.35	78.91	(+) 11.44	(+) 12.6
1934〜35 (9〜10)		90.26	80.04	(+) 10.22	(+) 11.3
1935〜36 (10〜11)		90.59	80.11	(+) 10.48	(+) 11.6
1936〜37 (11〜12)		93.62	82.23	(+) 11.39	(+) 12.2
1937〜38 (12〜13)		98.09	83.93	(+) 14.16	(+) 14.4
1938〜39 (13〜14)		104.70	87.10	(+) 17.60	(+) 16.8
1939〜40 (14〜15)		115.42	97.31	(+) 18.11	(+) 15.7
1940〜41 (15〜16)		124.95	104.84	(+) 20.11	(+) 16.1
1942	(17)	...	...	...	...
1943	(18)	...	...	...	...
1944	(19)	...	...	...	...
1945	(20)	...	...	...	...
1946	(21) b	1,724.00	2,007.00	(−) 283.00	(−) 16.4
1947	(22)	4,177.00	4,452.00	(−) 275.00	(−) 6.6
1948	(23)	...	...	...	...
1949	(24)	...	...	...	...
1950	(25)	...	...	...	...
1951	(26) c	16,532.00	14,348.00	(+) 2,148.00	(+) 13.0
1952	(27)	20,822.00	17,852.00	(+) 2,970.00	(+) 14.3
1953	(28)	26,025.00	22,483.00	(+) 3,542.00	(+) 13.6

備　考　注：a.　内閣統計局調査による．(→G-1-a, 1-b の注 a)
　　　　　b.　労働省調査による．(→G-1-a, 1-b の注 b)
　　資料：a.　内閣統計局，家計調査報告，全国平均；b.　労働省，都市家計調査，全国平均；
　　　　　c.　総理府統計局，消費実態調査年報，1951 年．

利用上の注意　**1.**　家計における実収入と実支出の差額，すなわち収支のバランスは家計の安定度の指標である．この差額は貯蓄に相当するもので，それがプラスでかつ大きいほど家計は安定の度が強いし，マイナスが強ければ不安定の度が大きい．この安定度は消費や収入の水準の高さと無関係ではないが，しかし別の指標である．実収入のうち貯蓄する割合を貯蓄率といい，そのようにする家計の性向を平均貯蓄性向という．その値は一般には収入水準の高くなるにつれて高くなるけれども，必ずしもそうではない．収入が多くても維持しようとする消費水準が高ければその値は低いし，逆に収入が少なくても，より低い消費水準にあまんじているなら，その値

G 消費と家計

は高くなる.

2. 表は賃金, 俸給を主たる収入とする勤労者の家計について, その収支バランスとその実収入にたいする割合を示したものである. これらの計数を比較するためには, 別のところで述べた両調査に関する利用上の注意に留意することが必要である (→ G-1-a, 1-b). 1948 年以降は支出は CPS, 収入は FIS で別個に調査されているので収支バランスを直接に知ることができないが, 1950 年 9 月の改正以後についてはこれを知りうるようになった. 参考のため同年 10 月の計数を示せば次のようである. 実収入 13,262 円, 実支出 13,703 円, 差額 (−) 441 円, 実収入にたいする比率 (−) 3.3%.

解 説 **1.** 戦前には貯蓄率は 11〜12% 程度からやや増加して戦争前の時期には 15〜16% となっていた. 家計の安定度は高かったと見られるが後期における貯蓄率の増大は政策的, 強制的な貯蓄奨励によるものとみられる. 戦後は周知のように収入の異常な減少のためにマイナスの貯蓄, つまり赤字となった. b 調査がそれを示しているが, 参考のため東京都庁の家計調査 (調査対象の数, 調査方法からみて信頼性は十分ではないが) の計数をかかげると 1947 年 (−) 20%, 1948 年 (−) 13% である. これらは当時における家計の異常な不安定性を示している. 1948 年以降次第に赤字は減少して 1950 年ではほぼ収支の均衡をうるようになったと推定されるが, 後述するように改正 CPS によれば平均的にはなおいくらかの赤字を残存しているようである.

2. 戦前における貯蓄率を収入階級別にみると 1932〜33 年において 50 円未満階級のみが (−) の 0.6% で 60 円未満階級が (+) の 5.5%, 以下 10 円間隔きざみの階層順で 9.7, 11.5, 11.5, 12.7 と上昇し, 100 円以上階級では 15.4% である. 他の年次もほぼ同様な傾向であって, これらの計数は貯蓄率が収入の増加する割合をはるかに越えて増加する傾向の顕著であることを示している. 終戦後の赤字の多かった時期にはここに計数をあげることは省略するが, 収入階級の上下にほとんど無関係に貯蓄は負となっていた. それが最近は再び正常な状態に恢復してきたことは, 改正 CPS (1950 年 10 月) における貯蓄率の階層別を示す次表にあきらかである.

実収入階級	貯蓄率 (%)	
6,000 円未満	(−) *38.3* 以上	
10,000 〃	(−) *22.9*〜	(−)*16.4*
14,000 〃	(−) *7.1*〜	(−) *0.3*
18,000 〃	(−) *3.2*〜	(+) *3.3*
22,000 〃	(−) *2.1*〜	(+) *5.5*
26,000 〃	(+) *2.2*〜	(+) *5.4*
30,000 〃	(+) *1.0*〜	(+)*13.8*
30,000 以上	(+)*13.8*	

注: 貯蓄率が二つあるのは 2 階級を一緒にしたためである.

すなわち, 貯蓄は月収 2 万円以上の階級になってはじめてやや可能となりつつあるが, それ以下では依然として負である. したがって安定したといっても依然として数多くの不安定な家計が存在することを否定しない.

3. 所得の水準を国際的に正確に比較することはひじょうに困難な仕事で, ここで立ち入りえないけれども, わが国の勤労者の所得水準が戦前において先進諸国にくらべてかなり低かったのに, 逆に貯蓄率あるいは平均貯蓄性向は高かったということは確認されてよい事実のようである.

G-2-a 農家経済の収支

年次 項目	A 収入 合計	農業粗収益	農外収入	B 支出 合計	経営費	家計費	C 余剰	D 租税公課	E 調査農家数
	昭和	円	%	%	円	%	%	円	円	戸
1929 (4)a	2,322	85.1	14.9	2,246	52.2	47.8	76	△ 108	219
1930 (5)	1,616	84.8	15.2	1,693	52.7	47.3	(−) 78	△ 91	226
1931 (6)b	916	82.3	17.7	923	40.5	59.5	(−) 7	△ 56	277
1932 (7)	1,015	84.4	15.6	949	41.1	58.9	65	51	282
1933 (8)	1,156	85.3	14.7	1,036	41.5	58.5	120	55	284
1934 (9)	1,195	85.0	15.0	1,100	42.0	58.0	95	57	287
1935 (10)	1,335	85.6	14.4	1,202	41.3	58.7	133	57	288
1936 (11)	1,442	86.3	13.7	1,291	40.9	59.1	150	59	273
1937 (12)	1,584	86.6	13.4	1,343	41.4	58.6	241	52	279
1938 (13)	1,689	86.4	13.6	1,435	40.2	59.8	254	45	258
1939 (14)	2,385	87.5	12.5	1,773	39.5	60.5	612	49	281
1940 (15)	2,560	89.1	10.9	2,135	38.9	61.1	556	52	287
1941 (16)	2,529	83.7	16.3	2,166	35.9	64.1	363	56	305
1942 (17)c	3,411	89.4	10.6	2,737	39.3	60.7	675	79	587
1943 (18)	3,579	84.8	15.2	2,765	36.5	63.5	993	118	821
1944 (19)	4,440	76.9	23.1	3,016	34.4	65.6	1,425	163	443
1945 (20)	57,316	88.2	11.8	8,458	21.5	78.5	8,859	384	270
1946 (21)	57,371	90.5	9.5	40,813	30.5	69.5	16,557	3,663	511
1947 (22)	144,080	89.5	10.5	126,127	36.9	63.1	17,953	△ 24,104	507
1948 (23)	272,051	88.8	11.2	194,635	25.8	74.2	77,417	△ 35,885	407
1949 (24)d	221,551	75.7	24.3	206,712	23.7	76.3	14,839	△ 27,432	5,005
1950 (25)	261,932	12.1	27.9	222,189	22.6	77.4	39,743	21,147	5,112
1951 (26)	327,801	73.9	26.1	278,696	23.5	76.5	49,105	22,755	5,482
1952 (27)	387,905	70.3	29.7	339,134	26.0	74.0	48,771	24,644	5,389
1953 (28)									

備 考　注：調査方法に変更があり，a, b, c, d はそれぞれ調査内容も若干異る．a, b, c は毎年3月1日から翌年2月末日まで，1949年からは4月1日から翌年3月末日までの1年間．
資料：1929〜41年は農林省，農家経済調査各年度；1942〜44年は農林省農業綜合研究所，農家経済調査報告；1945〜51年は農林省統計調査部，農家経済調査報告．

利用上の注意　1.　わが国の経済単位には企業と家計とが分離しないものが相当の重要性を占めている．農村における農家と都市における中小商工業者の経済がそれである．これらについては家計における収支の調査は，俸給賃金を主な収入とする勤労者のばあいのようにいわゆる家計調査を純粋な形で行うことはできない．経営の面における収支を明かにする経営経済の調査と不可分離の関係において家計調査を行う必要があり，しかも収支は経営面と家計面とを分離して

G 消費と家計

計上することができないから両者を一体として見る以外にない．農家経済はその典型的なばあいで，これについては都市の中小商工業者にくらべて統計は比較的ととのっている．連年行われてきた農林省の農家経済調査がそれである．

  2. 農家も多かれ少なかれ農業以外から収入をえているので農家所得は農業所得と農外所得の和から成る．農業所得は農業粗収益から農業経営費を控除したものであり，農外所得は農外収入から農外支出を控除したものである．農業粗収益とは年度内の農業経営の結果得た総価額であって，耕種，養畜，養蚕及びこれらの生産物の加工による収入の外，農業財産の一時的な農業以外の利用による収入（たとえば牛馬，農具等の賃貸料）のような農業経営に附随した収入をも含んでいる．そして次のような形式で求められている．農業粗収益＝農産物（販売額＋家計及び兼業仕向額＋小作料・労賃等として外部に支払われた農産物の額＋固定資産増殖額＋現物の増加減少額）＋動物及び植物の増殖額＋農産物以外の農業経営に属する収入．

  このばあい販売額とは生産年度の如何をとわず農家が年度内に販売した農産物の総額をいい，物々交換によって支払った現物を評価計上されている．家計及び兼業仕向額は農産物のうち家計又は兼業に仕向けられたものの見積り価額であって，公定価格のあるものは生産者公定販売価格，その他は時価によっている．その他の項目も農産物以外の農業経営に属する収入を除いては何れも見積り価額であって，見積り価格の基礎については相当問題がある．

  農業経営費とは農業粗収益をあげるに要した一切の費用である．農業経営費＝現金支払額＋現物支払額＋（年度始繰越購入現物－年度末購入現物残高）＋減価償却額である．なお現金支払額は当該年度において支払われた現金であるが，必ずしも当該年度の経費を構成しない点は注意を要する．年度内に掛買したものは計算上擬制的な取扱いをして現金支払とし，前年度未払金の当該年度内支払額は除いてある．農外収入とは貸付地小作料，兼業収入，配当利子等の財産利用収入，補助金及び被贈収入を含めたものをいい，農外支出とは農外収入をあげるに要した一切の費用及び負債の利子等の農業以外の支出を一括したものである．

  3. 資料は各年農家経済調査からとられているが，すべて北海道，沖縄を除いた全府県平均のものとして揃えてある．両地方は内地と比較して農業経営の立地条件が非常に異なり，殊に前者において甚だしいから別にした方がよいのである．農林省の農家経済調査は 1921 年から開始されたが，1929 年以降 1931 年 (b)，1942 年 (c)，1949 年 (d) の三回に亙って調査のやり方が改正されたから計数を累年比較するためには以下の諸点に注意する必要がある．1942 年と 1949 年の改正においては調査農家数に大幅の増加があったが，(c) まではすべて典型調査で (d) から抽出調査に進歩した．すなわち (d) では全国を 11 農区にわけて全市町村を土地総面積に対する耕地面積の割合（耕地率）と耕地のうちで水田の占める割合（水田率）の組合せによって 9 階層に分類し，任意抽出により 560 町村をえらび各町村 10 戸ずつを経営耕地面積の広狭別の階層から任意抽出して合計 5,600 戸を選んでいる．この結果この調査の代表性，信頼度は著しく進んだとみられる．しかし依然として上層に傾いているようである．従来の典型調査においては被調査農家は「当該地帯の農業組織を反映しうるが如き農業組織のもの」という基準が示されているが，この基準そのものが極めて抽象的であるため，全国平均耕作規模農家より広い耕地を有する農家にかたよっている傾向がある．たとえば 1934～36 年において調査農家の耕作面積平均は 12.2 反，農林統計による全国平均は 10.8 反であって北海道を除けば更に狭くなる．しかし (d) 調査においても，たとえば 1948 年 5 月の調査農家の平均耕作面積は 9.9 反であるが，1948 年の農地センサスによれば北海道を除いて 7.9 反であって，大体において農家経済調査の方が約 2 割高く示

されている．その他調査方法の改正のうち (b) で為された収入面における中間生産物の取扱改正に注意を要する．堆肥，厩肥，緑肥，種苗，飼料等のような自家生産物で再び農業生産に使用されるものを中間生産物というが，それまでの調査ではこれが収入と支出の両方に計上されていたが収支共計上しないこととなった．中間生産物のそれまでの取扱いでは記帳が複雑になるのみならず，これらの評価は非常に困難で正確を期し難いという理由からである．したがって (b) の前後で農業所得と経営費にいくらかの不連続がある．なお 1942～44 年の調査は戦時中のため，調査農家及び調査員の移動甚だしく，したがって農家の選定にも妥当性を欠き，また記帳に不備を生ずる等信頼度が若干おちていると推定される．

解 説 1. 農業所得とその収支バランスは，豊凶のような外的条件に支配される可能性が多い．（たとえば 1931 年の凶作の際の計数をみよ．）それが一般に経済的な好況，不況に当然支配されている状況は表に明かで 1929～31 年の農村不況期には赤字となっている〔1929 年も租税公課をさし引けば赤字(△印)〕．その後相対的に安定をえたが，1939 年以降いわゆる戦時体制に入ってからは，毎年所得の増加を遂げ殊に 1945 年以降はインフレーションの急激なる進行とともに農家所得も異常な増大を示した．しかしこの農村好況も 1947 年を峠として再び下降状況を示しはじめ，農地改革による小作料軽減の効果も増大した租税の重圧に相殺されて，租税公課納入後の可処分所得としては 1947 年以降赤字を呈するに至った．

2. 農外所得の農家所得にたいする比率の変動は農家経済の安定度に密接な関係をもつ．農村が好況なときは農外所得が減少し，不況なときはそれが増大する傾向にある．大体において農外所得の 30～40% は賃金・俸給が占めており，不況期において農民が副業的収入を増大することによってようやく家計の不安定をやや軽減している事情を示している．戦後インフレの時期においてそれは比較的小となり 1946 年には最低の率を示した．1949 年以降における急激な上昇はそのまま事実を示すというよりも調査方法の変化に基づく部分も相当多いと推定される．

3. 農家経済の分析を地域別，階層別に行うときは事態はより明瞭となる．一例として 1950 年について東北と近畿の 2 地区を対比すると次表のようである．その順序で世帯人員はそれぞれ 7.82 人と 5.89 人，耕地面積はそれぞれ 15.9 反と 7.8 反であって，東北では比較的大きい粗放な，近畿では比較的小さい集約な，経営が行われている．戦前には東北農家の貧困がとくに注目されていたが，次表にみるように戦後はそのような特殊性はみられない．

地区別農家経済の収支

	収入合計	農業粗収益	農外収入	支出合計	経営費	家計費	余 剰	租税公課
	円	%	%	円	%	%	円	円
東 北	316,559	76.7	23.3	266,358	23.5	26.5	50,201	23,728
近 畿	252,058	69.9	30.1	222,424	22.6	77.4	29,634	21,940

次に経営面積別の観察であるが，経営面積は前例に明かなように地区別にちがうから，同一地区について観なければならない．一例として 1949 年の東北区と近畿区をとって次表とする．農外所得が下層農家ほど大であること（最上層がやや大きくなっているのは財産的収入大なるためである），農家余剰が上層ほど大きいこと，租税公課を差し引くと最上層のみが収支プラスであることが注目される．

G 消費と家計

経営規模別農家経済の収支 (1949年)

		収入合計	農業粗収益	農業収入	支出合計	経営費	家計費	余 剰	租税公課
		円	%	%	円	%	%	円	円
東北	1町未満	174,717	54.1	45.9	176,998	18.2	81.7	(-) 2,281	11,751
	1～2町	257,797	81.3	18.7	248,369	23.5	76.5	9,428	25,531
	2～3町	357,726	87.4	12.6	334,901	27.1	72.9	40,825	50,825
	3～5町	508,301	91.3	8.7	451,218	37.1	62.9	57,083	84,254
	5町以上	613,401	89.6	10.3	572,922	33.7	66.3	40,479	80,479
	平均	271,000	78.5	21.5	256,251	25.1	74.9	14,749	30,060
近畿	5反未満	160,319	55.0	45.0	155,895	17.0	83.0	4,424	15,997
	0.5～1町	206,795	77.6	22.4	197,785	21.8	78.2	9,010	25,322
	1～1.5町	208,594	88.9	11.1	267,484	28.4	71.6	13,110	43,016
	1.5～2町	394,106	90.9	10.0	335,829	39.3	60.7	58,277	72,248
	2町以上	412,493	87.9	12.1	292,384	34.0	66.0	120,109	75,861
	平均	219,329	76.6	23.4	206,470	24.1	75.9	12,859	29,165

4. 次に支出の欄において経営費と家計費の占める割合が全期間を通じて，前者の漸減と後者の漸増というはっきりした逆傾向を示している点に注意したい．この傾向がもしそのまま全体的な傾向を表しているとすれば，それは生産的な支出の相対的減少と生活的支出の相対的上昇があったことを示し，さらにそれがそのまま実物的な変化を意味するのであれば，生産への支出が消費への支出に転換したという由々しい問題を含意することになる．けれどもこの統計は次のように解釈しなければならない．第一に調査農家の平均経営面積は調査方法の相違から 1929, 1930 の両年は約 1.65 町，1931～1948 年は 1.25～1.35 町，1949～1950 年は約 1.02 町という具合に縮小している．そして一定時期においては経営面積の小さい農家ほど経営費の割合が小さいから，このことから前述の傾向が当然にまずあらわれる．しかし実態的な変化がなかったわけではない．実態的な変化としてはまず第一に戦後の経営面積が戦前のそれにくらべて縮小したという事実の影響をあげるべきであろう．第二には戦中および戦後 2～3 年を通ずる期間に余儀なくされた掠奪的な農業経営のやり方である．この事実が物的な経営費を縮小していると解される．第三には逆に農業生産へのプラスの効果をもたらしたものであって，戦後は農地改革の効果を反映して地代的支出が著しく減少したために経営費が相対的に縮小することとなった．以上の仮定的ならびに実態的な諸々の効果の総合としてこの傾向は解釈されなければならない．

5. 最後にこれまで述べてきた農業所得の概念と産業別の国民所得概念としての農業所得（→A）と生産の関係について説明しよう．ここでいう農業所得とは農業経営から農家がうる純収入であるから，それは本来は農業経営所得である．しかしわが国の農業は多く家族労働によって行われているから，その報酬を含めて農業所得というので，国民所得概念と混同しやすい．国民所得としての農業所得は，支払った地代，雇傭労賃，負債の利子のような支出をすべて含む，すなわち国民所得としての農業所得は表の A 欄の農業所得のほかに，農家の農業生産活動によって生じたその農業外に帰属する農業所得を加えたものを集計したものになる．同じ欄の「農外所得」の中には雇傭労賃，財産収入等，ここでいう国民所得概念としての農業所得が含まれているが農家以外に帰属するものは含まれないし，また別に農業外における兼業所得も含まれているから，「農家所得」を集計してもやはり国民所得としての農業所得はえられない．（→ C-6）

G-2-b　農家の家計と消費

年次 項目	A 家計費	B 飲食費	C 住居費	D 光熱費	E 被服費	F 雑費	G 賄支給額	H 世帯人員	I 耕地面積
昭和	円	%	%	%	%	%	円	人	反
1929 (4)a	1,074	40.8	5.4	5.9	8.6	39.3	…	7.32	17.3
1930 (5)	800	43.3	5.2	6.3	7.4	37.8	…	7.29	16.2
1931 (6)b	585	42.4	6.1	5.9	7.9	37.7	…	6.38	12.4
1932 (7)	559	45.8	6.4	5.7	8.0	34.1	…	6.35	12.5
1933 (8)	606	43.7	6.1	5.6	9.2	35.4	…	6.43	12.7
1934 (9)	638	46.3	5.8	5.1	8.4	34.5	…	6.51	12.8
1935 (10)	705	46.6	6.1	4.7	9.2	33.5	…	6.52	12.8
1936 (11)	763	46.3	6.4	4.5	9.5	33.3	…	6.47	12.8
1937 (12)	786	47.7	5.6	4.3	9.1	33.2	…	6.45	12.7
1938 (13)	858	47.6	5.7	4.8	10.0	31.9	…	6.43	13.2
1939 (14)	1,073	45.6	5.1	4.6	11.1	33.6	…	6.51	12.8
1940 (15)	1,304	44.7	5.9	4.6	11.5	33.3	…	6.37	13.4
1941 (16)	1,387	44.8	6.1	4.7	12.4	32.0	…	6.53	12.9
1942 (17)c	1,661	40.0	10.8	6.1	11.3	31.8	…	6.7	13.6
1943 (18)	1,755	40.7	9.8	6.2	11.0	32.3	…	6.5	
1944 (19)	1,976	41.2	11.5	8.2	7.4	31.7	…	6.7	
1945 (20)	6,698	61.7	6.3	7.1	10.6	14.3	19	7.3	17.5
1946 (21)	28,549	46.4	13.0	7.9	15.4	17.3	176	7.5	16.2
1947 (22)	79,938	41.8	12.2	6.7	19.1	20.2	354	7.8	16.9
1948 (23)	145,144	45.8	11.5	5.9	16.1	20.7	696	7.8	16.2
1949 (24)d	158,751	49.6	10.8	6.6	10.3	22.7	956	6.6	10.2
1950 (25)	173,145	51.4	9.8	6.3	10.8	21.7	1,237	6.57	10.2
1951 (26)	213,185	53.6	9.8	5.7	12.2	18.7	1,567	6.47	10.2
1952 (27)	250,856	50.9	10.5	5.3	12.4	21.9	1,724	6.47	10.1
1953 (28)									

備　考　注： a, b, c, d. この各々の期間で調査方法がそれぞれ異っている.
　　　　c. 1942～44 年は飲食費の中から嗜好品を雑費に廻した.
　　　　d. 飲食費から煙草を除き，雑費に含めた. ただし 1951 年は例外.
資料：　農林省, 農家経済調査報告, 各年度.

利用上の注意　1. 資料としての「農家経済調査」にかんする一般的な説明は別のところに述べてある(→ G-2-a). 農家の家計調査を利用するばあいには，もちろん家計調査一般に共通する注意が必要であるが (→ G-1-b)，とくに次の点に注意しなければならない.
　2. 農家経済では農業経営と家計が不可分離の関係にあることがその家計費を特徴づけているが，それは次の四種の項目から構成されている.

G 消費と家計

　(1)　現金支出額……実際の現金支出のほか，家計用品を購入してまだ支払っていない未払金は，その相手から現金を借入れて支払ったものとして便宜的に算入計上されている．
　(2)　生産及び収得現物の家計仕向額……これはいわゆる家計仕向と称せられているものであるが，農産物，兼業生産物，その他購入現物以外の現物労賃として収得した現物及び貰物等が家計の用に供されたものについて評価を行った額である．
　(3)　見積住居費……農家においては都市のように借家はほとんど存しないので，家計部門が所得部門に宅地家屋の借地，借家料を支払うものとみなして計算上の費用額を計上してある．
　(4)　現物家計支出額……これはいわゆる物交の形態であって，1946 年までは現金取引と考えて「売り収入」取引と「買い支出」取引の二つの現金取引に分解して考えていた．しかしながら 1947 年からは農村においても物交が盛んに行われる傾向を生じたために，これを無視することが出来ず，現金取引に分解することなくそのまま物々交換として取扱い，受取現物の時価で評価計上されるようになった．
　以上のうち都市のばあいと著しく異なるのは (2) と (3) である．(2) の家計仕向は農家家計費の主要部分をしめる食料費，燃料費に関係するものであるが，その評価方法は自由経済の時期には時価で評価を行うことになっていたが，その時価の定義が曖昧で販売のときの受取価格か購入のときの支払価格か明確でない．しかし主として受取価格によるものと推定される．価格統制の実施以後は公定価格のあるものは公定価格で，然らざるものは時価で評価することになったが，主食は公定生産者価格で他は公定消費者価格である．しかし評価に生産者価格と消費者価格の何れをとるべきかは理論的にも問題となる点である．一般的には生産所得と考えるときは生産者価格，支出所得と考えるときは消費者価格をとるのが妥当であるが，何れをとるかによって評価額に大きい相違を来す点に注意しなければならない．(3) については 1941 年までは居住に必要な土地，建物，井戸，門塀，その他一切の固定設備の修繕維持に要した費用と土地を除くこれらの物の減価額を合したものをとっていた．1942 年以降は更にこれに見積資本利子（家計使用部分の年度始資産価額に年利率 4 分を乗じた額）を加算したものをとっている．都市における持家の住居費にほぼ相当する．
　なお 1945 年から賄支給額なる項目を設け，家計費から減じて家族家計費を求めている．

解説　**1.**　調査方法や調査対象の変遷に注意しなければならないけれども，時系列として累年の変化をおよそ表すものとみることはできよう．まず都市生活者の家計とくらべて著しく異る点は，農家のばあいには戦前戦後を通じて家計の支出構造にそれほど著しい変化がみられないことである．飲食費の割合，すなわちエンゲル係数をみても戦前の 40～48% にたいし，戦後は 42～60% であって，比較的安定している．被服費と住居費の割合が都市のばあいと逆に却って戦後にやや増大している点，けれども雑費の割合はやはり減少している点，等に留意すべきであろう．

2.　農家の家計についても各項目への支出額が，収入階級別または支出階級別に，どのように変動するかが研究されているが，かなり規則正しい傾向を示すという点においては都市の家計のばあいと同様である．ただ農家における消費は自給的な部分が多く，したがって農家生産物の地域的な相違をそのまま反映する面があるために，支出に関する傾向が比較的はっきり出ないばあいが多い点に特質がある．表のような全府県平均でなく地域別にわけて集計，観察することが望ましい．

　わが国では農家経済調査の階層別の分析は，これまですべて農業経営の規模と称して耕地面積

の広狭を指標として行われてきているために，家計支出の変動傾向を直接に知る資料に乏しい．1936 年の農家経済調査の再集計から作成した収入階級別の分析によると，主食の中でとくに米の一消費単位当り消費が，収入階層が上になるほど増加する傾向にあることがわかる．当時の都市の勤労家計では米の消費は最下層の方を別とすれば，収入階級が上になるにつれて増加することはなく，却って僅かではあるが減少する傾向にあったことが明かであるから，米支出の傾向は農村と都市で逆になっていた．所得がすこし増加したばあい，その増加分は一部貯蓄され，残余は消費支出の増加となるが，これをそれぞれ限界貯蓄および限界消費支出という．いま所得が 10% 増加したとき，その増加分が 2% は貯蓄，8% は消費支出というぐあいに分れたとする．このように増加分をもとの所得にたいする % として表すときは，限界的増加分をそれぞれ限界貯蓄率および限界支出率という．この限界支出率はいろいろな支出項目についても考えられる．それを多くの家計調査について実際に計測してみると勤労者階級の所得水準の範囲においては，所得の大いさの変化にかかわらず殆んど一定であることが知られている．つまり支出はどの項目についても所得の変化に対してほぼ直線的に増加するわけである．

1936 年の農家経済調査結果を支出階級別に再集計したものにつき支出総額と飲食物額の関係を一例として図示しよう．このばあいの限界支出率は 0.5 である．

3. 戦後の農家の消費水準が戦前にくらべてどのような地位にあるかは，前述のような支出割合の変化の比較からだけではわからない．それには別の箇所で詳しく述べてある測定方法（→ G-3）によらなければならないが，農家のばあいにはデータが不十分なためにあまり正確な結果はえられない．次に一つの計算例を述べる．

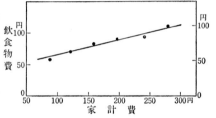

表に明かなように農家においても世帯人員は戦前にくらべて戦後増加している．まずこれを同数の世帯人員についての家計支出額に換算しなければならない．そのために用いる人員換算係数（マルチプル）(G-1-b) は，

$$\log y = 3.39003 + 0.85609 \log x \quad (y: 家計の実支出額, \ x: 世帯人員)$$

のような式で与えられる．これは 1949 年 5 月の農家経済調査から算出したもので，その一例である．

次に農家経済調査が全国平均よりも上層の農家に偏している点を斟酌しなければならない．戦前を 1934〜36 年にとると当時の全国平均の一戸当り経営面積は 10.8 反で農家経済調査のそれは 12.8 反である．戦後を 1949 年にとると農地センサス（同年 3 月 1 日）による一戸当り経営面積は 7.9 反，農家経済調査のそれは 9.9 反である．何れも調査農家平均の方が約 2 割ほど大きい．さらに耕作面積が小さければ家族人員も小となる関係をも考慮にいれて，戦前戦後とも 6.25 人世帯の換算支出額を算出すると月額で 53.52 円対 11,600 円となる．家計支出額は戦後 216.7 倍になったことになる．

次に農家購入物価指数を同じ農家経済調査データから計算するとラスパイレスで 247 倍，パーシェで 224 倍となるので，これらで支出金額指数を除するとそれぞれ 87.7 および 97.0 をうる．これが求める農家の消費水準の指数である．データが都市のばあいよりも劣っているから試算の域をでないが，戦後農家の消費水準は戦前のそれに比してやや低下している程度であるということはできよう．

G 消費と家計

4. 農家の消費水準は、都市生活者のそれとくらべて、釣り合のとれた高さであるかどうかということが、つねに問題とされる．このことを統計的につかむためには、やはり都市生活者と農家のそれぞれの代表的な家計調査を利用して、その消費支出の実質額を比較するのがもっとも有効な方法である．このばあいにも両方の側における代表性の信頼度の吟味や、人員修正等の手続が不可欠であるが、とくに都市と農村の間の物価水準の地域差を正確に求めることが問題である．CPI の地域差指数があるが、これは都市間の比較に関するものであるから、この目的のためには農村の側の消費者物価データを用いて特別の地域差指数を作らなければならない．

1949 年についての計算例を示すと、東京都の CPS データと全国農家経済調査のデータから求めた物価の地域差指数は東京都の支出額ウェイトで東京都 100 にたいし農村 70.6、農村の支出額ウェイトで東京都 100 にたいし農村 58.6 である．基準が二通りあるから二通りの指数がでるのはやむをえない．次に東京都の代表的支出額 14,087 円 (4.65 人) と農家の代表的支出額 11,861 円 (6.37 人) を人員換算して前述の物価指数で除すと消費水準は都市を基準としたばあいに農村は約 95、逆に農村を基準としたばあいに都市は 90 である．すなわち何れも基準とした方がいくらか高い消費水準にあるという結果になる．このように一見矛盾した結果がでることは、数量指数の性質上むしろ当然のことであって (→ G-3)、実際利用の立場からはその平均をとるなり、何れか一方の立場をとるなり、ともかく別個の見地から選択しなければならない．しかし 1950 年についても大差ない測定結果をうるから、大体論としては戦後の農家の消費水準は都市のそれと大差なく、ほぼ均衡にあるといえよう．

戦前においてはデータが不十分なためにこの種の計測が十分にできないが、同様な方式による一応の計測結果を 1934～36 年について示せば、都市の立場からみるとき都市 100 にたいし農村 50、農村の立場からみるとき都市 100 にたいし農村 70 の消費水準である．

以上を総合すると、戦前においては農村の消費水準は都市勤労者のそれに比してかなり低位にあり、不均衡が顕在していたが、戦後は農村の消費水準の低下が僅かであるのに、都市勤労者のそれが著しく低下して戦前の水準にまで恢復しないために、両者の横の関係はほぼ均衡をうるようになったと考察される．

5. 農家と都市勤労者の消費水準をエンゲル係数で比較するのはエンゲル係数の誤用の適例である．その意味は別のところで一般的に述べてあるが (→ G-3)、ここでは次の点に注意したい．

消費の型は個人的な嗜好によっても相違するが、この種の相違は均質的な集団について平均的に観察するときにはほとんど問題にならない．問題になるのは職業や生活環境の相違にもとづく集団間の相違である．この点を厳密にとり扱うためには、少なくとも職業の差による消費の差を除かなければならず、そうしなければ純粋の意味の消費水準というものはえられないという考え方にまですすまざるをえない．事実そうした考え方で消費水準を純粋に計測しようとする試みもないではないが、そこには消費の相違のきめ方に恣意性が入りやすいのでなかなか客観性をうるように成功しにくい欠点がある．それにしても農業労働は手労働によるものが多く労働力の支出を補うための必要食料、とくに主食は大であるという事情などを考慮に入れないで、エンゲル係数だけを機械的に比較することは危険である．戦後は農家の方が都市生活者よりも概してエンゲル係数が低いが、これは農家の消費水準が都市のそれより高いことを意味しているわけではない．農家の方は消費の型としては食糧消費が多いのに、価格がひじょうに低く評価されているためにそうなっている面に注意すべきである．

G-3				消費水準と実質賃金						
年 次	項 目	A 実支出 5人世帯換算	B 同指数 1934～6=100	C 消費水準a		D 食糧の消費水準				E 実質賃金a
				リンク指数Ⅰ	リンク指数Ⅱ	総計 1934～6=100	米 1934～6=100	主食(米麦) 1934～6=100	非主食 1934～6=100	リンク指数Ⅰ / リンク指数Ⅱ
1929	昭和 (4)	円 …	…	…		…	…	…	…	98
1930	(5)	…	…	…		100.8	100.9	101.5	99.4	104
1931～32	(6～7)	84.73	95	104		103.9	105.7	105.9	99.5	109
1932～33	(7～8)	85.39	96	105		96.8	94.6	95.5	100.0	111
1933～34	(8～9)	87.25	98	105		103.0	101.9	101.3	106.9	107
1934～35	(9～10)	88.36	99	102		104.0	106.1	105.2	101.4	103
1935～36	(10～11)	88.38	99	98		98.5	95.8	97.8	100.6	98
1936～37	(11～12)	90.72	102	99		97.5	96.4	97.1	98.6	98
1937～38	(12～13)	92.60	104	97		104.6	105.7	103.0	108.1	97
1938～39	(13～14)	96.31	108	98		104.8	106.5	102.1	110.8	99
1939～40	(14～15)	107.43	121	87		102.2	105.3	104.3	97.5	77
1940～41	(15～16)	115.67	130	72		…	…	…	…	67
1941	(16)	…	…	…		…	…	…	…	64
1942	(17)	…	…	…		…	…	…	…	55
1943	(18)	…	…	…		…	…	…	…	54
1944	(19)	…	…	…		…	…	…	…	49
1945	(20)	…	…	…		…	…	…	…	(16) / (18)
1946	(21)	2,152.00	2,415	42	53	65.3	62.2	68.7	57.9	17 / 21
1947	(22)	4,712.00	5,286	44	54	81.6	80.4	91.3	59.9	28 / 35
1948	(23)	8,951.00	10,041	51	63	88.5	78.6	96.9	69.8	46 / 58
1949	(24)	12,296.00	13,793	58	69	92.3	80.8	99.0	77.1	71 / 84
1950	(25)	12,289.00	13,786	62	74	94.0	82.7	103.7	72.0	85 / 101
1951	(26)	15,218.00	17,070	66	79	—	—	—	—	
1952	(27)	17,977.00	20,165	76						
1953	(28)	22,618.00	25,370	88						

備 考 注：a. (→F-4).
資料：A. (→G-1-b); D. 経済安定本部民生局, 戦前戦後の食糧事情, 1951年12月; E. (→F-6).

利用上の注意 1. 消費水準とは直接生活のために消費された財貨の物量を一括して, その変化を一定の時期を基準として百分率で表現したもので生活水準とは異るがそれをはかる最も重要な指標である.
大分類別に食糧の消費水準, 住居の消費水準というぐあいに用いられることもある. 家計調査から算出される消費水準は支出金額を消費者物価指数で除した実質生計費の指数にほかならない.

G 消費と家計

同じように収入の実質額を求めることができる。これは実質収入（または所得）水準である。勤労者家計の収入主体である賃金の実質額，すなわち実質賃金がその一般的指標として用いられる。消費水準は別に直接消費された財貨の物量からも算出される。

2. 表に示された消費水準は，人員修正係数によって5人世帯の支出額に換算された家計における実支出額（→G-1-b）の指数を，消費者物価指数で除して算出したものである。実質賃金は表 F-6 の B欄の名目賃金指数を消費者物価指数で除して算出したものである。したがってこれらについてそれぞれの箇所で述べてある「利用上の注意」がそのままここでも必要である。食糧の消費水準は直接消費された数量から算出された指数の一例であって，これは家計調査とは異って，全国的な集計量について生産，輸移出入，繰越，繰入の諸統計から差引き計算して一人当りに換算して算出した値である。共通単位はカロリーにとってある。したがって同じ食糧の消費水準でも家計調査から算出されたもの（後述）とは異る。それは家計外での消費をすべて包含していること，加工原料として消費されたものも原料の形であがっていること（酒米のごとき），都市だけでなく農家の消費をも含むこと等にとくに注意を要する。

3. 消費水準と実質賃金について戦後二種の指数があげてあるのは，デフレーターを二本用いたからである。この点については利用上次のような注意が必要である。すなわち，消費水準は消費数量指数によって測定されるもので，この消費数量指数を作製するためには異る財貨の消費量を何等かの共通単位で加算してその集計量を指数として比較しなければならないから，その共通の評価単位がちがえば指数の値がちがってくるのは自明のことである。食糧の消費水準についてカロリーをとるならば，いつの時期にも一貫した評価ができるが，その他の財についてすべてカロリーを採るわけにはいかない。また食糧にしてもカロリーだけで評価されているわけではないから，カロリーのみを評価単位とするだけで十分だとは決していえない。むしろそれは便宜的なことである。そこですべての財貨とサービスに一般的に共通な評価単位としては価格系列があるだけということになるが，この価格系列は時期によってちがうから，いつの価格系列を評価の基準とするかによって得られる指数は当然ちがってくる道理である。リンク指数 I をデフレーターとした消費水準は各年の価格系列で評価した数量指数で表わされているが，リンク指数 II をデフレーターとした消費水準は基準期間の価格系列で評価したものと各年の価格系列で評価したものとの幾何平均として算出された数量指数で表わされている。わが国では官庁関係で第二の方式が一般に用いられているが，それが唯一の測定ではないから第一の方式を同時にかかげた。上述のことを念のため数式で示すと次のようになる。各財の単価を p，数量を q とし，$1, 2, \cdots$ で年次をあらわし，さらに $\sum$（シグマ）で和を示すと $a, b, c, \cdots$ 等の財の消費額の合計は1の年次と2の年次について，

$$\sum p_1 q_1 = p_1^a q_1^a + p_1^b q_1^b + p_1^c q_1^c + \cdots \cdots \quad 1)$$
$$\sum p_2 q_2 = p_2^a q_2^a + p_2^b q_2^b + p_2^c q_2^c + \cdots \cdots \quad 2)$$

としてあらわされる。かりに1期を戦前，2期を戦後とすれば戦前基準の戦後における支出金額指数は $\sum p_2 q_2 / \sum p_1 q_1$ である。つぎに戦前の価格系列で評価した戦後の消費額は

$$\sum p_1 q_2 = p_1^a q_2^a + p_1^b q_2^b + p_1^c q_2^c + \cdots \cdots \quad 3)$$

さらに戦後の価格系列で評価した戦前の消費額は，

$$\sum p_2 q_1 = p_2^a q_1^a + p_2^b q_1^b + p_2^c q_1^c + \cdots \cdots \quad 4)$$

として表わされる。さて戦前を基準として戦後の消費数量をはかろうとするとき，戦前の価格系列で両方を評価して比較すれば，1) と 3) を比較することであるから $\sum p_1 q_2 / \sum p_1 q_1$ である。

もし戦後の価格系列で両方を評価して比較すれば，2) と 4) の比較となり，$\sum p_2 q_2/\sum p_2 q_1$ となる．$\sum p_1 q_2/\sum p_1 q_1$ をラスパイレス数量指数，$\sum p_2 q_2/\sum p_2 q_1$ をパーシェ数量指数という．両者を幾何平均すれば数量指数のフィッシャー式をうる．同じ記号で消費者物価指数をあらわせばそのラスパイレス式は $\sum p_2 q_1/\sum p_1 q_1$，そのパーシェ式は $\sum p_2 q_2/\sum p_1 q_2$ で表わされる．前者は4) を 1) で除したもの，後者は 2) を 3) で除したものに他ならない．それぞれ，$(q_1{}^a, q_1{}^b, q_1{}^c\cdots\cdots)$ $(q_2{}^a, q_2{}^b, q_2{}^c\cdots\cdots)$ という消費量の組合せを購入するに要する支出金額の比率として定義される．フィッシャー式は両者の幾何平均である．

さて前述の消費水準は支出金額の比率を物価指数で除して求めたのであるが，それは理論的には直接に価格で数量を評価して数量指数を求めたのと同様であることが次式に明かである．

$$\frac{\sum p_2 q_2}{\sum p_1 q_1} \div \frac{\sum p_2 q_1}{\sum p_1 q_1} = \frac{\sum p_2 q_2}{\sum p_2 q_1}$$

$$\frac{\sum p_2 q_2}{\sum p_1 q_1} \div \frac{\sum p_2 q_2}{\sum p_1 q_2} = \frac{\sum p_1 q_2}{\sum p_1 q_1}$$

$$\frac{\sum p_2 q_2}{\sum p_1 q_1} \div \sqrt{\frac{\sum p_2 q_1}{\sum p_1 q_1} \cdot \frac{\sum p_2 q_2}{\sum p_1 q_2}} = \sqrt{\frac{\sum p_2 q_2}{\sum p_2 q_1} \cdot \frac{\sum p_1 q_2}{\sum p_1 q_1}}$$

なお数量指数は各財別に $\dfrac{q_2{}^a}{q_1{}^a},\ \dfrac{q_2{}^b}{q_1{}^b},\ \dfrac{q_2{}^c}{q_1{}^c}\cdots$ として直接に求められる．之を一つの指数に総合するばあいにそれらの基準時における支出金額をウェイトとして加重平均すれば，

$$\frac{\sum\left(\dfrac{q_2}{q_1}\right)p_1 q_1}{\sum p_1 q_1} = \frac{\sum p_1 q_2}{\sum p_1 q_1}$$

をうる．同様にして比較時の支出金額をウェイトとして $\sum\left(\dfrac{q_1}{q_2}\right)$ から $\dfrac{\sum p_2 q_2}{\sum p_2 q_1}$ をうることができる．これらは前述の結果とまったく同様である．この方法で数量指数を算出するばあいもある．

解説　1. 消費水準，実質賃金いずれも戦前においてすでに徐々に低下の傾向を示していたが，戦時中その傾向が著しくなり，さらに終戦時に驚くべき低位となった．（消費水準の調査がないが，そう推定される）．戦後の恢復の過程は，1950 年まではとにかくかなり堅実であったとみられるが，1951 年に入って停滞ぎみである．指数Ⅰをとるとき消費水準は戦前基準時の約 6 割，実質賃金は約 8 割 5 分，指数Ⅱをとるとき，消費水準は約 7 割，実質賃金は約 10 割というのが最近の状態であるとみられるが，消費水準の恢復率よりも実質賃金の恢復率の方が何れも大きく測定されているのは，はたして実態をそのまま反映しているかどうかは大いに疑問がある．むしろ調査の方法，対象の相違等に基づく相違に強い斟酌を払わなければなるまい．

2. 消費水準の恢復率については，それが原則として実は購入量水準の恢復率を表しているものであることに留意する必要がある．家計調査は貯え（ストック）の調査を伴なわず購入面の変化だけをみるものであるから，たとえば衣類の枚数が竹の子生活でへっても，それが消費水準の変化としては表われない．逆にいよいよ余裕がなくなって衣類を購入すれば，ストックは著減していても消費水準の増大となって表われる．つまり非耐久的な消費財についてだけであれば，購入量水準のうごきはほぼ消費水準のうごきを示すと仮定してもいいけれども，耐久財の消費が重要になってくると，それにつれて購入量水準と消費水準は離れてくる．そこで真の意味の消費水準を測定するためにとくに所持する耐久財の評価を行うという方法が試みられることがある．これは耐久財の評価について耐用年限等のきめ方に恣意性がはいりやすいために，なかなか合理的

G 消費と家計

に行いにくい.

また通常の方法では財貨やサービスの質の変化も十分に表わしえていない欠点がある．最近はよほど改善されたが，少なくとも戦後 1949 年頃までは質の悪化による現実の消費水準の低下は著しかったが，表にかかげる計数はそれを十分にあらわしえていない．これらは上述の計数が国民の実態より高いという印象を与える主な理由であろう．

3. 食糧の消費水準は戦前の期間には傾向的変化は大してみられないが，戦後はやはり著しく低下し，最近は米で8割，主食として 10 割に恢復したが，非主食はまだ7割の程度である．これらの計数は前述の消費水準の計数と厳密には比較できないものであるが，しかし食糧消費の恢復率が一般のそれより遙かに大きいことは否定できない．総合した消費水準の算出とまったく同様な方法で大分類別の消費水準を算出した1例を左に参考のために示す．これは戦前基準期間にたいする 1949 年の計数である．

	パーシェ	ラスパイレス
飲食物	84	101
(主食)	88	101
被 服	25	45
光 熱	88	131
住 居	40	40
その他	67	107

これらはごく大体を示す程度の計数ではあるが被服と住居の低位が顕著であることは確実である．

4. 消費水準にしても実質賃金にしても，表の計数は平均における比較をあらわすものであるから，それがそのまま全体の変化を代表するというわけにはいかない．支出や収入の分布があまり著しい変化のないときにかぎり，平均で全体の変化をほぼ代表せしめていいのである．戦後における賃金分布は戦前のそれに比して，それほど著しい変化を来したとは判断されない．(→ F-6)

5. 生活水準の指標としてエンゲル係数がよく用いられる．生活水準という言葉は一定の国民が意欲していて，それを享受しなければ安定感をえない生活標準という意味にも用いられるし，また現に実現している生活内容という意味にも用いられる．しかし何れにしても消費水準以外の複雑な諸要素を含んでいる．しかしかりにそれを消費水準だけに限ってもその指標としてエンゲル係数を用いるばあいには慎重を期さねばならない．エンゲル係数はエンゲルその人もいったように「他の事情にして等しいかぎり」において物質的な福祉の指標となりうるもので，生活環境や労働条件の相違から欲望，慣習が異るばあい，相対価格が著しく異るばあい等は単なるその大いさの比較は消費水準の指標にはならない．たとえば戦前における日本の勤労者家計のエンゲル係数は表 G-1-b にみるように 35～40% であったが，当時の欧洲諸国における労働階級家計にみられたエンゲル係数はこれより高く 45～60% であった．これら諸国の一人当り実質所得は当時わが国よりも遙かに高かったことから推定しても，勤労者の消費水準がこれらの諸国におけるよりも日本において高かった筈はない．つまり日本のエンゲル係数の小さかったのは，食糧の相対価格がやすかったことや，食糧消費の質的内容が劣っていたこと等に基因していたと見られるので，それは決して消費水準の指標にはならない．

H　金　融

　貨幣は財貨の一般的交換手段であるばかりでなく，現在から将来に亙っての価値の保蔵手段としてきわめて重要な役割を果している．したがってある国においてどれだけの貨幣が存在し，それがいかなる仕方で流通しているかを明かにすることは，その国の経済の規模や活動状況を知るための不可欠の手段となる．

　そのためにまず最初に，わが国における通貨流通高を明かにすることが必要であるが，その計測は基本的に重要であるにもかかわらず，従来においては，かならずしも正確に行われてはいなかった．そこで，以下においては，まず最初に，最も信頼しうる資料により，日銀券を中核とする全通貨の流通高とその変動を明かにすることを企てた．その場合，通貨流通高を決定する要因は基本的には一定の所得を背景とする人々の「流動性選好」であるが，通貨流通高はまた中央銀行の通貨政策や政府の財政政策によっても増減せしめられることはいうまでもない．それではわが国の通貨流通高は従来いかなる要因によって動かされていたか．それを決定的に解明することは十分な理論的，歴史的分析を必要とするが，ここでは日本銀行の主要勘定を検討することによって，日銀券増減の態様だけを示すことを試みた．さらに，通貨流通高との関連においてきわめて重要な意味をもつものは，現金通貨ならびに預金通貨の流通速度，もしくは貨幣の所得流通速度である．殊に通貨量と国民所得との関係を示す所得流通速度の概念はインフレ現象や適正通貨量の問題の説明原理として最近ますます広く用いられるようになっている．ここでは，やはり最も信頼しうる資料と方法とをもって，わが国における通貨の流通速度もしくは所得流通速度を計測することを試みた．なお通貨と物価との関係については F-1 の項を参照されたい．

　次に，通貨は銀行その他の金融機関の媒介によって，投資，商品流通，消費等あらゆる経済活動に役立たしめられるのであるから，通貨の経済的機能を知るためには，その媒介物である金融機関の活動状況をみることが必要である．わが国の金融機関は戦後における経済民主化の傾向にもかかわらず，むしろ集中化の傾向を辿っているようにみえるが，そのことは金融機関の数とその資本金の計数を検討することによって明かとなる．これらの金融機関は一方において預金の吸収や資金の借入を行うとともに，他方においてはそれを貸出や投資に運用し，それによって資金供給の社会的職能を果し，企業利潤を獲得する．ここでは全国普通銀行の資産，負債勘定を基礎として貸出対預金比率，投資対貸出比率などを計測し，預金コストおよび利廻，銀行収益率，産業資金の供給などの計数を検討したが，われわれはそれによって，わが国の銀行がオーヴァー・

H　金　融

ローンの方法によって産業資本の供給者として顕著な役割を演じつつ，きわめて高率な収益をあげていることを知ることができるのである．これらの点はわが国の産業構造の反映でもあり，これを例えばアメリカの金融業の状態と比較することは興味があろう．なおここでは金融機関の問題だけに限定したから，政府の資金計画についてはI-7を参照されたい．また，ここでは，金融機関といっても，主として普通銀行の計数を示すに止めたが，わが国における資金の流れの全貌をみるためには，その外，戦時中の戦時金融金庫，戦後における復興金融公庫，開発銀行を始め，各種の特殊金融機関，信用組合，無尽会社等の金融活動を省みることが必要であり，さらに各種企業の側における資金調達状況をも明かにすることが必要である．しかし，それらの問題については，長期に亙って一貫した，計数を掲げることができないので，ここでは割愛した．

H-1 通貨流

項目 年次		A 通貨総量	B 同指数	C 総量	C/A	D 日本銀行券a	補助貨 E 補助貨b
昭和		千円	1934〜6=100	千円	%	千円	千円
1929	(4)	3,690,904	105.4	1,540,585	41.7	1,225,717	319,445
1930	(5)	3,421,311	97.7	1,413,818	41.3	1,115,934	303,136
1931	(6)	3,169,343	90.5	1,326,873	41.9	1,028,902	299,998
1932	(7)	3,062,030	87.5	1,319,420	43.1	1,020,694	300,365
1933	(8)	3,245,783	92.7	1,390,226	42.8	1,067,729	325,767
1934	(9)	3,389,930	96.8	1,474,980	43.5	1,112,364	366,100
1935	(10)	3,459,807	98.8	1,525,669	44.1	1,148,361	381,612
1936	(11)	3,652,809	104.3	1,629,007	44.6	1,237,136	396,997
1937	(12)	4,340,694	124.0	1,846,373	42.5	1,426,190	426,675
1938	(13)	5,164,270	147.0	2,166,714	42.1	1,703,170	457,336
1939	(14)	6,456,605	184.4	2,674,409	41.4	2,141,695	411,119
1940	(15)	8,587,360	245.3	3,669,592	42.7	3,031,509	393,294
1941	(16)	10,501,714	300.0	4,806,123	45.8	4,049,584	418,494
1942	(17)	12,962,291	370.0	6,058,541	46.7	5,183,617	452,972
1943	(18)	16,184,914	462.3	7,887,321	48.7	6,982,523	383,183
1944	(19)	22,940,646	655.3	12,994,553	56.6	11,969,219	371,159
1945	(20)	44,843,141	1,280.9	31,219,314	69.6	30,098,191	330,246
1946	(21)	73,283,678 (75,276,016)	2,093.3 (2,150.2)	52,934,911	72.2 (70.3)	51,595,906	322,878
1947	(22)	178,627,323 (182,332,515)	5,102.4 (5,208.2)	139,162,968	77.9 (76.3)	137,560,113	411,016
1948	(23)	340,539,004 (341,168,842)	9,727.3 (9,745.3)	243,050,914	71.4 (71.2)	241,510,438	669,177
1949	(24)	477,069,798	13,627.3	308,083,778	64.6	306,012,339	1,576,450
1950	(25)	552,888,663	15,793.0	324,890,113	58.8	321,873,514	2,661,304
1951	(26)	728,218,000	20,801.2	408,931,000	56.2	405,318,000	3,341,000
1952	(27)	882,628,000	25,211.8	476,685,000	54.0	472,611,000	3,843,000
1953	(28)	1,036,467,000	29,606.1	539,566,000	52.1	530,292,000	9,097,000

備 考 注：a. 日銀券の年中平均流通額．年中平均発行額から朝鮮銀行と台湾銀行における発行準備充当額を控除せるもの．ただし 1929〜36 年の発行準備充当額は月末平均額しかえられないので次の推計を行う．1937〜41 年の 5 カ年の月末平均額と年中平均額との比率を算定し，その平均値 1.05 を 1929〜36 年の月末平均額に乗じて年中平均額とす．1945 年 4 月以降は発券準備充当額に関し朝鮮銀行および台湾銀行からの報告がないので，同月以降 8 月までは 3 月の月中平均発行準備充当額が維持されたものとして計算．
b. 補助貨，小額紙幣は月末平均流通額．1945 年までは朝鮮，台湾，樺太，沖縄における流通分を含む．補助貨は 1929〜31 年の 3 カ年については年末額しかえられないので次の推計を行う．1932〜36 年の 5 カ年の年末額と月末平均額との比率を求めその平均値 0.91 を 1929〜31 年の年末額に乗じ月末平均額とす．
c. E, F の合計額から朝鮮，台湾における月末平均流通額を控除した計数．ただし朝鮮については 1943 年以降，台湾については 1944 年以降の計数がえられないので，それ以前の 5 カ年の補助貨，小額紙幣の合計額と台湾，朝鮮流通分との比率を求め，その平均値（朝鮮 0.029，台湾 0.022）を 1943 年，44 年以降の補助貨，小額紙幣の合計額に乗じ，朝鮮，

通　　高

貨およ び小額紙幣		預　金　通　貨				項 目	
F 小額紙幣b	G 総量c	H 総　　量	H/A %	I 当座預金d	J 当座貸越d		年　次
千円	千円	千円	%	千円	千円		昭和
12,227	314,868	2,150,319	58.3	1,192,554	957,765	1929	(4)
11,863	297,884	2,007,493	58.7	1,081,563	925,930	1930	(5)
11,597	297,971	1,842,470	58.1	946,831	895,639	1931	(6)
11,422	298,726	1,742,610	56.9	878,661	863,949	1932	(7)
11,260	322,497	1,855,557	57.2	1,031,864	823,693	1933	(8)
11,160	362,616	1,914,950	56.5	1,116,450	798,500	1934	(9)
11,103	377,308	1,934,138	55.9	1,134,558	799,580	1935	(10)
11,015	391,871	2,023,802	55.4	1,195,294	828,508	1936	(11)
10,969	420,183	2,494,321	57.5	1,532,998	961,323	1937	(12)
27,127	463,544	2,979,556	57.9	1,961,001	1,018,555	1938	(13)
150,272	532,714	3,782,196	58.6	2,569,900	1,212,296	1939	(14)
281,807	638,088	4,917,768	57.3	3,304,661	1,613,107	1940	(15)
382,154	756,539	5,695,591	54.2	3,973,343	1,722,248	1941	(16)
471,411	874,924	6,903,750	53.3	4,855,643	2,048,107	1942	(17)
568,123	904,798	8,297,593	51.3	5,885,931	2,411,662	1943	(18)
709,278	1,023,334	9,946,093	43.4	7,042,665	2,903,428	1944	(19)
851,127	1,121,123	13,623,827	30.4	9,957,458	3,666,369	1945	(20)
1,016,127	1,339,005	20,348,767 (22,341,105)	27.8 (29.7)	18,027,149 (19,558,130)	2,321,618 (2,782,975)	1946	(21)
1,191,839	1,602,855	39,464,355 (43,169,547)	22.1 (23.7)	38,025,303 (40,939,165)	1,439,052 (2,230,382)	1947	(22)
871,299	1,540,476	97,488,090 (98,117,928)	28.6 (28.8)	93,194,951 (93,674,723)	4,293,139 (4,443,205)	1948	(23)
554,989	2,071,439	168,986,020	35.4	161,524,379	7,461,641	1949	(24)
355,295	3,016,599	229,998,550	41.2	217,570,597	10,427,953	1950	(25)
272,000	3,613,000	319,287,000	43.8	307,533,000	11,754,000	1951	(26)
231,000	4,074,000	405,943,000	46.0	389,883,000	16,060,000	1952	(27)
177,000	9,274,000	496,901,000	47.9	478,026,000	18,875,000	1953	(28)

台湾の流通分を算定，控除す．樺太，沖縄については控除不能．
d．全国銀行の月末平均額．従来発表されている計数は日銀勘定および在朝鮮銀行の分を除くが在台湾，樺太，沖縄銀行分を含むから，ここでは資料のえられる在台湾銀行分を控除す．ただし在台湾銀行分の 1942 年 12 月以降の月末額はえられないので次の方法で推定．1942 年については 11 月までの月末平均額をとり，1943～45 年についてはそれ以前の 5 カ年（ただし当座貸越は 3 カ年）の総額と在台湾銀行分との比率を求め，その平均値（当座預金 0.016，当座貸越 0.0056）を 1943～45 年の当座預金と当座貸越に乗じて，在台湾銀行分とす．
e．（　）内は封鎖預金を含む計数．
資料：D．大蔵省・日銀，財政経済統計年報；日銀統計局，戦時中金融統計要覧および金融統計月報；日銀調査局，本邦経済統計；E, F．日銀調査局，本邦経済統計；大蔵省理財局，金融事項参考書；G．台湾銀行調査局，台湾金融経済月報；朝鮮総督府，朝鮮金融事項参考書，朝鮮金融年報；I, J．大蔵省・日銀，財政経済統計年報；日銀統計局，金融統計月報；台湾銀行調査局，台湾金融経済月報．

利用上の注意 1. ここに掲げた計数は年末の計数ではなく，つとめて年中平均（一年 365 日の計数の平均）に近い計数が算定されている．しかし日銀券以外のものは各月末額の平均（月末平均）を以て年中平均に代えたからその点正確ではない．特に当座預金は月末の増加が大きいから，年中平均額よりもかなり過大になる傾向がある．そこでこれを年中平均額に近づかせるためには次の推計を行う必要がある．東京協会社員銀行については旬末額がえられるから，この旬末平均を以て月中平均とみなし，これと月末額との比率を求め，その比率によって全国銀行の月末額を月中平均額に換算し，それより年中平均額を算定する．この方法は理論的には正しいが，実際には東京社員銀行の旬末平均額と月末額との比率が全国銀行について，どの程度にあてはまるかは若干疑問が存するので，ここではこの操作を行っていない．

2. 預金通貨の内容については，理論的にいろいろと議論のわかれるところであるが，ここでは当座預金と当座貸越の合計額をとった．その計数は全国銀行のみの計数であり，その他の金融機関分は含まれていない．ただしその額は僅少である．

3. 本表の計数は1946年3月以降発表されている日銀統計局調べの現金通貨と預金通貨と，その構成分が異ることに注意されたい．同局発表の現金通貨は，金融機関手持額を控除しているが，本表ではこれを控除していない．従来の統計は，金融機関の現金手持額と，手形小切手手持額とを合算して示しているから，1929年にまで遡って金融機関の現金手持額を控除するためには，東京手形交換所調べの全国手形交換所組合銀行および代理銀行における現金および手形の収納比較の計数を用いて推計を行わねばな

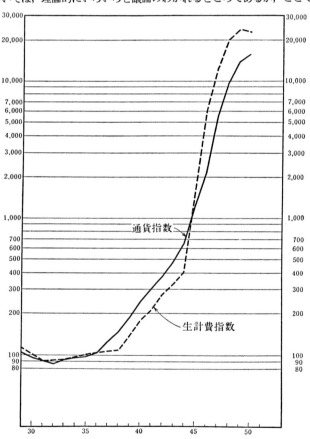

らない．日銀統計局発表の預金通貨の構成内容は次の如くである．銀行当座預金＋郵便振替貯金＋金庫当座預金＋市街地信用組合当座預金－銀行手持小切手手形．このような構成内容で1929

解説　1. 通貨流通額は一国経済の動きを把握する上において最も重要な指標の一つである．しかし，従来は日銀券の場合を除き，年中平均の通貨流通額が公表されていないために，年末の計数を用いて経済分析を行うことがしばしばみられた．けれども通貨流通額は比較的に季節的変動が大きいから，それでは正確を期することができない．殊に流通速度の算定には平均概念としての通貨流通額が是非とも必要である．

2. 総通貨流通高は戦前は30億円台に維持されていたが，戦時中逐次増加し，1945年終戦時には448億となった．終戦後はその増加傾向が益々拍車をかけられ，1950年には5,528億となった．いま，その増加傾向を生計費指数のそれと比較してみると，前頁の図にみられるように，戦前においては通貨指数と生計費指数はほぼ同一線上にあった．戦時中は両者はほぼ同一の増加率を示しているが，生計費の上昇は通貨のそれに遅れており，戦後はその反対に生計費の上昇が通貨のそれに先行している．通貨指数は戦後の方が戦時中より増加率が大であるが，1949年以後は増加率が鈍化している．

3. 現金通貨と預金通貨の比率をみると，戦前は現金通貨が全通貨量の40～45％を占め，預金通貨の方が大であった．この比率は戦時中1940年末までは，そのままに維持されていたが，1940年以降は現金通貨の方が次第に増加し，1944年になると現金通貨が56.6％，預金通貨が43.4％となり，戦後はこの傾向が益々著しくなって現金通貨の方が70％台となった．これはインフレーション進行期において信用取引が衰退し，現金取引が活潑になったことを如実に物語るものである．1949年以降，経済安定政策が行われるとともに信用取引が次第に拡大され，1951年には現金通貨は56.2％にまで低下したが，それでも預金通貨よりは多く，まだ戦前の状態に復帰していない．

参考　英米仏の通貨流通額

年末	アメリカ (十億ドル)		イギリス (十億ポンド)		フランス (十億フラン)	
	現金通貨	預金通貨a	現金通貨	預金通貨	現金通貨	預金通貨
1937	5.6	24.0	0.46	1.21	94	30
1938	5.8	26.0	0.46	1.19	112	33
1939	6.4	29.8	0.50	1.29	153	42
1940	7.3	35.0	0.56	1.65	221	61
1941	9.6	39.0	0.70	2.02	270	76
1942	13.9	48.9	0.87	2.26	383	91
1943	18.8	60.8	1.03	2.53	500	107
1944	23.5	66.9	1.20	2.87	575	122
1945	26.5	75.8	1.34	3.07	577	429
1946	26.7	83.3	1.38	3.58	732	607
1947	26.6	86.9	1.33	3.71	921	740
1948	26.1	85.5	1.25	3.87	993	1,193
1949	25.4	85.8	1.27	3.92	1,301	1,433
1950	25.0	93.2	1.29	3.99	1,590	1,531

注：a. 預金通貨は，小切手使用または要求払による預金を指すが，当座貸越，金融機関預金，政府預金は含まない．
資料：日本銀行統計局，外国経済統計，1951．

H-2　日銀券の変動 (百万円)[a]

年次		資産				負債			H 日銀券の増減 b
		A 政府貸上金	B 貸出金	C 国債および債券	D その他資産	E 政府預金	F その他預金	G その他負債	
昭和									
1929	(4)	0	-169	1	155	0.0	62	23	-97
1930	(5)	3	75	-46	-287	-49	-28	27	-206
1931	(6)	0	210	84	-487	-84	1	-4	-106
1932	(7)	23	-193	306	-5	7	3	24	96
1933	(8)	-23	84	117	-66	-19	3	10	119
1934	(9)	44	22	-35	9	-18	-16	-9	83
1935	(10)	50	-35	82	105	49	9	5	139
1936	(11)	68	-98	100	-25	-64	16	-6	99
1937	(12)	-184	-117	558	270	76	3	9	439
1938	(13)	0	-119	454	103	-17	-1	6	450
1939	(14)	0	556	576	116	261	31	32	924
1940	(15)	-0.0	-246	1,531	131	191	67	59	1,098
1941	(16)	-1	85	1,391	111	57	217	112	1,201
1942	(17)	-1	924	502	1,140	1,226	223	-54	1,170
1943	(18)	-1	1,815	1,635	807	657	463	19	3,117
1944	(19)	956	5,301	2,119	2,034	1,836	782	311	7,480
1945	(20)	10,264	28,894	-2,439	17,469	13,262	2,247	985	37,695
1946	(21)	-3,620	12,592	27,605	-674	-11,314	6,710	2,549	37,957
1947	(22)	45,602	-18,129	111,105	1,100	240	10,083	3,610	125,744
1948	(23)	30,308	19,599	101,852	-1,420	7,299	1,707	5,194	136,139
1949	(24)	16,495	36,745	-58,819	611	-1,966	-531	-2,502	31
1950	(25)	-36,990	25,862	-52,113	173,674	35,720	2,935	5,027	66,752
1951	(26)	-23,390	108,529	-10,743	9,826	-16,185	8,231	7,825	84,322
1952	(27)	-1,235	239	160,096	12,505	60,054	25,927	-15,578	70,046
1953	(28)	-26,876	75,509	28,239	-11,392	-31,758	28,916	-14,862	53,460

備　考　注：a. 各計数は年中の増加額もしくは減少額 (−)．単位未満は四捨五入．
　　　　b. 日銀券増減は資産合計 (A+B+C+D) −負債合計 (E+F+G)．ただし各計数は未満四捨五入であるから，正確にはこの差額と一致しない．
資料：大蔵省・日銀，財政経済統計年報；日銀統計局，本邦経済統計．

H 金融

利用上の注意 1. 本表は日本銀行主要勘定に現われた日銀券の発行状況を示すものである．日銀券の増加は日銀資産勘定の増加もしくは負債勘定の減少として現われ，その減少は資産勘定の減少もしくは負債勘定の増加として現われる．ただし，日銀券はわが国通貨の一部にすぎないから，その増減を直ちにインフレや物価変動と結びつけて考えることは正しくない．

2. 日銀券発行の径路もしくは原因を明らかにする資料としては，(1)「日本銀行券径路別発行状況」，(2)「資金移動状況」，(3)「資金放出吸収実績」表などがあり，それらのものは『資金循環の分析』において発表されているが，それは1946年度以降のもののみである．それ以前のものとしては，「日本銀行券径路別発行状況」(『本邦経済統計』1950年版)と「政府資金撒布，市中資金引揚と銀行券増減」(『戦時中金融統計要覧』)とがあるが，それらのものも1937年7月以降の計数を掲げているにすぎない．そこで本表ではやむなく日銀主要勘定の増減だけを示した．したがって本表によっては日銀券増減の大体の要因しか把握できない．

解 説 1. 過去22年間を通じて日銀券が減少した年は，1929年，30年，31年の僅か3ヵ年で，1932年以降は逐年増加している．しかし戦前においては，その年中増加額は8千万円から1億4千万円の間にとどまった．ところが1937年に日華事変が勃発するや，日銀券の増加額は一躍4億円台に突入した．その最大の増加要因は国債および債券で，その増加額は5億6千万円という多額に達した．これは財政資金の大きな部分が日銀の国債引受という形で調達されたことを示している．この傾向は戦時中一貫してみられ，日銀の手持分は累増する一方であった．

2. 次に1942年以降は日銀券の大きな増加要因は民間貸出であり，その一部は民間預金の増加によって相殺されたとはいえ，なお，国債債券の増加額を上廻る状態であった．特に終戦の年1945年においては民間貸出は289億円増加し，これが同年の日銀増加額377億円の主要部分を占めることとなった．

3. 戦後についてみると，1948年までは国債および債券の増加が顕著であり，それが日銀券の主要な増加要因であった．しかし1949年にはドッジ・ラインによる経済安定化政策によって状況は全く異り，国債および債券は逆に588億円減少し，これが政府貸上金と民間貸出金の増加を相殺したために，同年の日銀券の増加は僅に3,100万円にとどまった．これを年度の計数についてみると12億円の減少となっている．しかし，1950年には，外国為替貸付等の「その他資産勘定」の急増によって，ならびに1951年には民間貸出の急増によって日銀券は再び増加することになった．

参 考 日銀券の部門別分布状況を示すと右の通りである．

	総額	生産部門	商業部門	一般消費者	農漁村	金融機関その他
	億円	%	%	%	%	%
1947年6月	1,363	18.3	37.0	10.1	28.5	6.1
12月	2,191	14.1	36.7	12.7	29.4	7.1
1948年6月	2,305	16.9	42.8	11.7	20.1	7.5
12月	3,552	16.7	40.6	13.1	22.3	7.3
1949年6月	3,006	15.5	44.8	14.3	17.2	8.2
12月	3,553	14.8	42.3	14.9	19.2	8.8
1950年6月	3,111	15.2	46.4	15.3	14.6	8.5
12月	4,220	17.0	46.5	15.1	15.5	5.9

資料：日銀貯蓄推進部，貯蓄時報，2号，5号，7号，9号．

H-3		通貨流通速度							
項目 年次		A 通貨所得 流通速度a		B 現金通貨 流通速度		C 預金通貨 流通速度b		D 当座預金 回転率c	
昭和		回	1934〜6=100	回	1934〜6=100	回	1934〜6=100	回	1934〜6=100
1929	(4)	…	…	14.3	96.8	63.3	110.5	59.8	82.9
1930	(5)	3.8	80.3	15.0	101.6	51.8	90.4	53.5	74.1
1931	(6)	3.8	80.3	15.3	103.6	54.1	94.6	57.8	80.2
1932	(7)	4.0	84.6	13.5	91.4	53.1	92.7	64.5	89.4
1933	(8)	4.1	86.7	14.3	96.8	59.4	103.7	65.3	90.5
1934	(9)	4.4	93.0	15.3	103.6	57.3	100.0	70.7	98.0
1935	(10)	4.9	103.5	14.2	96.2	55.3	96.5	70.6	97.9
1936	(11)	4.9	103.5	14.8	100.2	59.2	103.4	75.1	104.1
1937	(12)	5.2	109.9	16.4	111.1	62.2	108.6	72.4	100.3
1938	(13)	5.1	107.8	15.9	107.7	53.4	93.2	62.6	86.8
1939	(14)	4.9	103.5	15.8	107.0	51.9	90.7	59.2	82.1
1940	(15)	4.3	90.9	14.4	97.5	47.6	83.1	…	…
1941	(16)	4.0	84.6	12.1	81.9	35.5	62.0	…	…
1942	(17)	3.8	80.3	9.6	65.0	39.1	68.3	…	…
1943	(18)	3.7	78.2	9.5	64.3	34.9	60.9	…	…
1944	(19)	3.4	71.9	6.9	46.7	28.8	50.3	…	…
1945	(20)	…	…	…	…	…	…	…	…
1946	(21)	5.3	112.1	8.9	60.3	32.2	56.2	…	…
1947	(22)	6.5	137.0	10.6	71.4	50.9	88.9	…	…
1948	(23)	7.1	150.1	16.1	108.9	70.8	123.6	70.9	98.2
1949	(24)	7.1	150.1	20.1	136.0	77.9	136.0	76.9	106.6
1950	(25)	7.1	150.1	—	—	84.2	147.0	75.0	103.9
1951	(26)	7.3	155.3	—	—	84.0	146.7	80.5	111.6
1952	(27)								
1953	(28)								

備考 注：a. 通貨総量と総国民生産額との比率.
b. 1944 年までは全国，1946 年以降は東京の預金通貨流通速度.
c. 1939 年までは普通銀行，1948 年以降は全国銀行の当座預金回転率.
資料：B. 日銀調査局，調査時報，4 号，9 号，12 号；C. 東京手形交換所，預金通貨の数量と其の回転速度，および東京手形交換所年報；全国銀行協会連合会，金融 38 号；D. 大蔵省銀行局，銀行局年報；日銀統計局，金融統計月報および本邦経済統計.

H 金融

利用上の注意　**1.**　所得流通速度は国民総生産額（→ A-5, A 欄）を通貨総量（→ H-1, A 欄）で除したものである．しかし，国民総生産額は会計年度の計数であり，通貨総量の平均残高は暦年の計数であるから，その間に3ヵ月の時間的ズレがある．したがって，ここに掲げた計数は大体の趨勢をしりうるにすぎない．

2.　現金通貨の流通速度は日本銀行調査局の算定した計数をそのまま掲げた．その算定要領を示すと次のようである．先ず1935～42年については日本銀行調査局が作成した支払方程式によって算定された計数である．支払方程式とは国民経済におけるすべての支払を捕捉するため，貨幣数量説に関するフィッシャーの方程式を修正したものである．なお詳しくは日本銀行調査局，1943年調，支払方程式作成資料を参照．次に1929～34年および1943～44年については現金通貨の流通速度が全国組合銀行の月末日現金収納高の流通現金総量に対する比率と大体において比例するとの仮定に従って算定されている．1945年以降については従前のものに連繋する全国組合銀行の月末日現金収納高に関する統計がとられていないから次の方法によって推算されている．すなわち1926～44年における現金通貨および預金通貨の流通速度の比率（この数値は大体においてコンスタントである）の平均値 (3.7) を求め，その比率によって預金通貨の流通速度（ここに掲げたものとは異る）から現金通貨のそれを算出する．1948年以降については，東京組合銀行の月中現金収納高の現金通貨平均残高に対する比率の推移に基づき算出されている．現金通貨の流通速度は科学的に測定することの最も困難なものであり，ここに掲げた計数も前項で述べてあるように一貫した算定方法がとられていない．したがって信憑性は極めて少ない．しかし現在ではこれに代る適当な方法は見出されていないようである．

3.　預金通貨の流通速度は1944年までは東京手形交換所調査によった．その算定方法は同所編「預金通貨の数量と其の回転速度」参照．同所調の流通速度は当座預金と当座貸越の合計を預金通貨とするものと，当座預金のみを預金通貨とするものの二種があり，ここでは前者を用いた．ただし1937年以降は前者を欠くために，1940年までは当座貸越月末平均残高を預金通貨に加算して算定し直した．しかし1941年以降の4ヵ年は資料の都合でこのような計算が不可能であったので，1929～40年の当座貸越を含む流通速度とそれを含まない流通速度との比率（平均値60%）を1941年以降の計数に乗じて推算した．

1946年以降は全国銀行協会調の東京における月中の流通速度を年中の計数に換算した．なおこれとは別に，日銀調査局で推計した全国の預金通貨流通速度がある．1946年以降の東京における預金通貨の流通速度については全国銀行協会連合会発行の「金融」参照．

4.　当座預金回転率をもって，預金通貨の流通速度と考える学説があるから，比較のためその計数をも掲げた．当座預金回転率は，1940年までは『銀行局年報』所載の普通銀行の預金に関する統計表より次の方法によって算定した．先ず同表の当座預金前期繰越高に一年総増加高を加え，それより期末現在高を控除したものを，年中の総支払高とみなし，これを普通銀行の当座預金月末平均残高で除して回転率を求める．ただし当座預金の月末平均残高は1938～40年の3ヵ年しかえられなかったので，それ以前については，この3ヵ年の月末平均額とH-1において算定済の全国銀行当座預金月末平均残高との比率（普通銀行分は全国銀行分の94%）を求め，この比率を全国銀行当座預金月末平均残高に乗じて普通銀行の当座預金月末平均額を算定した．

1948年以降は日銀統計局発行の「金融統計月報」によったが，1940年以前の計数と連繋を保つために，次の加工を行った．同月報においては当座預金平均残高は金融機関の手持小切手および手形を控除してあるが，本表ではそれを控除しない計数を以て，月中払戻額の年合計を除した．

したがって同月報の回転率よりはるかに低い回転率となっている．1948 年については 8 月以降の 5 カ月の計数しかないので，この計数から年中の計数を推算した．以上の計算方法によると，1940 年までの計数と 1948 年以降のものとは資料を異にするために，計数の連続性に問題がある．またこの方法によると当座預金と各種預金との単なる振替も回転率に影響するから，預金通貨の流通速度は手形交換高を基礎とする場合よりも多少高くなる．

解　説　**1.** 貨幣は経済の主要な指標であり，したがって通貨量を物価指数や生産指数に比較することがしばしば行われるが，貨幣の経済的機能を正しく把握するためには，単に一定時の貨幣のストック（通貨量）だけではなく，一定期間の貨幣の回転速度ないしは流通速度を問題としなければならない．なぜならば，例えば年間の平均通貨量が一定であっても，それがその年間に何回転したかによって総流通量が異ってくるし，したがってそれが物価や生産に及ぼす影響も当然に異ってくるからである．本表において前表の通貨流通額に加え，その流通速度を計算したのはそのためである．

2. 通貨の流通速度は $MV+M'V'=PT$ というフィッシャーの交換方程式に示されたように，通貨量と相並んで物価決定の要因を形づくるものと考えられていた．そのために通貨を現金通貨 (M) と預金通貨 (M') に分け，それぞれの流通速度 (V および V') を測定することが行われていた．ここでもそれらの計数を掲げた．しかし最近においては，現金通貨および預金通貨の流通速度よりも，貨幣全体の所得流通速度の方が経済学的により有意義と考えられているから，ここではその計数をも示した．所得流通速度とは貨幣量に対する国民所得の比率，すなわち Y/M であり．通常 $MV=Y$ という方程式で示される V がこれである．したがってそれは $M=kY$ という方程式に示されている「マーシャルの k」の逆数に相当する．k は公衆がその所得の中から貨幣の形で保有する割合を示すものである．所得流通速度が重視される理由は，上式の Y を PO（P は物価，O は生産高）に置換えて，$MV=PO$ とすれば容易に理解できる．すなわち所得流通速度は貨幣量とともに物価と生産高を決定する要因であり，k が大で所得流通速度が小である場合はその時の雇傭状態に応じて物価と生産高の何れか，もしくはその双方を下降せしめ，k が小で所得流通速度が大である場合は，その逆に物価と生産高を高める傾向がある．このように所得流通速度は生産高したがって雇傭と直接の関係があるのに対し，フィッシャーの取引流通速度は経済理論上余り重視されない取引高 (T) と関連するにすぎない．

3. フィッシャーの貨幣数量説においては貨幣の流通速度は一応コンスタントと考えられているが，実際には相当著しく変化している．わが国においては，通貨の所得流通速度を始め，現金通貨ならびに預金通貨の流通速度は戦前はいずれも上昇傾向にあったが，日華事変の始まった 1937 年をピークとしてその後は次第に下降し，終戦時

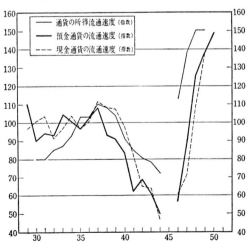

において最低点に達した.戦後は再び騰勢に転じ,1949年には戦前水準を4割方上廻ることとなった.戦時中通貨の流通速度が下ったのは,一方において通貨の著しい膨脹がありながら,他方経済統制によって購買力の発現が抑えられていたためであった.つまりそれは潜在的インフレの状況であったのである.ところが,戦後においては,統制経済から自由経済への転換,繰延需要の発現,貨幣に対する信頼感の喪失などのために,通貨の流通速度は急激に上昇し,インフレが顕在的となった.1949年以後,経済の安定に伴って,この傾向は幾分抑えられ,流通速度は鈍化したが,それでも戦前の水準に比較すれば,なおはるかに高い.

参 考 1. 通貨の所得流通速度を算定する場合には,預金通貨の中に当座貸越を含めないのが普通である.いまこの普通の概念にしたがって,日米英三国の1936年以降の所得流通速度を比較してみると次の如くである.

年 次	日 本	アメリカ	イギリス	年 次	日 本	アメリカ	イギリス
1936	3.9回	2.1回	2.7回	1944	1.7回	2.0回	2.1回
1937	3.6	2.5	2.8	1945	—	1.8	1.9
1938	3.3	2.1	2.9	1946	2.6	1.6	1.7
1939	3.0	2.0	2.8	1947	3.6	1.8	1.8
1940	2.8	1.9	2.7	1948	4.6	2.0	2.0
1941	2.5	2.1	2.6	1949	6.7	2.0	2.0
1942	2.4	2.2	2.5	1950	6.2	2.0	2.1
1943	2.3	2.1	2.3				

資料:日銀統計局,外国経済統計(1951年版)の現金通貨,預金通貨および国民所得の3表より算定.通貨は日米は年末計数,英は12月の月中平均がとられているから,ここに算定されている所得流通速度は実際よりもやや低すぎるであろう.日本は経済安定本部調による分配国民所得と比較されているから,H-3のA欄とは比較できない.

2. アメリカにおける要求払預金の回転率を示すと次の如くである.

1929	56.3回	1935	24.9回	1941	19.4回
1930	40.4	1936	24.7	1942	17.9
1931	33.2	1937	24.7	1943	16.2
1932	27.2	1938	21.6	1944	14.6
1933	26.8	1939	20.2	1945	13.5
1934	26.3	1940	18.5		

資料: U. S. Department of Commerce, *Historical Statistics of the United States, 1789-1945*, 1949.

3. 文献.中谷 実・大野栄一郎,預金通貨の研究,1933年;高木暢哉,銀行信用論,1948年;東京手形交換所,預金通貨の数量と其の回転速度,1937年.

H-4　金融機関数と

項目 年次		A 銀行 b			B 信託会社 c		
		本店数	公称資本金	一行当り資本金	本店数	公称資本金	一社当り資本金
	昭和		千円	千円		千円	千円
1929	(4)	1,023	2,814,456	2,751	37	333,500	9,014
1930	(5)	913	2,666,674	2,921	37	293,500	7,932
1931	(6)	811	2,587,752	3,191	37	288,500	7,797
1932	(7)	663	2,546,122	3,840	37	288,500	7,797
1933	(8)	637	2,489,098	3,908	36	287,000	7,972
1934	(9)	597	2,441,817	4,090	33	282,000	8,545
1935	(10)	578	2,392,288	4,139	32	272,000	8,500
1936	(11)	530	2,317,441	4,373	31	259,000	7,355
1937	(12)	471	2,211,900	4,696	29	257,000	8,862
1938	(13)	437	2,168,630	4,963	28	256,000	9,143
1939	(14)	409	2,315,116	5,660	28	256,000	9,143
1940	(15)	377	2,291,797	6,079	28	256,000	9,143
1941	(16)	268	2,185,956	8,157	21	224,000	10,667
1942	(17)	229	2,109,706	9,213	21	224,000	10,667
1943	(18)	123	1,980,156	16,099	19	236,600	12,453
1944	(19)	97	2,024,565	20,872	15	217,000	14,467
1945	(20)	70	1,769,008	25,272	7	131,000	18,714
1946	(21)	71	2,182,308	30,737	7	131,000	18,714
1947	(22)	69	1,425,000f	20,652	7	131,000	18,714
1948	(23)	75	14,729,000	196,387	7	209,000	29,857
1949	(24)	74	16,170,000	218,514	7	346,000	49,429
1950	(25)	76	19,130,000	251,711	6	531,000	88,500
1951	(26)	80	25,763,000	322,038	6	681,000	113,500
1952	(27)	85	29,545,000	347,588	6	1,360,000	226,667
1953	(28)	86	46,689,000	542,895	6	2,720,000	453,333

備　考　注：a. ここに金融機関というのは銀行，信託会社，無尽会社および保険会社を指すものであって，各種の金庫，信用組合および大蔵省預金部を含まない。
b.「銀行」は特別銀行，普通銀行ならびに貯蓄銀行を含む．ただし，1940年までは台湾における台湾銀行以外の本支店銀行を，1941年は朝鮮における朝鮮銀行および朝鮮殖産銀行以外の本支店銀行を，1942年は朝鮮における朝鮮殖産銀行以外の本支店銀行を，1943，1944年は朝鮮，台湾における本支店銀行ならびに本邦における日本銀行取引先以外の銀行を，1945年以降は朝鮮，台湾および樺太における本支店銀行を，それぞれ除外する。

その資本額[a]

C 無尽会社[d]			D 保険会社[e]			項目	
本店数	公称資本金	一社当り資本金	本店数	公称資本金	一社当り資本金		年次
	千円	千円		千円	千円		昭和
260	34,372	132	92	342,100	3,718	1929	(4)
264	36,121	136	92	337,530	3,669	1930	(5)
267	36,400	136	91	336,530	3,698	1931	(6)
274	37,665	137	89	331,780	3,728	1932	(7)
276	38,325	138	84	372,550	4,435	1933	(8)
273	38,540	141	84	376,000	4,476	1934	(9)
262	38,030	145	86	369,250	4,294	1935	(10)
253	38,329	151	81	368,700	4,552	1936	(11)
246	36,849	149	81	369,050	4,556	1937	(12)
245	36,839	150	80	372,950	4,662	1938	(13)
223	35,139	157	79	367,150	4,647	1939	(14)
217	37,439	172	78	415,150	5,322	1940	(15)
182	40,300	221	70	421,850	6,026	1941	(16)
139	42,249	304	61	409,050	6,706	1942	(17)
87	42,422	488	60	408,850	6,814	1943	(18)
63	42,958	682	39	429,650	11,017	1944	(19)
58	42,658	735	37	412,050	11,136	1945	(20)
57	42,557	747	37	403,125	10,895	1946	(21)
57	42,557	747	36	370,725	10,298	1947	(22)
56	379,400	6,775	36	362,175	10,060	1948	(23)
58	1,191,700	20,547	37	530,000	14,324	1949	(24)
64	2,372,000	37,063	38	593,000	15,605	1950	(25)
70	3,830,000	54,714	40	867,000	21,675	1951	(26)
70	5,922,000	84,600	40	1,877,000	46,925	1952	(27)
72	8,345,000	115,903	40	4,676,000	116,900	1953	(28)

c. 1948 年以降は信託銀行を含む.
d. 1935 年までは株式合資, 合名会社および個人経営を含んでいるが, 1936 年以降は株式会社のみ.
e. 生命保険会社および損害保険会社を含む.
f. 1947 年以後は払込資本額.

資料: 大蔵省・日本銀行, 財政経済統計年報, 1948 年; 日本銀行統計局, 金融統計月報, 1947 年以降.

利用上の注意 1. 本表は金融機関の数と資本額を基準として，わが国の金融資本の構成とその集中度を示そうとするものである．金融資本の勢力をみるためには，資本の外に預金や積立金を顧ることが必要であるが，ここでは大まかに資本額だけを掲げ，一行もしくは一社当り平均資本額を算出するにとどめた．

2. 金融機関といっても，各種の公庫や信用組合は除外したが，それは，(1) 公庫は多くの場合，国家資本を背景とするものである上に，しばしば臨時的な性格をもち，過去 20 年間に亘って一貫した計数がえられないこと，(2) 信用組合は預金業務を中心とするものであって，固有の意味の金融機能を営んでいないことによるものである．

解 説 1. わが国の銀行数は 1929 年以降一路減少の傾向を辿り，過去 20 年間に 10 分の 1 以下となっている．それは 1927 年 (昭和 2 年) 3 月の銀行法公布以来，銀行の集中が顕著に行われたためである．

元来，わが国の銀行集中の歴史は (I) 1902〜13 年，(II) 1914〜19 年，(III) 1920〜32 年，および (IV) 1933〜45 年の四期に分けることができるが，それらの各期における銀行集中の状況は凡そ次の通りである．

	前期末銀行数	各期末銀行数	期間減少数	期間減少率	年間減少率
第 I 期	2,385	2,157	228	9.5%	19.0%
第 II 期	2,157	2,053	104	4.8 〃	17.3 〃
第 III 期	2,053	650	1,403	68.3 〃	107.9 〃
第 IV 期	650	69	581	89.3 〃	44.6 〃

殊に 1927 年の新銀行法は「銀行業ハ資本金 100 万円以上ノ株式会社ニ非レバ之ヲ営ムコトヲ得ズ」と規定したために，銀行資本の集積と集中を促進する結果となり，そのために 1928 年首には 1,283 行を数えた普通銀行は 1932 年末には 538 行に減少した．その後 1936 年以後には「一県一行主義」の名の下に地方銀行の整理統合が行われ，そのために 1936 年一年だけで 48 行の普通銀行が消滅し，1940〜41 年には 100 行以上が消滅した．

2. 第二次大戦中には，国家総動員法にもとづく金融事業整備令によって金融業の整備統合をはかる方針がとられたために銀行の集中はますます高度となり，1941 年末にはなお 186 を数えていた普通銀行は 1945 年末には 61 行となった．1933 年末と 1945 年末における普通銀行を資本階層別に示すと次の通りである．(単位 100 万円)

3. 戦後においては，最初は経済民主化，財閥解体政策の線に沿って「金融上の大コンビネーションの解体を支持する」方針がとられたが，実際問題としては旧財閥名を冠する

公称資本金	1933 年末				1945 年末			
	行数	比率	資本金合計	比率	行数	比率	資本金合計	比率
50万円以上	144	27.9	78.6	4.2	1	1.6	0.5	0.03
100 〃	205	39.7	227.3	12.3	3	4.9	3.5	0.2
200 〃	91	17.6	243.4	13.1	15	24.6	47.7	3.3
500 〃	33	6.4	210.3	11.3	8	13.1	53.3	3.7
1,000 〃	37	7.2	511.0	27.5	27	44.3	489.2	38.7
5,000 〃	6	1.2	584.7	31.5	7	11.5	859.4	59.1
計	516	100.0	1,855.4	100.0	61	100.0	1,453.7	100.0

H 金融

	増資前資本金	増資後資本金
帝国銀行 ｝ 第一銀行 ｝	220	950 1,020
千代田(三菱)銀行	135	1,100
富士(安田)銀行	170	1,350
大阪(住友)銀行	73	1,140
三和銀行	153	1,000
東京銀行	—	300
東海銀行	44	435
神戸銀行	57	270
大和(野村)銀行	50	500
10大銀行計 (A)	903	8,065
その他53銀行計	723	4,123
合計 (B)	1,626	12,188
A/B	56%	66%

銀行名の名称変更が行われたのみであり，1948年7月には銀行に対しては集中排除法による指定を行わないことが明かとなり，第一銀行と帝国銀行との自発的分離を除いては銀行業の分割は行われなかったばかりでなく，新旧勘定の合併，増資等の再建整備過程を通じて銀行資本の新たな集積と集中が促進された．1948年5月，再建整備後の増資した普通銀行の資本金総額は総額121億円余となったが，そのうち10大銀行の占める割合は66%であって，増資以前の比率56%に比べ資本集中がより高度となったことを示している．詳細は左の通りである．(単位100万円)

その後1949年には池田大蔵大臣は第6臨時議会において従来の一県一行主義を廃し，中小銀行の設立を認可する方針を明かにし，そのために一時69行に減少した銀行数はその後再び増加する傾向を辿ったけれども，銀行業務は依然大銀行へのかなり高度の集中を示している．(単位1億円)

	預金			貸出		
	全国銀行	6大銀行	6大銀行の比率	全国銀行	6大銀行	6大銀行の比率
1949.3	5,585	2,226	39.9%	4,082	1,651	40.4%
9	7,114	2,981	41.9	5,634	2,276	40.4
1950.3	8,763	3,582	40.8	7,458	2,971	39.8
9	9,642	3,830	39.7	8,779	3,340	38.0

注：6大銀行とは，帝国，第一，千代田，富士，大阪，大和の各銀行を指す．

4. 銀行以外の金融機関においても，信託会社は相当著しく集中傾向を示している．無尽および保険会社は銀行ほどではないが，やはり集中の傾向を辿っていることはたしかである．

参考 アメリカでも下表に見られる通り，1930年代以来，連鎖および集団銀行制度による銀行集中の傾向がみられるが，銀行数は1929年始の25,330から1933年始の14,624に激減した以後はあまり変化していない．

	銀行数	資本金[a] (百万ドル)	一行当り資本金(千ドル)		銀行数	資本金[a] (百万ドル)	一行当り資本金(千ドル)
1929	25,330	9,668	382	1938	15,341	8,182	533
1930	24,079	10,281	427	1939	15,146	8,294	548
1931	22,071	9,831	445	1940	15,017	8,325	554
1932	19,163	8,539	446	1941	14,919	8,524	571
1933	14,624	7,385	505	1942	14,815	8,522	575
1934	15,894	7,853	492	1943	14,661	8,791	600
1935	16,053	7,836	488	1944	14,598	9,356	641
1936	15,803	7,971	504	1945	14,587	10,152	696
1937	15,580	8,236	529				

注：a. 剰余金，未配当利益金を含む．
資料：U. S. Department of Commerce, *Historical Statistics of the United States, 1789-1945*, 1949.

H-5　　　　　　　　　　　　　　　　　　　　　全 国 銀 行 の 預

年次 b		A 総額	B 当座預金	C 普通預金	D 通知預金	E 定期預金	F 定期積金 c	G その他預金	H 総額
	昭和	百万円	%	%	%	%	%	%	百万円
1929	(4)	11,444	11.3	18.3	5.4	50.0	11.7	3.3	10,322
1930	(5)	11,035	10.4	17.5	5.4	49.8	14.1	3.2	10,183
1931	(6)	10,594	9.4	16.8	5.2	50.3	15.2	3.1	10,052
1932	(7)	10,777	9.9	16.9	4.7	48.2	15.6	4.8	9,616
1933	(8)	11,509	10.4	16.7	5.1	48.3	15.8	3.7	9,213
1934	(9)	12,202	10.8	16.1	5.0	49.5	15.3	3.4	8,875
1935	(10)	12,910	9.9	15.8	4.7	51.1	15.7	2.9	9,080
1936	(11)	13,968	10.1	16.1	5.0	50.0	15.1	3.6	9,505
1937	(12)	15,746	11.9	16.6	5.7	48.0	14.6	3.2	11,011
1938	(13)	19,117	12.8	16.8	6.7	47.8	14.1	2.0	12,226
1939	(14)	25,091	14.5	17.8	7.3	44.5	13.5	2.4	15,038
1940	(15)	31,189	13.8	17.9	8.0	43.3	14.3	2.7	18,371
1941	(16)	37,801	14.0	17.9	8.1	42.2	14.6	3.2	20,985
1942	(17)	46,569	13.3	17.5	9.1	40.1	16.4	3.6	24,856
1943	(18)	56,328	11.8	22.4	7.2	48.9	4.3	5.3	32,354
1944	(19)	77,926	10.2	24.7	5.3	45.5	4.0	10.4	51,154
1945	(20)	119,829	9.0	26.0	1.6	32.8	2.2	28.4	97,621
1946	(21)	114,869 (112,258)e	22.5 (23.7)	44.1 (47.3)	4.2 (4.4)	20.2 (18.3)	1.9 (1.7)	7.2 (4.7)	146,406 (40,960)
1947	(22)	234,376 (219,781)	26.9 (27.7)	44.8 (45.1)	7.8 (8.1)	14.5 (13.7)	1.3 (1.3)	4.6 (4.3)	168,243 (114,442)
1948	(23)	505,349	29.2	41.5	7.4	14.5	1.4	6.0	381,348
1949	(24)	792,018	26.3	33.4	6.9	23.9	2.1	7.4	679,052
1950	(25)	1,048,564	26.3	26.9	7.1	28.6	2.1	9.0	994,746
1951	(26)	1,506,308	23.7	27.7	7.6	33.0	2.4	5.6	1,517,813
1952	(27)	2,223,820	24.1	24.6	8.0	35.7	2.8	4.8	2,004,654
1953	(28)	2,707,612	20.6	24.3	7.9	38.4	3.3	5.5	2,671,286

備　考　注： a. 本邦，台湾および樺太における普通銀行，特別銀行および貯蓄銀行の本支店．但し日本銀行を除く．1945年6月以降は本邦の諸銀行のみ．1945年2月〜9月の計数は日本銀行取引先のもののみ．
　　　　b. 年末．
　　　　c. 大蔵省・日本銀行，昭和23年財政経済統計年報には「貯金および積金」という項目があるが，ここでは便宜上これを「定期積金」とした．同年報においては，1946年以降，「特殊預金」という項目が現われているが，ここではそれを「その他預金」に含めた．

金・貸出・投資[a]

貸出金				M 証券投資	N 貸出・預金 比率 $\frac{H}{A}$	O 投資・貸出 比率 $\frac{M}{H}$	項目 年次 [b]	
I 無担保貸付[d]	J 担保貸付[d]	K 当座貸越	L 割引手形					
%	%	%	%	百万円	%	%		昭和
41.7	37.4	9.1	11.8	4,885	90.2	47.3	1929	(4)
42.2	37.9	8.8	11.1	4,785	92.3	47.0	1930	(5)
42.2	38.4	9.0	10.4	4,562	94.9	45.4	1931	(6)
41.1	39.0	8.6	11.3	4,654	89.2	48.4	1932	(7)
41.1	37.9	8.8	12.2	5,195	80.1	56.4	1933	(8)
41.9	36.3	8.6	13.2	5,905	72.7	66.5	1934	(9)
42.7	34.2	8.7	14.4	6,564	70.3	72.3	1935	(10)
43.4	31.6	8.6	16.3	7,039	68.0	74.1	1936	(11)
44.8	26.7	8.7	19.8	7,134	66.9	64.8	1937	(12)
47.2	24.3	8.2	20.2	9,438	64.0	77.2	1938	(13)
50.3	20.1	8.7	20.9	12,308	59.9	81.8	1939	(14)
54.7	16.8	8.7	19.8	14,948	58.9	81.4	1940	(15)
54.0	15.7	8.7	21.6	19,775	55.5	94.2	1941	(16)
56.1	14.1	8.9	20.9	26,530	53.4	106.7	1942	(17)
72.3	12.6	8.1	7.0	33,415	57.4	103.3	1943	(18)
68.3	19.4	6.0	5.9	42,945	65.6	84.0	1944	(19)
83.2	9.1	4.8	2.9	55,228	81.5	56.6	1945	(20)
67.8 (54.2)	25.8 (33.5)	1.1 (1.4)	5.3 (11.0)	58,900 (51,633)	101.1 (36.5)	40.2 (126.1)	1946	(21)
53.1 (48.8)	40.9 (43.3)	2.0 (2.3)	4.0 (5.6)	83,682 (76,925)	71.8 (52.1)	49.7 (67.2)	1947	(22)
42.1	41.5	1.4	15.0	117,033	75.5	30.7	1948	(23)
34.6	41.0	1.4	23.1	106,146	85.7	15.6	1949	(24)
28.6	41.2	1.1	29.1	134,596	94.9	13.5	1950	(25)
26.8	37.9	0.8	34.5	175,926	100.8	11.6	1951	(26)
		0.8	37.2	236,054	90.1	11.8	1952	(27)
		0.6	36.3	328,284	98.7	12.3	1953	(28)

d. 財政経済統計年報においては，1926〜45年の期間には貸出金の欄に「手形貸付および証書貸付」という項目があり，1946年以降には無担保貸付および有担保貸付という項目が現われているが，ここでは手形貸付を無担保貸付に，証書貸付を担保貸付にそれぞれ合算した．
e. 括弧の中は新勘定のみの計数，以下同じ．
資料：大蔵省・日本銀行，昭和23年財政経済統計年報；日本銀行統計局，金融統計月報．

利用上の注意　**1.** 本表は銀行の主要経済機能である預金吸収と資金供給の状況を総括的に示そうとしたものである．しかし，預金吸収機関としては銀行以外に郵便局（預金部），信用組合，無尽会社などがあり，資金貸出機関としては銀行以外に戦時金融金庫，復興金融金庫等々があった．本表はそれらのものはすべて含まないから，わが国全体の資金の動きをみるためには，日銀統計局発行の「資金循環の分析」等を参照しなければならない．

2. 本表は普通銀行，特別銀行および貯蓄銀行を含んでいる．そのうち貯蓄銀行は主として預金の吸収を目的とするものであって，その資金貸出については一定の制限をうけていた．また特別銀行は資金調達の面においては銀行債の発行を認められていた場合があり，資金運用の面においてはそれぞれ特殊の職能を担っている．したがって銀行全体の預金と貸出金とを比較する場合には，それらの特殊の銀行の活動はいずれかといえば多少とも偏った影響を与えるものである．しかし，ごく最近においては貯蓄銀行は普通銀行となったし，従来の特別銀行も事実上普通銀行と同じような性格をもつようになっている．

3. 本表は当該年次物価による貨幣額であって，物価変動によって修正されたものではない．したがって総額をみただけでは預金や貸出の真の変動は判らない．全国銀行の預金総額は 1919 年から 1950 年までの間に約 92 倍に増加しているけれども，その間の物価騰貴を考えるならば，銀行預金は実質的にはむしろ減少しているといわなければならない．さらに第二次世界大戦を境にして，わが国の領土にも大きな変化があったから，過去 20 年間の銀行預金や貸出金の実質的な増減を明かにするためには，この統計表だけに頼っていることはできない．

4. 各計数はすべて年末のものであるが，預金の計数は年末においては各銀行のウィンドウ・ドレッシングによって特に高く示されていることに注意されたい．

解　説　**1.** 1929 年以降の銀行預金の変動をみると，1937 年の日華事変の勃発を境として，預金がかなり急速に増加していることがわかる．それは事変とともに行われた国民貯蓄運動の成果を反映するものである．この時期においては銀行預金中定期預金が最も大きな比率を占めているが，その比率は戦争の末期においては次第に低下する傾向を示している．定期預金に次いで重要なのは普通預金であるが，その比率は戦争の進行とともにますます高まっている．これに反して定期積金は絶対的にも相対的にも減少の傾向を辿っている．戦争末期において「その他預金」が著しく増加しているのは，いわゆる「特殊預金」が増加したためである．戦時中を通じて長期預金が相対的に減少し，短期もしくは中期の預金が増加したことが明かである．

2. 戦後の期間においては定期預金の比率が著しく低下し，それに代って当座預金や普通預金のような短期預金がますます増加したことがみられる．長期預金の相対的減少は，戦後インフレーションの下において人々が貨幣価値の減少を恐れたためであり，また長期預金利率が不当に低かったこともその原因となっている．しかし，1949 年頃から定期預金の比率が再び高まっているが，それはドッジ・ラインに基づくインフレ抑制政策の結果，わが国経済が多少とも安定に向ったことを反映するものである．

3. 貸出について顕著な点は，無担保貸付が戦時中増加し，戦後減少していること，ならびに担保貸付がそれとは逆の変動を示していることである．また，当座貸越が戦後においてネグリジブルになったのに対し，割引手形が急増し，1950 年において貸出の 30% を占めるに至った点が注目される．

4. 証券投資の構成比率は次に示す如く，戦前においては国債が証券投資のほぼ半ばを占めていたが，戦時中その比率が急増し，80% を越えるようになった．戦後においてはその比率は 1948

H 金融

	1929	1936	1945	1948	1950
国　債	47%	55%	81%	68%	28%
社　債	32	23	14	30	66
株式その他	21	22	5	2	6

年 68%，1950 年 28% というように激減し，その代りに社債投資が著しく増加した．戦後，銀行の国債保有が急減したことは，銀行の資金運用が証券投資から貸出に転換されたことの反映である．

5. 本表の最後の欄に貸出対預金比率と証券投資対貸出比率を示している．前者はつねに 50% 以上であり，殊に戦後においては 80～90% という高率にのぼっている．それはオーヴァー・ローン (over loan) といわれる傾向を示すものである．後者は右図によって明かであるように，前者と丁度反対の動きを示しており，オーヴァー・ローンの激しいときは証券投資の比率は低い．それは国債保有の減少に対応しており，銀行資金の投資から貸出への乗替傾向を示す．

尤も本表の「全国銀行」の中には特別銀行が含まれており，それらのものはその資金源泉を銀行債その他預金以外に仰いでいるから，それらの銀行の貸出対預金比率が低いことはむしろ当然であるが，仮りに普通銀行だけの比率をとってみてもほぼ同じ趨勢を示している．

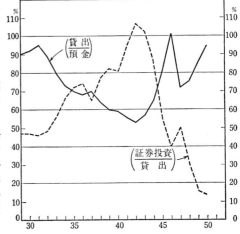

すなわち普通銀行の貸出対預金比率 (A)，および証券投資対貸出比率 (B) (各年末，%) を示すと右の通りである．

	1931	33	35	37	39	41	43	45	47	49	50
A	80	69	62	63	57	51	52	70	65	81	89
B	44	55	67	60	70	84	96	59	53	17	15

6. わが国銀行の貸出対預金比率が異常に高い理由として，(1) わが国においては銀行預金の形態における貯蓄性向が比較的低く，国民の零細貯蓄は多く郵便貯金の形態をとっていること，(2) 企業がその資金調達上，銀行に依存することが多く，独自の資本蓄積に基づく自己金融を行う能力が乏しいこと，(3) 戦後においては，通貨不安，税金攻勢等のために，現金通貨の銀行への還流が停滞状態となったこと，(4) 銀行以外の融資機関，殊に設備資金を供給する政府金融機関が十分に整備されていないこと，(5) 金利体系が変則であり，日本銀行金利が異常に低廉であったこと，をあげることができる．

参　考　アメリカ全銀行の貸出対預金比率 (A)，および証券投資対貸出比率 (B) は右の通りである．

	1931	33	35	37	39	41	43	45	47	49	50
A	66	52	37	38	32	33	20	18	27	30	35
B	59	84	125	119	130	130	311	363	214	184	145

資料：連邦準備月報，各号．

H-6 預金コストと利廻 (%)

年度a		A 預金平均利率	預金コスト 経費率		D 計	E 証券平均利廻	F 貸出平均利廻	G 証券貸出合計平均利廻	H 預金コストとの利鞘c
			B 一般経費b	C 税金					
1929	昭和(4)	...	...	...	...	...	...	...	...
1930	(5)	3.827	1.204	0.168	5.199	5.840	5.677	5.723	0.524
1931	(6)	3.733	1.225	0.162	5.120	5.799	5.523	5.615	0.495
1932	(7)	3.572	1.189	0.178	4.939	5.470	5.014	5.621	0.682
1933	(8)	2.901	1.064	0.217	4.182	4.661	4.601	4.631	0.449
1934	(9)	3.120	1.128	0.198	4.446	4.908	4.869	4.885	0.439
1935	(10)	3.116	1.074	0.177	4.367	4.740	4.819	4.789	0.422
1936	(11)	2.815	1.071	0.168	4.054	4.439	4.605	4.534	0.480
1937	(12)	2.698	1.010	0.213	3.921	4.481	4.637	4.578	0.657
1938	(13)	2.660	0.929	0.197	3.786	4.050	4.564	4.349	0.563
1939	(14)	2.597	0.824	0.187	3.608	4.105	4.495	4.336	0.728
1940	(15)	2.530	0.769	0.187	3.486	4.110	4.476	4.327	0.841
1941	(16)	2.513	0.739	0.187	3.439	3.994	4.463	4.249	0.810
1942	(17)	2.476	0.716	0.226	3.418	3.938	4.439	4.204	0.786
1943	(18)	2.481	0.682	0.233	3.396	3.869	4.361	4.126	0.730
1944	(19)	2.454	0.605	0.221	3.280	3.825	4.207	4.041	0.761
1945	(20)	2.187	0.662	0.053	2.902	3.515	3.564	3.516	0.614
1946	(21)	1.688	1.779	0.026	3.493	2.810	5.295	3.758	0.265
1947	(22)	1.635	3.859	0.139	5.634	3.370	8.071	6.287	0.653
1948	(23)	1.758	5.313	0.331	7.402	4.111	9.300	7.998	0.596
1949	(24)	2.305	4.873	0.366	7.544	4.830	9.509	8.729	1.185
1950	(25)	2.485	4.323	0.295	7.103	6.921	9.022	8.739	1.636
1951	(26)	2.976	4.035	0.441	7.452	8.055	9.310	9.168	1.716
1952	(27)	3.144	3.750	0.452	7.346	8.045	9.154	9.032	1.686
1953	(28)								

備 考 注：a. 計数は日本銀行考査局調の日本銀行取引先普通銀行の下期の計数で，各欄とも年率で示されている．ただし 1952 年のみは上期の計数．
b. 一般経費とは，不動産賃借料，行員恩給および一時給与金，給料手当，旅費，営繕，営業雑費である．
c. H＝G－D

資料：日本銀行統計局，本邦経済統計．

利用上の注意 1. 本表は銀行の預金コスト,すなわち,預金利子,預金経費などと,証券,貸出利廻との関係を示すものである.預金コストや貸出,証券利廻は銀行収益率に関係することはいうまでもないが,しかし,本表を直接に銀行収益率に結びつけることはできない.銀行収益率は,預金利息,証券,貸出利息その他の収入,支出項目の絶対額を基準とし,資本との比較によって算定されるものであるが,本表で示されているのは預金利子や利廻の比率であって絶対額ではないからである.銀行収益率については日銀考査局調の普通銀行損益勘定(『本邦経済統計』所載)がある.同局は普通銀行の平均払込資本金に対する純益率,配当率をも発表している.

2. 本表は日銀考査局調の計数をとったものであるが,同局の算定方法は一般には知られていないから,簡単に述べておく.預金コストの構成部分,すなわち預金平均利率,一般経費率,税金率は普通銀行の損失表(上,下期)よりえられる預金利息,一般経費,税金をそれぞれ 2 倍して年額になおし,それらを業務報告書よりえられる預金平均残高で除したものである.証券平均利廻は普通銀行の利益表よりえられる証券利息と株式配当の合計額を 2 倍して,それを所有有価証券と貸付有価証券の平均残高合計(日計表より 6 カ月平均をとる)で除したものである.同様に貸出利廻は利益表よりえられる貸付利息と割引料の合計額を 2 倍して,それを業務報告書よりえられる諸貸付金の割引手形の平均残高合計で除したものである.

本表の年利率は,各利息額と平均残高との比によって求めたものであって,利子率を基礎としたものではない.利子率の計数は『金融事項参考書』の全国金利表,『戦時中金融統計要覧』の全国金利,『本邦経済統計』の預金利率,全国銀行貸出実行利率,公社債発行利廻等参照.

解 説 1. 預金平均利率は,1930 年以降逐年漸落して,1947 年には最低利率を示した.1936 年までの同利率の低下は各種預金利率が実際に低下したことにもとづくのであるが,同年以降 1944 年 7 月に当座預金利率が無利息となったことを除けば,各種預金利率にはさして大きな変動はなかった.したがって預金平均利率の下降趨勢は各種預金の構成比率の変化によって説明せられるべきである.いま普通銀行の各種預金の構成比率をみると次の通りである.

これによってわかるように,預金構成は利率の最高の定期預金から利率の低い普通預金と利率の最低の(または無利息の)当座預金への移行が目立ち,これが預金平均利率を低めたわけである.とこ

	当座預金	普通預金	定期預金および貯金	その他預金
1936 年末	12.2%	19.2%	59.2%	9.4%
1940 〃	16.5	21.6	51.4	10.5
1946 〃	24.0	45.1	20.3	10.6
1950 年 6 月末	23.0	32.8	29.1	15.1

ろが最近経済の安定化に伴って再び定期預金は増勢を示し,その上定期預金利率は 1947 年 6 月以降数回に亙って引上げられたから,預金平均利率は再び上昇するに至った.

2. 経費率は戦後において一般経費率の上昇が顕著であり,これが税金率の上昇と相俟って預金コストを著しく高め,1948 年以降は戦時中のほぼ 2 倍に達している.

3. 戦後における証券,貸出利廻は,預金コストの上昇を更に上廻り,したがって預金コストと証券貸出合計平均利廻との利鞘は 1949 年下期以降は 1% 台に達し,戦前の 3 倍強である.

4. 証券利廻と貸出利廻とを比較してみると,戦後において後者の方が比較的著しく高まっていることが判る.これが,市中銀行の公債保有額の減少の一つの原因であり,ひいてはまた,オーヴァー・ローンの発生する根本原因である.

参 考 文献:山口・沖中編『金融政策』1952 年,第 5 章,吉岡幸一「金利体系と資金コスト」

H-7　銀行の収益率

項目 年度a	A 経常益金	B 純益金	C 経常益率	D 純益率	E 配当率
昭和	千円	千円	%	%	%
1929 (4)	…	…	…	…	…
1930 (5)	49,759	40,533	10.7	8.7	7.1
1931 (6)	41,883	−15,686	9.2	−43.1	5.8
1932 (7)	48,151	44,564	12.1	10.4	6.5
1933 (8)	43,999	44,527	11.1	10.1	5.8
1934 (9)	51,409	48,895	11.6	11.0	6.3
1935 (10)	51,783	47,635	11.7	10.7	6.2
1936 (11)	55,435	48,372	12.6	10.5	6.1
1937 (12)	67,484	46,747	15.8	10.5	6.2
1938 (13)	69,704	52,262	15.8	11.8	6.4
1939 (14)	100,327	58,464	22.6	13.2	6.7
1940 (15)	127,163	67,485	28.7	15.2	6.9
1941 (16)	141,945	72,730	31.6	16.0	6.7
1942 (17)	160,234	78,211	36.9	18.0	7.0
1943 (18)	183,749	77,934	45.3	18.3	7.1
1944 (19)	216,598	70,454	51.2	16.6	7.3
1945 (20)	106,010	−24,098	23.4	−5.3	…
1946 (21)	−415,511	−438,916	−89.2	−94.2	…
1947 (22)	−59,032	−422,754	−12.3	−88.4	…
1948 (23)	2,189,772	1,030,670	35.4	16.7	…
1949 (24)	5,194,675	2,268,950	78.0	43.9	7.9
1950 (25)	11,027,913	6,403,845	159.4	92.6	9.9
1951 (26)	16,696,172	9,367,075	170.9	95.9	10.5
1952 (27)	20,034,604	10,002,876	195.1	97.4	11.9
1953 (28)					

備考　注：a. 計数は各欄とも日本銀行考査局調による取引先普通銀行の下期の計数である．ただし 1947 年，1952 年は上期の計数．
　　資料：　日本銀行統計局，本邦経済統計．
利用上の注意　1. 本表は普通銀行収益率の変動を示すものである．この場合，経常益金というのは，銀行の経常収入（証券収入，貸出収入，手数料収入，その他収入）から経常支出（預金利息，借用金利息，一般経費，税金，その他支出）を控除したものであり，純益金とは，経常益金に

臨時収入と臨時損金との差額を加算したものである．この経常益金と純益金とをそれぞれ払込資本金額で除したものが，経常益率および純益率である．配当率も配当金の払込資本金に対する百分比である．経常益金，純益金の構成内容については，日本銀行考査局調普通銀行損益状況の損益勘定（日銀統計局，本邦経済統計所載）参照．

解 説 1. 1936年以前の平時経済時代においては1931年の純益金，純益率がマイナスになったことを除けば，各計数とも余り特徴的な動きを示していない．

2. 1937年以降の戦時経済時代においては，軍需融資国債買入の増加によって，経常益金は終戦時に至るまで増加の一途を辿った．1945年上期においては経常益金は1937年下期の4倍弱となり，経常益率もその間3.5倍上昇した．これは運用資産の増大が預金・借用金の利息，一般経費，税金等の経常支出の増加を上廻ったからで，収入項目における貸出収入の占める比重が1937年下期の50%から1945年上期に58%へと膨脹している点が注目される．

支出面では借用金利息の急増が目立つ．これは主として都市大銀行の日銀からの借入の増加に基づくものである．預金利息，一般経費，税金も絶対額は何れも激増したが，一方，経常収入がこれらの支出増を上廻っていることは，預金コストの逐年の低下（H-6）と運用資産の膨脹によるものである．他方純益金の増加は経常益金の増加ほどは顕著ではない．特に1943年以降，純益金が減少しているのは，証券の値下り，滞貸付の増加などによって，銀行の臨時損金が増加したためである．純益率は1938年以降次第に増加し1943年には18.3%という最高記録に達したが，その後は下降に転じ1945年上期には6.93%に下落した．

3. 1945年以降の二，三カ年は敗戦に基づく経済的混乱と預金封鎖に関連する混乱等によって経常益率も純益率もともにマイナスとなっている．しかし経済が次第に回復安定し，信用取引も旺んとなるにつれて，銀行の収益率は著しく向上し，1948年以降は戦時中を上廻る収益率を示すに至り，1951年上期には経常益率190%，純益率106%という驚異的な率を示すに至った．これがため配当率も1949年下期7.9%，1951年上期10.5%と戦時中の率をこえるに至った．

参 考 わが国の銀行収益率はアメリカに比べても著しく高い率を示している．アメリカの連邦準備制度加盟銀行の収益率は次の通りである．

年次	経常益金	純益金	純益率 a	年次	経常益金	純益金	純益率 a
	100万ドル	100万ドル	%		100万ドル	100万ドル	%
1929	715	557	8.8	1938	384	265	4.9
1930	554	307	4.6	1939	401	347	6.3
1931	506	12	0.2	1940	402	349	6.2
1932	410	-255	-4.5	1941	429	390	6.7
1933	378	-356	-7.3	1942	418	383	6.4
1934	394	-225	-4.4	1943	496	557	8.8
1935	374	212	4.1	1944	563	649	9.7
1936	399	465	8.9	1945	564	788	10.9
1937	419	337	6.3				

注：a．資本勘定総額に対する百分比
資料：U. S. Department of Commerce, *Historical Statistics of the United States, 1789-1945*, 1949.

H-8		産業資金の供給						
項目 年次		A 総額	B 貸 出 a		C 社 債 b		D 株 式 c	
	昭和	百万円	百万円	%	百万円	%	百万円	%
1929	(4)	…	…	…	164	…	613	…
1930	(5)	…	…	…	127	…	121	…
1931	(6)	323	49	1.52	70	21.7	204	6.3
1932	(7)	-97	-287		82		108	
1933	(8)	-53	-328		-40		315	
1934	(9)	968	-279	-28.8	61	6.3	1,186	122.5
1935	(10)	1,199	357	29.8	26	2.2	816	68.1
1936	(11)	1,562	634	40.6	-68	-4.3	996	63.8
1937	(12)	3,733	1,754	47.0	-7	-0.2	1,986	53.2
1938	(13)	4,598	1,955	42.5	357	7.8	2,286	49.7
1939	(14)	6,930	3,850	55.6	750	10.8	2,330	33.6
1940	(15)	7,653	4,104	53.6	609	8.0	2,940	38.4
1941	(16)	8,041	3,293	41.0	1,225	15.2	3,523	43.8
1942	(17)	10,518	5,226	50.0	1,362	13.0	3,930	37.3
1943	(18)	12,184	6,860	56.3	1,368	11.2	3,956	32.5
1944	(19)	19,225	14,824	77.1	2,098	10.9	2,303	12.0
1945	(20)	50,406	46,998	93.2	326	0.7	3,082	6.1
1946	(21)	59,153	55,867	94.5	-1,230	-2.1	4,516	7.6
1947	(22)	133,403	124,363	93.2	10	0.0	9,030	6.8
1948	(23)	437,703	378,130	86.4	207	0.1	59,366	13.5
1949	(24)	494,045	370,554	75.0	14,962	3.0	108,529	22.0
1950	(25)	508,028	432,633	85.1	43,476	8.6	31,919	6.3
1951	(26)	822,446	721,141	87.7	35,979	4.4	65,326	7.9
1952	(27)	1,022,652	863,318	84.4	36,975	3.6	122,359	12.0
1953	(28)							

備 考　注： a. 一般金融機関，政府金融機関の貸出，政府資金および外国為替貸付の合計額．
　　　　b. 事業債のみ．金融債を含まず．
　　　　c. 1949 年まで国税庁調の会社表，1950 年以降は証券取引委員会調，払込金状況による．ただし 1950 年以降は金融機関株式払込金を除く．1944〜49 年は会計年度の計数．
資料：　日銀統計局，本邦経済統計；大蔵省理財局，金融事項参考書．

利用上の注意 **1.** 本表における産業資金は外部資金のみであり，社内留保，減価償却等の自己資金は算入していない．
2. 社債，株式は払込額による算定方法があるが，一貫した計数をうるのが困難であるから，ここでは年末現在高の比較によって推算してある．なお社債に金融債を含める方法もある．

解　説　**1.** 戦時中は産業設備の補塡は延滞し，その上空襲等による産業設備の荒廃は，戦後において厖大な産業資金の供給を必要とすることになった．産業資金の調達は，自己資本調達市場としての株式市場，他人資本調達市場としての起債市場，および金融機関よりの借入の三者によって行われる．ところがわが国の証券市場は戦前の正常期においてさえ十分な発達をしていなかったのであるから，戦後の混乱期においてはなおさらその資本調達機能を果すことができず，最近に至ってもなお証券市場は投機市場たる性格を脱脚していない．

2. 戦前に比して戦後の顕著な特徴は産業資金のうち，自己資本の占める地位が大幅に後退し他人資本の占める地位が進出していることである．すなわち戦前産業資金の 6 割以上を占めていた株式が 1949 年において終戦直後に比して相当改善されたにもかかわらず，なお 2 割程度にすぎず，戦前 3〜4 割程度にすぎなかった貸出が 7 割を占め自他両資本の構成が全く逆転している．1949 年以降は復金貸出の後退と経済の安定化に伴い，貸出の比率は漸次後退し，社債，株式による資本調達は増加傾向にあるが，社債の消化が，実はその 9 割以上が銀行によって行われていることを考えれば，証券市場は大衆の健全な投資市場たることからはほど遠く，われわれはなお当分の間は産業資金の源泉を他に求めねばならないであろう．

3. 戦後の貸出の主要部分は一般金融機関の貸出が占めているが，戦後における特徴として政府金融機関（復興金融金庫，開発銀行，輸出銀行）の貸出，政府資金（特に見返資金）および外国為替貸付が重要な役割を演じたことを指摘できる．

3. 産業資金中設備資金の供給状況について，戦前，戦後を比較してみると次の通りである．

	貸出〔内復金〕		社　債		株　式		見返資金		計
	億円	%	億円	%	億円	%	億円	%	億円
1935 年	0.7	(10)	0.3	(4)	6	(86)			7
1948 年度	867 〔683〕	(77)	4	(0)	254	(23)			1,125
1949 〃	367〔△46〕	(27)	213	(16)	535	(39)	246	(18)	1,361
1950 〃 上期	161〔△94〕	(40)	129	(32)	74	(18)	39	(10)	404

設備資金は戦前は株式が約 9 割を占めていたが，1948 年度は復金融資がその大部分を占める貸出が，総設備資金の 8 割を占めていた．1949 年度以降は株式，社債の占める地歩は漸次増大してきている．

参　考　文献：山口茂・沖中恒幸編『資金需給』1952 年．

I 財　政

　経済に占める政府部門の役割は，次第に増大しつつある．その働きは，国民所得統計において政府の財貨用役の購入として出ている（→ A-5）．しかし国と地方公共団体の経済に及ぼす効果は，単に支出面だけからは十分に明かにされない．また，政府部門は財政収支の他に，政府資金を民間に供給することや，政府財産と債務において経済と密接な連関をもっている（→ A-3, I-6）．

　中央政府の財政収支は，一般会計と特別会計とに分けられ，一般会計は国の一般行政上の職能を遂行するため，特別会計は主として事業を維持するためのものである．一般会計と特別会計の間には，重複勘定が含まれているから，これら重複分や公債借換分などを除いた純計が，経済効果を見るには必要である（→ I-1, 2）．さらに特別会計には，損益の収支だけを予算に計上して，事業の収支を示さないものがある（昭和26年度外国為替資金会計など）．財政の全体を見るには，中央のみならず地方について，両者の間に中央から地方への交付金・補助金などの重複収支を除いた中央地方歳計純計を知らなければならない．

　地方公共団体の歳計も一般会計と特別会計とに分れ，後者はさらに公営企業の会計と公営企業以外の会計とに分れている．公営企業は電気・ガス・水道・交通などである．中央地方を通じる財政の全体を見る必要があるのに，地方財政統計は作成が遅れ，しばしば推計が用いられている（→ I-4-a, b）．

　財政の経済に及ぼす効果を，その支出と収入とに分けてみるとき，まず支出については，単にその全体の大いさのみならずいかなる目的に使用されているかが注目される．一般行政目的用の支出は，物件費と人件費としてそれぞれ企業および個人の所得に影響を及ぼし，また補助金などは直接企業の投資に，社会保障関係費などは直接個人の消費に効果をもつ．しかし財政支出の目的別・使途別分類が整備したのは，中央政府の昭和21年度以降であって，それ以前は十分な経済分析ができない（→ I-3）．

　財政収入のうち主要なものは租税統計である．税統計は，国税と地方税とに分れる．地方税はシャウプ勧告に基づく改正によって，次第に増大しつつある（→ I-5）．

　税が国民に与える影響は，まず直接税と間接税という分類で示される．間接税は企業が個人へ転嫁すると推定されるものである．この租税と国民所得との間に租税負担の統計がある（→ I-5）．租税負担は，単に一人当り租税負担のみならず，所得階層別にこれを見なければ十分でないが，それを知りうる統計は直接税についてのみであって，間接税の階層別負担はわからない．さらに

I 財 政

階層別の移転支出も明かでない．

　以上の財政収支の他に，公有財産（→ A-8）と公債とがある．国の債務は国債・地方債の他に一時借入金や短期債等を含む（→ I-6）．いわゆる政府赤字として戦時中増大したが，昭和 24 年度ドッジ政策以後減少しつつある．

　財政はさらに資金の面で経済に多くの影響を与える．国の現金は国庫金として日本銀行の政府預金となっているが，これの対民間収支は日本銀行勘定を通じて直接に通貨の増減に影響し，ここに金融統計と連関する（→ I-7）．財政資金が資金循環に及ぼす作用は，さらに民間投資と並行して政府の間接投資の役割をする．すなわち，政府金融機関（開発銀行など）と政府資金（資金運用部資金など）とを通じて，主として長期の設備資金として活用される．財政資金は，民間の産業資金と共に資金の供給と需要に大きな役割を演じ，民間投資の不足を補うものとして今後もその重要な役割を発揮するであろう．

　財政を分析する場合，戦後特に注意しなければならないのは，国有鉄道，専売公社や各種公団のようないわゆる政府関係機関である．財政の実質上のバランスや作用を考察するためには政府関係機関を除外してはならない（→ I-3「利用上の注意」3）．

I-1 一般会計歳入と国税

項目 会計年度		A 一般会計 歳入総額a	B 租 税		C 印紙収入	D 専売局 益金d	E 合 計 (B+C+D)	比率($\frac{E}{A}$)
			総 額b	(内) 個人 所得税c				
	昭和	百万円	百万円	百万円	百万円	百万円	百万円	%
1929	(4)	1,826	894	116	79	178	1,151	63.0
1930	(5)	1,597	835	110	70	198	1,103	69.1
1931	(6)	1,531	736	86	65	190	991	64.8
1932	(7)	2,045	696	74	67	178	940	46.0
1933	(8)	2,332	749	83	74	179	1,002	43.0
1934	(9)	2,247	843	101	78	193	1,114	49.6
1935	(10)	2,259	926	110	79	198	1,202	53.2
1936	(11)	2,372	1,052	124	94	215	1,361	57.4
1937	(12)	2,914	1,470	231	93	258	1,821	62.5
1938	(13)	3,595	2,022	360	91	261	2,374	66.0
1939	(14)	4,970	2,500	442	112	320	2,932	59.0
1940	(15)	6,445	3,732	868	136	352	4,219	65.5
1941	(16)	8,602	4,370	1,008	146	415	4,931	57.3
1942	(17)	9,192	6,806	1,795	154	568	7,528	81.9
1943	(18)	14,010	8,640	2,059	204	1,117	9,960	71.1
1944	(19)	21,040	11,437	3,396	228	1,198	12,863	61.1
1945	(20)	23,487	10,337	3,724	162	1,056	11,556	49.2
1946	(21)	118,899	29,705	10,726	407	7,326	37,438	31.5
1947	(22)	214,467	146,526	111,098	936	42,139	189,601	92.7
1948	(23)	508,038	341,048	235,164	4,784	101,914	447,745	86.4
1949	(24)	758,611	509,192	293,610	8,980	118,232	636,404	83.9
1950	(25)	716,792	447,185	220,134	9,207	114,457	570,849	79.6
1951	(26)	895,483	593,508	225,671	10,522	119,112	723,142	80.7
1952	(27)	1,052,759	671,289	260,094	14,037	131,319	816,646	77.6
1953	(28)							

備 考 注: a. 昭和 15~18 年度の一般会計歳入には,地方分与税分与金特別会計の歳入を含み,昭和 19~23 年度分には還付税収入を含む.
 b. 昭和 12~19 年度間の北支事変特別税は租税中に含めたが,財産税等収入金特別会計受入金は含めてない.
 c. 個人所得税とある意味は,昭和 14 年度までは第三種所得税のみをとっており,第一種,第二種を除いたからである.
 d. 専売局益金には,タバコ,塩,樟脳,アルコールの各専売事業から一般会計への納付益金を掲げた.昭和 26 年度はタバコのみ.
資料: 大蔵省主税局,税制関係基本統計資料集,1950 年;同, 租税統計資料集,1952 年;同,明治・大正・昭和 国の歳入一覧,1952 年.

利用上の注意 1. 昭和 15 年度以降の租税額中には地方分与税が含まれており，純粋にこれを国税とすることができない．しかしこれは一般会計歳出中にも一応含まれているわけであるから，控除しないで掲げた．したがって，地方税と国税とを比較する場合には，分与税（25 年度の場合は地方財政平衡交付金）を国税から控除し，これを地方税に加えねばならない．

2. 租税中には昭和 21 年度以降財産税等収入金特別会計受入金が含まれていないが，その金額は 21 年度 18,115 百万円，22 年度 18,287 百万円，23 年度 7,815 百万円であるから，要注意．F 欄の租税，印紙収入，専売益金の合計は，広義の国税として取扱うのが普通である．

3. 所得税は当初，第一種（法人所得），第二種（公債利子，定期預金利子など），第三種（個人所得）に分けて課せられていたが，15 年に法人税が独立し，所得税は分類，総合の二本建てとなった．この制度は 21 年まで継続せられた．22 年制定の新所得税法は，(a) 分類総合の二本建制度を廃止し，個人に対してはあらゆる所得を総合して，一本の超過累進率による課税制度に改め，(b) 従来の所得の実績に対する課税に代うるに，申告納税制度を採用するにいたった．

解 説 1. 一般会計歳入中に占める広義の国税の割合は，1930～35 年の平均が 54.3%，1936～40 年平均が 62.1%，1941～44 年平均が 67.9%，1946～49 年平均が 73.6% で次第に比率は大きくなってきている．これは戦時中，12 年度以降殆んど毎年行われた税制の改正や，22 年度以降の財政均衡化への努力によるところが大きいと思われる．ただ戦後でも 21 年度は僅か 31.5% で，財産税を含めても 46.7% にすぎない．しかし 22 年度以降は 85～90% に達した．

2. 個人所得税が狭義の国税 (B) 中で占める比率は，昭和 5 年度 13.2%，10 年度 11.9%，15 年度 23.3%，19 年度 29.7%，22 年度 75.8%，24 年度 65.8% と次第に大きくなってきた．

3. したがって戦前は個人所得税は，印紙収入と専売局益金の合計よりもずっと低かったが，13 年度頃から，個人所得税の方が次第に大きくなり，24 年度には，印紙収入，専売局益金の合計の 2.6 倍になるにいたった．これは結局直接税の割合を大きくするわけである．

4. このような個人所得税の割合の上昇は，税そのものが重くなったことによるのは勿論であるが，これを納税人員の増加から眺めることもできよう．附表中の計数をみると，個人所得税の納税人員は，戦中戦後にかけて物凄く激増し，昭和 24 年度には，昭和 5 年度の実に 23 倍に達した．このことは，免税点以下の非課税所得者が戦後になって著しく激減したことを示す．個人所得税の納税人員の激増が，たとえば法人税の納税者数の増加にくらべて，いかに大きいかはこの附表が示している．

附表　納　税　人　員

昭和	所 得 税		法 人 税	
	納税人員	指　数	納税者数	指　数
	千人			
1930 (5)	939	100	36,570	100.0
1932 (7)	733	78	46,955	128.3
1935 (10)	942	100	63,175	172.7
1937 (12)	1,131	121	74,518	203.7
1940 (15)	4,079	434	62,036	169.6
1944 (19)	12,432	1,324	83,604	228.5
1946 (21)	12,315	1,311	39,140	107.0
1947 (22)	19,783	2,107	109,135	298.4
1948 (23)	20,534	2,187	154,371	422.1
1949 (24)	21,397	2,279	246,901	675.1

資料：大蔵省主税局，租税統計資料集，1952 年．

I-2　直接税と間接税の割合（国税）

会計年度a	項目	A 国税総額b	B 直接税c 金額	割合	C 間接税c 金額	割合	D その他c 金額	割合
	昭和	百万円	百万円	%	百万円	%	百万円	%
1929	(4)	...	...	...	...	...	...	...
1930	(5)	1,103	378	34.3	638	57.8	87	7.9
1931	(6)	991	297	30.0	608	61.3	86	8.7
1932	(7)	940	280	30.0	566	60.0	95	10.0
1933	(8)	1,002	305	30.4	607	60.6	90	9.0
1934	(9)	1,114	351	31.5	670	60.2	93	8.3
1935	(10)	1,202	421	35.0	687	57.2	94	7.8
1936	(11)	1,361	508	37.3	743	54.6	110	8.1
1937	(12)	1,821	855	47.0	840	46.1	126	6.9
1938	(13)	2,374	1,266	53.3	973	41.0	136	5.7
1939	(14)	2,932	1,631	55.6	1,131	38.5	171	5.9
1940	(15)	4,219	2,696	63.9	1,288	30.5	235	5.6
1941	(16)	4,931	3,163	64.1	1,517	30.8	251	5.1
1942	(17)	7,529	4,786	63.6	2,340	31.1	396	5.3
1943	(18)	9,960	5,628	56.8	3,814	38.5	473	4.7
1944	(19)	12,863	8,376	65.9	3,799	29.9	540	4.2
1945	(20)	11,556	7,334	63.5	3,500	30.3	707	6.2
1946	(21)	37,438	21,332	57.0	14,260	38.1	1,847	4.9
1947	(22)	189,165	99,409	52.6	82,135	43.4	7,621	4.0
1948	(23)	445,956	222,743	50.0	190,037	42.6	33,176	7.4
1949	(24)	636,068	344,374	54.1	243,445	38.3	48,249	7.6
1950	(25)	570,214	313,625	55.0	245,466	43.0	11,123	2.0
1951	(26)	723,142	424,986	58.8	285,784	39.5	12,372	1.7
1952	(27)	843,004	475,671	56.4	351,890	41.8	15,443	1.8
1953	(28)							

備考　注： a. 昭和27年度までは決算額.
　b. 税額には煙草専売益金（燃料局益金は含まない），北支事変特別税および地方分与税を含むが，財産税等収入金特別会計受入金は含まない.
　c. 直接税，間接税およびその他の区分は，次のとおりである.
　　直接税——所得税，法人税，特別法人税，地租，家屋税，営業税，営業収益税，資本利子税，法人資本税，相続税，鉱区税，鉱産税，外貨債特別税，取引所営業税，取引所特別税，臨時利得税，利益配当税，公債および社債利子税，配当利子特別税，増加所得税，非戦災者特別税，北支事変特別税，富裕税，再評価税.
　　間接税——酒税，清涼飲料税，砂糖消費税（砂糖特別消費税を含む），織物消費税，揮発油税，関税，物品税，遊興飲食税，特別行為税，煙草専売益金.
　　その他——取引税，とん税，有価証券移転税，日本銀行券発行税，通行税，入場税，特別入場税，電気ガス税，広告税，馬券税，取引高税，印紙収入.
資料：大蔵省主税局，租税統計資料集，1952年.

I 財 政

利用上の注意 1. この表は国税のみを区分したのであるが，地方税をも含んで直接税，間接税の割合を示す統計もある．その場合は，地方税における直接税の割合が国税におけるよりは大きいから，直接税の比率が大きくなることに注意すべきである．すなわち，地方税における直接税比率は昭和5年85.5%，9年85.9%，17年89.2%，22年86.9%であり，23，24年は65%台に低下している．したがって国税・地方税を合算したものの直接税比率は昭和5年52.4%，9年50.4%，17年66.4%となり，戦後は55%台となる．

解 説 1. 昭和の初年から戦時経済に入るにつれ，直接税の比率が大きくなっている．これは当時の臨時利得税の新設，所得税負担の増加による購買力の吸収にも起因していよう．

2. しかし一般にどこの国でも，不況期には間接税の比率が高く，好況期には直接税の比率が高まる傾向があるようである．不況期には名目所得の減少に伴い，税収の絶対額が減ずるとともに，直接税負担の累進度がこれによって著しく減殺される．名目所得は多く課税最低限以下に減少してしまうからである．これに反して好況期にはこれと逆の現象が生ずるからである．

3. 一般に直接税の徴収は購買力をそれだけ吸収する作用をもつが，間接税はその反面，租税転嫁の作用を通じて諸価格を引上げる働きをもつにいたる．ことにインフレの進行途上にあって間接税を引上げることは物価昂騰を促進する結果となる．もし間接税がイギリスのように贅沢品中心に課せられることなく，必需品にもかけられるとすれば大衆課税という結果を生む．

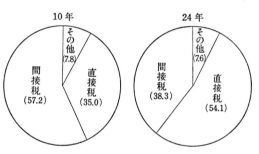

4. 戦前に比べて戦時および戦後直接税の比率が大きくなっているが（上図参照），これはインフレ防止という観点からみれば好ましい税制とも云えようが，しかし今日では免税点以下の層が非常に少くなったから，直接税中心の税制も事実上大衆課税の性質をもつことは否定できない．

参 考 日本，イギリスは国税のみ，アメリカは連邦税のみをとって，直接税比率を比較すれば次のようである（%）．

アメリカの直接税比率が極めて高いことが注目をひくが，しかし州税における直接税比率は著しく低く，平均30%程度，低いときは23%に下ったこともあり，高くても1943年の45%を超えたことがないから，日英米の直接税比率は国全体としてみると，現在は大差ないということができる．

	日 本	イギリス	アメリカ
1930	34.3	58.3	68.0
1935	35.0	51.3	49.0
1940	63.9	57.3	64.2
1944	65.9	64.2	85.7
1948	50.0	54.6	80.6

I-3 国庫の歳出

会計年度 a		A 一般会計歳出（百万円）	B 臨時軍事費（支出済額）（百万円）	C 一般会計から臨軍費への繰入（百万円）	D 以上の純計（A+B-C）（百万円）	E 国民所得にたいするDの比率 b（%）	F Dの実質額 c（百万円）	G 特別会計歳出（百万円）
昭和								
1929	(4)	1,736	…	…	1,736	…	1,550	3,063
1930	(5)	1,557	…	…	1,557	14.4	1,526	3,052
1931	(6)	1,476	…	…	1,476	14.8	1,622	2,691
1932	(7)	1,950	…	…	1,950	18.2	2,142	3,622
1933	(8)	2,254	…	…	2,254	19.1	2,413	4,374
1934	(9)	2,163	…	…	2,163	17.7	2,230	5,228
1935	(10)	2,206	…	…	2,206	16.3	2,184	5,235
1936	(11)	2,282	…	…	2,282	15.6	2,216	7,661
1937	(12)	2,709	2,034	…	4,743	28.2	4,433	8,402
1938	(13)	3,288	4,795	1	8,082	42.5	7,347	11,729
1939	(14)	4,493	4,844	317	9,020	37.9	6,489	14,390
1940	(15)	5,860	5,722	1,135	10,447	38.5	5,804	17,408
1941	(16)	8,133	9,487	1,078	16,542	53.7	7,877	27,717
1942	(17)	8,276	18,753	2,623	24,406	69.0	8,940	35,554
1943	(18)	12,551	29,818	4,369	38,000	91.4	11,838	50,621
1944	(19)	19,871	73,493	…	93,364	203.0	23,278	64,946
1945	(20)	21,496	16,465	7,205	30,756	…	…	78,355
1946	(21)	115,207	…	…	115,207	30.4	1,832	178,205
1947	(22)	205,841	…	…	205,841	18.2	1,405	372,500
1948	(23)	461,974	…	…	461,974	21.4	2,022	1,009,595
1949	(24)	699,448	…	…	699,448	22.9	2,984	1,757,275
1950	(25)	633,295	…	…	633,295	17.6	2,808	1,900,029
1951	(26)	749,838	…	…	749,838	15.5	2,862	1,275,076
1952	(27)	873,942	…	…	873,942			1,213,626
1953	(28)							

備 考 注： a. 昭和 27 年度までは決算額．
 b. 比率算出のために利用したのは分配国民所得である．(→ A-3)
 c. 実質支出額計算のために利用したのは生計費指数（ラスパイレス式，ただし戦後は会計年度のもの）である．(→ F-4)
 資料：大蔵省，財政経済統計年報，1948 年；同，財政金融統計月報； 日本銀行，本邦経済統計；大蔵省，租税統計資料集，1952 年．

利用上の注意 1. 一般には「国庫歳出純計」といって一般，特別両会計の歳出合計額から，「一般会計から特別会計への繰入れ」，「特別会計から一般会計への繰入れ」，「特別会計相互間の繰入れ」などの重複分を差引いて国庫の歳出純額を算出することが行われている．例えば昭

I 財　政

和12年度に設置された「食糧管理特別会計」を戦後についてみるに輸入食糧価格差補給金の財源を一般会計から繰入れているし，また農業災害補償法によって農業共済再保険の掛金を「農業共済再保険特別会計」へ繰入れている．このように実際は多数の会計間相互に非常に混み入った繰入れが行われているので，これらの重複を除いたのが「国庫歳出純計」である．

2. しかし特別会計はそのかなりの部分が業務会計であるため，一般会計と合算して重複を取り除いて得た「国庫歳出純計」を直ちに国民所得と比較することは問題であろう．そこでここでは一般会計と臨軍費特別会計との歳出純計だけを国民所得と対比しておいた．しかしそれでもその比率 E は誤解を生ずる恐れがある．第一に特別会計のなかにも業務会計でなく，その歳出が国家の経費とみなさるべき部分がある．第二に臨軍費は戦時中外国において軍票などの形式でかなり使用され，必ずしもその全額が国内で使用され，国内のインフレの要因となったのではない．

3. 戦後は国庫全体の歳出や国庫の赤字，黒字を実質的に出そうとして，一般，特別両会計のほか，国有鉄道，専売公社，船舶運営会，公団などの「政府関係機関」をも含めて相互の繰入れを除去することが行われている．この方法は国家財政の実質的バランスをみるためには重要である．

解　説　**1.**　一般会計歳出中の軍事費は12年度，16年度37%，45.7%であったが，17年以後1%以下に減じた．これは特に17年以後軍事費の大部分が臨軍費として処理されたからである．

2.　Eの比率が昭和11年度以前は14～19% の範囲にあったのが，12年度以降急昇し，特に18～19年度には夫々91%，203% に達している．臨軍費の外国での使用をたとえ割引いて考慮するにしても，このことは国力の圧倒的部分が戦費に集中されていたことの表現と解しうる．さらに戦後についてみるに，比率は18～30% の範囲にあり，実質所得が低いに拘らず，戦前より大きく，戦後の政府部門の比重拡大を物語っている．Fの計数に示されている「一般会計歳出」の実質額も，戦前より戦後の方が大きくなろうとしている．

3.　「国庫歳出純計」は掲げなかったが，「一般会計歳出」の2倍以上の数字を示している．

4.　戦前は一般会計歳出が各省別使途別(人件費，物件費等)の程度に分類され，どのような経済目的に使用されたかが明かでなかった．戦後はこの目的別分類も発表されるようになった．

	終戦処理費	価格調整費	公共事業および産業経済費
	億円	億円	億円
21年度(決算)	381 (33%)	118 (10%)	
22年度(決算)	641 (31%)	439 (21%)	406 (20%)
23年度(決算)	1,062 (23%)	1,103 (23%)	1,079 (23%)
24年度(決算)	997 (14%)	1,702 (24%)	1,601 (22%)
25年度(決算)	984 (16%)	601 (10%)	1,453 (22%)
26年度(予算)	944 (12%)	225 (3%)	1,448 (31%)

一般会計歳出は24年度以後，ドッジ・ラインの影響で増加しなくなったが，それ以前終戦処理費と価格調整費とで歳出の約1/2を占めていたのが，25年度にはそれが約1/4に激減した．ただ24年度以後の価格調整費中には従来貿易資金の操作によってまかなわれて価格調整費に含められていなかった実質上の補給金が新たに顔を出しているということに留意すべきである．この価格調整費も26年度には僅かに輸入食糧補給金を残すにすぎなくなった．

参　考　国家財政の目的別分類をさらに使途別分類と交錯させて分析したものとして，大蔵省「財政金融統計月報」第6, 16, 20号を参照されたい．

I-4-a　　　　　　　　　地　方　歳　入

項目 会計年度a	A 総額b	B 税収入		C 税外収入				D 割合	
		総額	地方分与税 c	総額	国県支出金	公債	使用料・手数料 寄附金・その他d	B/A	C/A
昭和	百万円	百万円	百万円	百万円	百万円	百万円	百万円	%	%
1929 (4)	1,957	664	…	1,292	198	300	794	33.9	66.0
1930 (5)	1,993	602	…	1,392	191	471	729	30.2	69.8
1931 (6)	2,008	530	…	1,478	185	446	846	26.4	73.6
1932 (7)	2,286	522	…	1,765	346	561	857	22.8	77.2
1933 (8)	3,064	558	…	2,505	380	1,244	881	18.2	81.8
1934 (9)	2,763	596	…	2,167	346	848	973	21.6	78.4
1935 (10)	2,749	634	…	2,114	303	736	1,076	23.1	76.9
1936 (11)	3,393	672	…	2,721	279	1,238	1,204	19.8	80.2
1937 (12)	2,782	659	…	2,123	317	491	1,315	23.7	76.3
1938 (13)	2,952	704	…	2,248	367	400	1,481	23.8	76.2
1939 (14)	3,320	763	…	2,557	559	404	1,593	23.0	77.0
1940 (15)	3,801	1,135	351	2,666	518	409	1,739	29.9	70.1
1941 (16)	4,250	1,322	423	2,928	701	397	1,830	31.1	68.9
1942 (17)	4,825	1,543	609	3,283	765	495	2,022	32.0	68.0
1943 (18)	6,032	1,663	671	4,369	1,242	582	2,545	27.6	72.4
1944 (19)	4,235	1,546	684	2,689	896	514	1,278	36.5	63.5
1945 (20)	12,259	1,994	1,103	10,265	5,740	1,187	3,339	16.3	83.7
1946 (21)	31,705	6,312	2,586	25,393	15,424	3,227	6,742	19.9	80.1
1947 (22)	106,414	39,561	19,363	66,853	32,472	16,288	18,154	37.2	62.8
1948 (23)	294,679	123,940	47,356	170,740	88,036	27,260	55,444	42.1	57.9
1949 (24)	397,083	207,690	66,688	189,393	95,114	26,861	67,418	52.3	47.7
1950 (25)	499,665	296,781	108,500	200,316	105,416	28,000	66,900	59.9	40.1
1951 (26)	606,995	392,269	120,005	235,952	118,188	40,500	77,264	61.1	38.9
1952 (27)		452,773	145,000						
1953 (28)									

備　考　注： a. 昭和18年度まで，および21〜23年度は決算額，19〜20年度は予算額，24年度は決算見込額，25年度以後は地方財政委員会による予算推計額である．
　　　　b. 予算決算とも一般会計と特別会計とを合算したものであるが，昭和4〜5年度の道府県分には特別会計を含まない．
　　　　c. 地方分与税には地方配付税と還付税の両者を含む．なお昭和25年以降は，この欄に地方平衡交付金をかかげた．
　　　　d. 使用料には，授業料，保育料，および病院・水道・屠場・電車・市場・種畜・用水路溜池・公会堂・土地道路・墓地火葬場などの使用料を含む．手数料には，督促・証明・閲覧・検定の諸手数料および証紙収入などを含む．ここでは，夫役現品，分担金，財産収入，財産売払代，前年度繰越金，納付金，報償金などのその他の収入を，以上に含ませて掲げた．
資料：大蔵省主税局，税制関係基本統計資料集，1950年；同，租税統計資料集，1952年．

I 財 政

利用上の注意 1. 地方財政の税収入は，地方公共団体が直接課税して徴収する分と，昭和15年度から実施された地方分与税分与金制度（22年度から地方配付金制度に変更）によって，国から受けいれた還付税収入と配付税収入とがある．この分与税収入については別記した．

2. ここに地方配付税とは，所得税，法人税などの国税の一定割合を地方自治体の実情に応じて適当に配分するものであり，還付税とは本来地方費の財源である地租家屋税および営業税を一応国税として徴収した後，その所在地方団体に戻すものをいう．

解 説 1. 従来の地方税は，多く雑税で，主要な税は大体国税に限られていた観があった．が，昭和22年度から地租，家屋税，営業税，鉱区税，遊興飲食税，23年度から入場税が移譲され，さらに25年度にはシャウプ勧告により固定資産税，住民税などが設けられた．したがって22年度からは還付税収入なるものはなくなった．

2. 地方歳入で注目すべき点は，全歳入における税収入の割合が極めて小さいことである．すなわち昭和5年度は30.2％，10年度は23.1％，14年度は23％にすぎない．分与税分与金制度の確立された後でも，この比率は依然として小さく，21年度も19.9％にすぎなかった．しかるに22年度は37.2％，23年度は42.1％，24年度は52.3％というように漸次比率が大きくなってきた．これは (1) で述べた地方税制の改正に基づくものである．

3. しかしこれも分与税配付税の増加によるもので，その他国県支出金に含められている種々の補助，交付金をも合計した金額は戦前に比して戦後は著しく大きい．歳入において国県支出金の占める割合は10年度において11％だったのが，22年，24年とも30％程度となっている．

4. 税外収入のうちで使用料・手数料・寄附金，その他の占める割合は，戦前は非常に大きかったが，次第にそれよりも国県支出金の割合が大きくなってきた．

5. 昭和25年度よりシャウプ勧告の趣旨にそって地方自治強化，地方財政充実の見地から地方配付税配付金制度は廃止され，新たに地方財政平衡交付金制度が設けられた．これは地方財政収入が地方財政需要を賄い得ない差額を補助し，地域間の財力の差を平準化するためである．

6. この統計表では省略したが，租税収入に依存する率が最高なのは町村であり，都府県，市とこれに続く．また国県支出金は道府県が高率で，市の分は一ばん低い．さらに地方債は市がもっとも高率で道府県がこれに次ぎ，町村はきわめて低率である．市は公営企業のため，道府県は大規模な土木事業を行うための資金を起債に求めるためである．

7. 地方債の現在高の国債現在高に対する比率をみると，昭和5年が34％，10年が33％，15年が11％，19年が3％と戦時中著しく低落したが，戦後も依然として低い (24年は2％)．

8. 地方債と預金部資金とは従来から極めて密接な関係があり，23年度末地方債現在高380億円に対して，預金部資金の地方財政への融資額は，24年5月末で361億円に達している．預金部資金を地方財政に優先的に融資すべきことは預金部資金融資規程第2条によって定められている．ただ戦後預金部の運用原資は極めて僅少だったので，地方財政の資金需要に十分に応じ得なかったようである．最近では地方債の殆んど全額を融資できるようになった．

	地方債許可額	預金部資金融資	比率
	百万円	百万円	
21年度	3,550	1,348	37％
22年度	11,100	8,839	79％
23年度	24,600	24,025	98％
24年度	31,000	31,000	100％

参 考 地方歳入のうち税収が少ないという点は，イギリスの地方財政にもみられる共通点であるが，アメリカの州，地方財政では大部分が税収である．

I-4-b　　　　　　地　方　歳　出　(百万円)

項　目 会計年度a	A 総　額b	B 費 目 別 構 成 (主なもの)c					
		教育費	土木費	勧業・社会事業費	警察・消防費	庁　費	衛生費
昭和 1929 (4)	1,715	446	244	198			
1930 (5)	1,753	403	220	106	91	125	104
1931 (6)	1,781	390	212	174	90	121	50
1932 (7)	2,054	400	344	227	91	127	50
1933 (8)	2,804	423	358	228	95	130	50
1934 (9)	2,442	444	297	234	101	131	57
1935 (10)	2,377	469	295	237	105	136	62
1936 (11)	2,987	505	296	232	108	146	67
1937 (12)	2,323	510	285	246	114	154	78
1938 (13)	2,430	518	293	264	119	164	90
1939 (14)	2,667	545	302	298	136	177	101
1940 (15)	3,123	600	341	371	161	226	109
1941 (16)	3,503	709	375	409	229	260	124
1942 (17)	3,799	776	412	421	282	318	127
1943 (18)	4,741	875	552	655	321	429	166
1944 (19)	4,232	914	373	419	327	421	161
1945 (20)	10,560	1,643	2,415	1,880	827	996	285
1946 (21)	29,108	6,144	4,327	8,017	1,880	3,621	1,115
1947 (22)	99,559	26,024	12,795	19,196	6,968	15,835	2,912
1948 (23)	259,270	70,305	41,178	53,335	19,823	37,009	7,666
1949 (24)	391,492	99,986	63,497	74,592	21,152	51,836	11,215
1950 (25)	523,249	98,643	92,015	88,956	29,772	65,957	11,506
1951 (26)	668,672	157,511	108,748	125,999	28,890	99,291	19,184
1952 (27)	842,045						
1953 (28)							

備　考　注：a. 昭和18年度まで，および21～26年度は決算額，27年度は決算見込額．
　　b. 予算，決算とも一般会計および特別会計を合算掲記したが，昭和4～5年度の道府県分には特別会計を含まない．
　　c. ここに掲げた費目以外の主なものは，公債費，電気ガス事業費，交通事業費等である．
　資料：大蔵省主税局，租税統計資料集，1952年．

利用上の注意　1.　費目別構成は主要なものだけをとって示してあるが，それだけでも歳出総額の60～70%を超えている．この他に，都市計画費，電気事業費，ガス事業費，水道事業費，交通事業費，公債費，道府県費取扱費，財産蓄積費などがある．なおここに庁費とは，役所および役場費，会議費，職員費の合計であって，昭和23年度以降の分類に過去の分類を合わせた．23

I 財　政

年度以降，社会事業費および勧業費は，社会および労働施設費，産業経済費として表示されている．

2. 昭和 4〜5 年度には都道府県の特別会計は含まれていないが，これは極めて僅かである．都道府県の他に市町村の特別会計を含めても，それは地方歳出総額の 10% あるいはそれ以下であって，この点において国家財政とはまさに逆である．なお地方財政における特別会計は，公営企業会計と国民健康保険会計の二つがその大部分をなしている．

解　説　**1.** 教育費，土木費，勧業・社会事業費，警察・警防費は大体において歳出の半ばを占め，人口増加や戦後事情などにより最近の地方財政膨脹の大きな原因となっている．これに次ぐ経費は庁費であってインフレに伴う人件費，物件費の膨脹により，大きな負担となっている．

2. 戦前に比して構成比率のかなり高くなった経費は教育費，庁費，勧業・社会事業費である（右表参照）．

	庁費	教育費	勧業・社会事業費
昭和10年度	5.7%	19.7%	10.0%
〃 22 〃	15.9	26.1	19.3
〃 24 〃	17.8	27.0	17.8

3. この地方財政歳出総額を国家財政の一般会計歳出総額と比較してみると，その比率は昭和 10 年度 107%，15 年度 53%，19 年度 21% というように急速に低下したが，戦後は再び上昇して，21 年度 25%，23 年度 62% となり，25 年度は 70% を超えたと推定される．

4. 戦前は都道府県の歳出の方が，市町村の歳出の 1/2 前後であったが，18 年度から逆転し，戦後は前者が後者をかなり超えるほどになった．

5. そのほかここでは掲げなかったが，地方財政歳出の現在における特徴として次の点が指摘される．教育費は都道府県・市町村いずれも高い比率を占めているが，土木費においては，都道府県の方が高率である．ところが勧業および社会事業費（社会労働施設費）は市町村が最も大きな割合を占めている．また庁費，警防費は市町村最も高率である．

6. 教育費の国費，地方費の負担区分は，特に注目を要する．これは大蔵省主計局調であって若干の庁費を含んでいる点で，上掲の計数とは相違があるが，大体問題点を明かにしていると思われる．即ち国費と地方費の比率 $\left(\dfrac{b}{a}\right)$ としてみても，またその負担区分 $\left(\dfrac{d}{a+c}\right)$ としてみても，戦後は地方財政の負担が一時戦前より低くなったが，25 年度に入るとこれが急激に大きくなっている．特に 25 年度に入って，地方教育費の国庫負担分が激減している．これはこれまでの教育

教育費負担区分

年　度	国 a	地方 総額 b	地方 国庫負担 c	地方 地方負担 d	$\dfrac{d}{a+c}$	$\dfrac{b}{a}$
	百万円	百万円	百万円	百万円	%	%
昭和 5 年度	143	403	95	307	129	282
10	151	469	105	364	142	311
15	195	599	118	482	154	307
21	2,422	8,074	1,558	6,516	164	333
23	29,558	72,742	21,057	51,685	102	249
24	38,521	76,787	26,249	50,538	78	199
25	20,355	102,505	4,918	97,587	386	504

費関係の補助金の多くが地方財政平衡交付金に吸収されたためであって，これを加えると実質的には国の教育費は 203 億円から，455 億円に増加する．

参　考　地方財政については大蔵省『財政金融統計月報』第 9 号「地方財政特集」参照．

I-5　　　　　租税負担と国民所得

項目　年次	A 分配国民所得a	租税 B 総額	租税 C 国税b,d	租税 D 地方税c	E 租税負担率 (B/A)	F 租税中国税の割合 (C/B)
昭和	百万円	百万円	百万円	百万円	%	%
1929 (4)	……	……	……	……	…	…
1930 (5)	10,828	1,705	1,103	602	15.7	64.7
1931 (6)	9,993	1,522	992	530	15.2	65.2
1932 (7)	10,732	1,462	940	522	13.6	64.4
1933 (8)	11,799	1,560	1,002	558	13.2	64.3
1934 (9)	12,263	1,710	1,114	596	13.9	65.2
1935 (10)	13,528	1,837	1,202	634	13.6	65.5
1936 (11)	14,604	2,033	1,361	672	13.9	66.9
1937 (12)	16,807	2,480	1,821	659	14.8	73.4
1938 (13)	19,026	3,078	2,374	704	16.2	77.0
1939 (14)	23,825	3,696	2,933	763	15.5	79.0
1940 (15)	27,162	5,003	4,219	784	18.4	84.4 (77.4)
1941 (16)	30,813	5,830	4,931	899	18.9	84.6 (77.2)
1942 (17)	35,353	8,463	7,529	934	23.9	89.0 (81.7)
1943 (18)	41,564	10,952	9,960	992	26.3	90.9 (84.7)
1944 (19)	45,996	13,724	12,863	861	29.8	93.7 (87.1)
1945 (20)	……	12,447	11,556	891	…	92.6 (83.8)
1946 (21)	379,100	41,163	37,438	3,726	10.9	90.9 (85.0)
1947 (22)	1,128,600	209,363	189,165	20,198	18.5	90.4 (81.1)
1948 (23)	2,164,400	522,540	445,956	76,584	24.1	85.3 (75.3)
1949 (24)	3,054,500	778,509	636,068	142,441	25.5	81.7 (73.1)
1950 (25)	3,585,100	758,895	570,214	188,681	21.2	75.1 (60.8)
1951 (26)	4,849,400	994,547	723,142	271,679	20.5	72.7 (60.6)
1952 (27)			843,004			
1953 (28)						

備　考　注：a. 分配国民所得は，昭和 19 年度までは暦年，昭和 21～26 年度は会計年度．(→ A-3)
b. 国税中には，印紙収入，専売益金，臨時軍事費北支事変特別税を含むが，財産税等収入金特別会計受入金を含まない．
c. 地方分与税（地方配布税・還付税）は国税中に含めたが，「租税中国税の割合」を F において示すばあいには，地方分与税（25 年度以降は平衡交付金）を国税から除いたばあいの比率も示しておいた（括弧内）．
d. 国税は 25 年度までは決算額，26 年度は決算見込額，地方税は 18 年度まで及び 20～24 年度間は決算額，25, 26 年度は決算見込額である．あとはいずれも予算額である．
資料：A→ A-3．租税については，大蔵省主税局，租税統計資料集，1952 年；大蔵省，財政金融統計月報，第 9 号，地方財政特集；同，第 20 号，租税負担特集．

利用上の注意 1. 国税と地方税の構成比率を実質的に観察するには，地方分与税，地方財政平衡交付金を国税から除いて，地方税に含めたうえで比率を計算しなければならない．F欄の比率中括弧内のものはこれである．

解　説 1. わが国の租税負担率は，平時にはほぼ 13〜15% であったのが昭和 15 年頃から高くなりはじめ，第二次大戦中には，29.8% にまでのぼり，終戦直後の年には経済混乱も手伝って一たん 10.9% にまで落ちたが，23 年以降は再び戦時中ぐらいの負担率に復した（戦前の負担率の 2 倍）．ところで，負担率は同じでも，或る国では社会保障などのための歳出が多く，他の国では濫費が多いとすれば，実質的な負担は大いに異るわけである．

2. またたとえ負担率が等しくても，金持に対する 10% の税金と，貧乏人に対する 10% の税金とでは，税負担の苦痛度がちがう．負担率を国際比較して，日本の負担率よりは英米の負担率はまだ高いからといっても，生活水準を考慮に入れなければ，負担の苦痛度はわからない．

3. 国税と地方税の比重を示す指標として国税／租税総額という比率をF欄についてみると，昭和 5〜10 年間は大体 64〜65% に安定していたが，19 年には 87.1% に上昇した．そして戦後も 22 年まではこの 80% 台を維持したが，23 年からは低下して，25 年には 60.8% となった．

4. この結果はシャウプ勧告によって生じたものである．つまりシャウプ勧告による地方財政改革の根本的な立場は，地方自治の徹底と中央集権的傾向の排除であり，平衡交付金制度もその手段として採用された．従って 25 年度は国税比率は 60.8% という非常な低下を示した．

5. 国民所得から食料費を除いて，それと租税総額を比較することが行われている．それをみると，9〜11 年が 19.7%，19 年が 36.2% であるに対して，22 年が 43.6%，23 年が 47.3%，24 年が 48%，25 年が 36.6% というように，戦後は戦時中よりもいっそう高い負担を示す．

6. 所得税負担の苦痛度を明示するために，等価値計算による所得税税率の比較が行われている．附表のように，戦前と等価値の所得を有していた場合の税率は極めて高い．9〜11 年頃の第三種所得税の免税点は 1,200 円であったが，それと等価の免税点は，25年では物価が約 200 倍だから 24 万円となる．ところが基礎控除は 26 年度において 38,000 円という低位にある．

昭和9〜11年所得額	昭和9〜11年税率	昭和23年		昭和25年	
		換算所得額	税率	換算所得額	税率
	%	円	%	円	%
1,200円以下	0.8	187,320	45	240,720	50
2,000〜3,000円	4.0	312,200	60	401,200	50
5,000〜7,000円	6.5	780,500	70	1,003,000	55
10,000〜15,000円	8.5	1,561,000	75	2,006,000	55
20,000〜30,000円	13.0	3,122,000	80	4,012,000	55
50,000円以上	17.0	9,805,000	85	10,030,000	55

備考．注．1. 昭和9〜11年と同一購買力をもつ所得に換算したものが，「換算所得額」であり，その場合に用いられる物価倍率は，23年156.1倍，25年200.6倍である．
2. それに対する 23, 25年の現行税率を示したものである

参　考 米英について国民所得に対する国税の比率を算出してみると，アメリカの場合は，1941 年までは大体 16〜19%，第二次大戦中は 20% を越して，最高 27.8% にまで達したが，戦後は漸減して 1949 年には 22% まで下っている．イギリスの場合は，おしなべて高く，1930〜38 年間はほぼ 22〜24%，それ以後は次第に増加して 1945 年には 41.2% にまでなっており，戦後においてもこの比率は余り下っていない．これは明らかに，社会保障的な政府支出が大きな割合を占めるようになったためと思われる．

I-6		政府の債務						
項目 年次a		A 総額	B 内国債	C 外国債b	D 短期証券c	E 借入金	F 一時 借入金	G 総額e 国民所得
	昭和	百万円	百万円	百万円	百万円	百万円	百万円	%
1929	(4)	6,576	4,512	1,446	43	572	...	...
1930	(5)	6,851	4,476	1,479	207	688	...	63.3
1931	(6)	7,053	4,715	1,472	223	641	...	70.6
1932	(7)	7,911	5,663	1,390	320	536	...	73.7
1933	(8)	8,916	6,724	1,414	543	233	...	75.6
1934	(9)	9,779	7,685	1,402	522	166	...	79.7
1935	(10)	10,525	8,522	1,331	453	217	...	77.8
1936	(11)	11,302	9,257	1,316	444	283	...	77.9
1937	(12)	13,355	11,516	1,300	452	85	...	79.5
1938	(13)	17,921	16,065	1,279	492	84	...	94.2
1939	(14)	23,565	21,628	1,257	595	84	...	98.9
1940	(15)	31,002	28,611	1,236	1,046	107	...	114.1
1941	(16)	41,786	39,248	1,221	1,206	109	...	135.6
1942	(17)	57,152	54,222	1,221	1,554	154	...	161.7
1943	(18)	85,114	76,660	894	2,097	5,462	...	204.8
1944	(19)	150,797	106,744	887	1,901	40,543	720	327.8
1945	(20)	199,453	139,924	886	3,160	55,370	112	...
1946	(21)	265,352	172,248	886	30,940	59,750	1,527	70.0
1947	(22)	360,666	208,580	881	46,340	91,227	13,637	32.0
1948	(23)	524,004	279,449	880	120,730	90,708	32,537	24.2
1949	(24)	538,295	291,543	880	119,040	88,494	38,337	17.6
1950	(25)	454,721d	241,256	880	118,140	86,957	7,487	12.6
1951	(26)	544,625d	261,150	880	194,140	87,218	1,247	11.2
1952	(27)	726,845	336,731	890	279,140	109,047	1,037	
1953	(28)							

備考 注： a. これらはいずれも年度末現在の数字である．
b. 外国債の邦貨換算は，英貨 1 ポンドにつき 9.763 円，米貨 1 ドルにつき 2.006 円，仏貨 1 フランにつき 0.387 円で行われている．
c. 短期証券は，大蔵省証券，食糧証券（これは昭和 17 年度に米穀証券が改称されたもの），蚕糸証券，薪炭証券，および朝鮮食糧証券を含む．
d. 昭和 25 年度中に外国為替資金証券，貿易資金証券が発行されたが，償還あるいは借入金として整理されて，年度末には残らなかった．26 年度には前者が 70,000 百万円ある．
e. 比率算出のために利用したのは分配国民所得の数字である．

資料：昭和 22 年度までは大蔵省，財政経済統計年報；23 年度以降は，財政金融統計月報．

I 財　政

利用上の注意　1.　国庫の債務の現在高を示すものだから，その年々の増加はほぼ国庫の赤字に該当する．しかし国債のなかには，現金の支出に代えて交付する，いわゆる交付国債が含まれているから，その増加のすべてが通貨増発要因となったわけではない．例えば 24 年度には不正保有物資等買収のために不正保有物資登録公債が，農地改革により国が買上げる農地の代金として農地証券が，復興金融金庫に対する政府出資として復興金融金庫交付公債が交付された．

2.　財政法第7条には，国庫出納上の必要により，大蔵省証券を発行し，または日銀から一時借入金をなしうるが，これは当該年度の歳入をもって償還せねばならない，と規定している．しかし現実には残高がある．この発行および借入の最高限は毎会計年度，国会の議決を経なければならない．これ以外の債務行為は予算の定めるところに従わねばならないことになっている．

3.　食糧，薪炭，蚕糸等証券は，それぞれ食糧管理特別会計，薪炭需給調節特別会計，糸価安定施設特別会計がその目的遂行に必要な資金をうるために発行する短期証券である．

解　説　1.　外国債は外貨表示であるが，ここでは仮に起債当時の純分比価をもって邦貨金額で評価されている．この評価によると，昭和5年当時は国債現在高の25%を占めていたのが，10 年には 13.5%，17 年には 2.2%，25 年には 0.35% と割合が減ずるにいたる．しかし，もし1ドル=360円，1ドル=350フラン，1ポンド=2ドル80セントのレートで換算するならば，外債のうち国家債務に属するものは，利子を含んで 26 年 6 月末において，1,402 億円にのぼると称せられ，相当な金額になる．ただし，五分利付英貨債はニューヨークで元利払を行う際は1ポンド=4.8665 ドルの確定換算率によることになっている．

2.　国債はほとんど大部分が金融機関，政府筋（預金部が大半を占める）の保有するところとなっており，一般公衆その他の保有は昭和 6 年頃が約30%，戦時中が約10%，25 年末が5.5%という状態である．他方国債が特殊銀行の保有になっている割合は，昭和10年以前では約 10%，11 年以降では約 20% であったが，戦後は30% を超えて上昇しつつある．特殊銀行のうちでは日銀がその主たる割合を占めるものと推定される．

3.　すなわち日銀の国債保有の割合が，23 年度末21.7%，24 年度末39.3%，25 年度末59.5%と累進的に上昇しつつあるのに，市中金融機関の保有割合が，23 年度末48.7%，24 年度末28.7%，25 年度末18.5% と逆に減少しつつある．日銀保有の割合が多くなることは，一部は新たな国債引受にも起因していると思われるが，この場合はそれ以外に日銀が市中金融機関から国債を買上げたり，貸出の担保として保有している部分を含んでいる．かくすることによって市中の資金不足を緩和する方策に出ていることを意味する．しかしすでに市中金融機関の保有割合が 20% という低率に下った以上，この種の日銀オペレーションや国債見返りの担保貸付は次第に困難となろう（→ H-5）.

4.　政府債務が国民所得に対して，どのくらいの比率を占めているかをみると，昭和 5 年が63%，10 年が 78%，15 年が 114%，19 年が 328% であるのに，21 年が 70%，23 年が24%，25 年が 13% と低下している．しかし外国債を現行レートで換算して考えると，25 年は 20% 見当となる．戦後インフレにより既往の政府債務の価値は著しく低下したため，政府債務が国民所得に対して占める比率は非常に低くなったわけである．

参　考　アメリカでは政府利付債務の国民所得に対する比率は，1929 年には 19%，1939 年には 63%，1944 年には 109%，1948 年には 111% であった (*Statistical Abstract of the United States*).

I-7		政府資金の対民間収支			(I) 戦前・戦中の部			(百万円)	
項目 a		A 政府資金撒布超または(△)引揚超 (B+C)			B 政府普通資金支払または引揚(△)超過額			C 国債・糧・蔵・蚕券市中償還高	
会計年度		上半期	下半期	年間合計	上半期	下半期	年間合計	上半期	下半期	年間合計
	昭和									
1929	(4)	…	…	…	…	…	…	…	…	…
1930	(5)	…	…	…	…	…	…	…	…	…
1931	(6)	…	…	…	…	…	…	…	…	…
1932	(7)	259	653	912	50	450	500	209	203	412
1933	(8)	1,186	826	2,012	346	345	691	840	481	1,321
1934	(9)	871	567	1,398	291	189	480	580	338	918
1935	(10)	770	780	1,550	296	175	471	474	605	1,079
1936	(11)	784	427	1,211	83	199	282	701	228	929
1937	(12)	795	1,567	2,362	343	1,297	1,640	452	270	722
1938	(13)	2,590	2,417	5,007	1,652	1,254	2,906	938	1,163	2,101
1939	(14)	2,839	2,438	5,277	1,442	1,598	3,040	1,397	840	2,237
1940	(15)	2,061	1,890	3,951	1,297	1,700	2,997	764	190	954
1941	(16)	5,124	3,669	8,793	2,784	2,191	4,975	2,340	1,478	3,818
1942	(17)	5,300	5,282	10,582	3,288	3,796	7,084	2,012	1,486	3,498
1943	(18)	4,401	7,253	11,654	3,509	5,757	9,267	891	1,496	2,387
1944	(19)	8,341	7,975	16,316	7,391	5,704	13,095	951	2,271	3,222
1945	(20)	16,928	△8,210	8,718						

備考 注：a. △印は収入超過額を示し，他は支出超過額を示す．
    b. 政府資金対民間収支は B から F に至る 5 項目の合計である(戦後の部)．
    c. 一般会計収支には専売流用現金が含められている(戦後の部)．
    d. 見返資金，預金部資金は，特別会計収支から取除いて別項目としてあるが，ここでの特別会計収支には，国債償還金(短期証券の分は除く)を含み，さらに専売公社以外の公社関係およびオープン勘定返済金，その他雑項目を含めてある(戦後の部)．
    e. 昭和 25 年度中に，預金部資金に 1,733 億にのぼる多額の収入超過があったのは，同年 8 月から公団収支を預金部収支に含めるに至ったためである(戦後の部)．
資料： 日本銀行国庫局，政府資金移動概況；同統計局，金融統計月報；大蔵省，財政金融統計月報，特にその第 10 号国庫金収支特集．

政府資金の対民間収支　　(II) 戦後の部　　(百万円)

項目a 会計年度	A 政府資金b 対民間 収(△)支	B 一般会計c 収(△)支	C 特別会計d 収(△)支	D 見返資金 収(△)支	E 預金部 (資金運用部) 収(△)支	F 郵便局過 剰金(△)	G 純財政資 金収(△)支 (B+C+D)
昭和							
1946 (21)	32,471	16,776	9,147	⋯	6,548	⋯	25,923
1947 (22)	59,231	△1,951	60,046	⋯	1,137	△1,387	58,095
1948 (23)	21,355	△91,704	135,163	⋯	△22,104	△42,076	43,459
1949 (24)	△20,691	△162,151	42,815	86,947	37,253	△31,955	△32,389
1950 (25)	37,980	△116,607	302,347	38,484	△173,317e	△12,927	224,224
1951 (26)	△37,140	△224,268	57,179	60,684	84,216	△14,951	106,405
1948 (Ⅰ)	1,803	△12,016	3,644	⋯	10,175	⋯	△8,372
(Ⅱ)	24,687	4,947	23,712	⋯	△3,972	⋯	28,659
(Ⅲ)	120,426	11,489	113,356	⋯	△4,419	⋯	124,845
(Ⅳ)	△125,561	△96,124	△5,549	⋯	△23,888	⋯	△101,673
1949 (Ⅰ)	△2,727	△9,906	14,963	⋯	△3,825	△3,959	5,057
(Ⅱ)	△21,438	△22,124	△9,943	170	17,043	△6,584	△31,897
(Ⅲ)	96,190	△36,075	67,112	44,194	25,566	△4,607	75,231
(Ⅳ)	△92,716	△94,046	△29,317	42,583	△1,531	△10,405	△80,780
1950 (Ⅰ)	△37,898	△4,917	△49,210	6,011	21,119	△10,901	△48,116
(Ⅱ)	△25,939	△26,338	29,077	2,771	△25,733	△5,716	5,510
(Ⅲ)	140,243	△23,059	225,820	15,727	△79,731	1,486	218,488
(Ⅳ)	△38,426	△62,293	96,660	13,975	△88,972	2,204	48,342
1951 (Ⅰ)	△65,311	△52,040	△46,889	15,236	26,372	△7,990	△83,693
(Ⅱ)	△40,227	△40,634	△20,246	12,203	12,688	△4,238	△48,677
(Ⅲ)	137,924	△44,893	147,987	17,031	20,867	△3,068	120,125
(Ⅳ)	△69,526	△86,701	△23,673	16,214	24,289	345	△94,160

利用上の注意　1. 普通今年度の財政赤字とか黒字がどれだけというときは，予算上の年度区分によることが多い．しかし，その区分によると翌年度の4～5月は出納整理期間とされ，決算はこの整理期間の分も含めて行われる．したがって予算上の収支からは，4月から3月までの収支を正確に知ることはできない．これを明かにするものが国庫金収支であって，これは前年度の整理期間に収支された過年度分を含み，当該年度の整理期間の収支を除いている．この政府資金撒布(引揚)超は，その国庫金収支のうち対民間分の差額を示すものである．

2. さらに注意すべきは，国庫金収支は予算上の歳入・歳出だけでなく，預金部の収支，一時借入金の借入返済，短期証券の発行・償還などの歳計外収支をも含んでいる点で，予算上の収支と異る．

3. 国庫金収支には，国庫内の勘定相互間における収支，すなわち振替による収支がある．これは政府預金には増減を生ぜず，政府資金の対民間収支にあらわれていない．

4. ここで政府資金（国庫金）の対民間収支とは，国庫内振替収支と，対日銀収支以外の収支を指す．各種の政府機関が必ずしも国庫ではなく，例えば復興金融金庫，国民金融公庫などは民間収支として取扱われるのに日本専売公社，日本国有鉄道，連合国軍人等住宅公社，住宅金融公庫などの収支は，国庫（特別会計）を通して行われる．このほか各種公団については，1950年8月15日からその収支を国庫（預金部資金）の経理とするようになった．

5. 戦前・戦時の部分については，内容に立入って詳細を明かにした統計は発表されていない．しかし戦後はこれを詳細に知ることができる．本表の分類のほか，一般会計歳入は租税・専売流用現金などに区分され，歳出も終戦処理費，価格調整費，公共事業費，政府出資金，地方配付税等に区分したものがある．特別会計も食管，国鉄，貿易，外為，見返資金などに細分されている．

解説 1. この政府資金撒布（引揚）超に，日銀の民間預金，貸出の増減，国債短期証券の売買など，いわば日銀資金の対市中撒布（△引揚）を加算すると，日銀券の増発に見合う数字になる．そのことから日銀券増発の政府側要因と民間側要因をこれによって分析することがよく行われる．すなわち $\frac{政府資金撒布超}{日銀券増発}$ という比率が政府側要因の割合を示すとよくいわれる．しかしよく考えると，政府資金のなかには，実質的には民間資金としての性質をもつ預金部資金なども含まれているから，かならずしもそのような比率によって分析が正確にできるわけではない．

2. 戦前の例をもってこよう．昭和13年度中には4億5,000万円の日銀券増発が行われた．ところで政府資金の撒布超は50億円にのぼった．これを相殺すべき日銀オペレーションとして，国債の売却超過が24億5,000万円，短期証券の売却超過が19億6,000万円であった．さらに，民間預金の増加と貸出の減少を合計すると7,790万円であったから，これらを政府資金撒布超から差引くと5億1,550万円となって，ほぼ4億5,000万円に近い数字になる．さらに19年度は163億の政府資金撒布超があったが，これを相殺する日銀オペレーションが165億円にのぼったにもかかわらず，民間貸出増マイナス民間預金増が，95億円にのぼったため，まさに95億円だけの日銀券増発が生じた．

3. 政府資金撒布超を国民所得に比較してみると，昭和7年8.5%，10年11.5%，12年14%，17年29.9%，19年35.9% というぐあいに，戦時経済に入るにつれて急増している．戦後は21年8.6%，22年5.2%，23年1% と縮少し，24年にはマイナスに転じている．戦後 % が戦時中にくらべて小さいようであるが，日銀資金の放出を含めて考えればかなり大きな比率となる．均衡財政の線が漸次表面化したことが，戦後のこの比率低下の最大の理由であろう．ただこの比率は国民所得に占める財政赤字の割合と考えてはならない．預金部資金が含まれているからである．そこで戦後については預金部収支郵便局過剰金を除いて，純財政資金の収支を出しておいた．しかし大体の傾向の指標とはなるであろう．

4. 戦後の政府資金対民間収支を日銀券の発行要因という面から一表にまとめてみよう．昭和21〜23年度は，年度間1,000億前後の通貨が増発された戦後インフレのもっとも急激な展開過程であったが，この3カ年間政府資金，日銀資金がともにインフレを促進してきた観がある．しかし24年度に入ると超均衡財政の線が強く推し出され，200億の黒字を国庫収支の面に出したが，これとほぼ同額を日銀資金の放出によって相殺している．ただ日銀貸出は非常に巨額にのぼって，滞貨金融という形をとったのであるが，他面指定預金が216億円引上げられたので，そのインフレ作用を抑止したものといえるであろう．

	21年度	22年度	23年度	24年度
	百万円	百万円	百万円	百万円
政府資金対民間収支	32,471	59,232	21,355	△20,691
日銀資金収支	64,446	43,816	72,419	19,490
貸出金	23,242	8,757	11,088	40,781
国債売買	31,004	7,882	△10,091	55,727
債券売買	—	39,924	39,559	△65,301
民間預り金	△3,690	△6,878	△5,068	2,259
送金未達分	13,101	△5,545	3,277	3,374
指定預金	—	—	31,600	△21,600
その他	789	△324	2,054	4,250
合計（日銀券増減）	96,917	103,048	93,774	△1,201

日銀券の増減が H-2 の計数と異る理由は，H-2 が暦年によっているのに対して，ここでは年度によっているからである．

5. この間における国庫金対日銀収支との関係は，次表のようである．すなわち国庫資金としては，22，23 年度は対日銀受超であるが，21，24 年度は払超であって，この過不足分だけが政府当座預金の増減となる．しかし日銀資金としてみれば，23 年度まではいずれも払超であったが，24 年度には逆に受超となり，それだけ信用の収縮になったのである．

		21年度	22年度	23年度	24年度
		百万円	百万円	百万円	百万円
国庫資金	国庫金対民間収支	△32,471	△59,232	△21,355	20,691
	国庫金対日銀収支	27,990	61,307	57,782	△26,687
	計	△4,481	2,075	36,427	△5,996
日銀資金	日銀資金収支	△64,446	△43,816	△72,418	△19,490
	国庫金対日銀収支	△27,990	△61,307	△57,782	26,687
	計	△92,436	△105,123	△130,200	7,197

6. 以上の政府資金・日銀資金の対民間収支はあくまで，日銀勘定を通してみたものであり，しかも政府資金のなかには預金部資金が含まれている．そこでこのような国の金融活動に基づく部分を産業資金に組み入れて純粋の政府赤〔黒〕字を計算し，他方市中金融機関・復金・預金部を通じて行われた産業資金を別個に計算して，財政資金と産業資金を比較しやすいようにした統計が造られる必要があった．日銀が戦後「資金循環の分析」を試み，資金循環を明かにするとともに，資金の放出吸収表を作成したことは，このような要請を充たしてくれるといえよう．そこでは，財政資金として国庫財政資金と地方財政資金とが含められており，政府資金の対民間移動では考慮されなかった地方財政の赤字が含められている．しかも市中の金融機関全体から行われる貸出や証券投資を把握することによって，金融機関から融投資された限りでの産業資金の総額が計算されている．そこでこの推計を要約して，財政資金との対比を試みよう．

a)．対民間収支表においては，直接通貨増減の一歩手前で把えようとしているから，通貨増減と諸要因との関係にほとんど誤差がない．ところが資金放出吸収表(次頁)では把握が間接であるだけに，(A−B+C) と通貨増減との関係は密接でない．特に 24 年度における誤差は顕著である．

資金の放出・吸収実績

		21年度	22年度	23年度	24年度	25年度
		百万円	百万円	百万円	百万円	百万円
資金放出 (A)	＜財政資金＞	50,910	56,190	61,251	△124,316	41,210
	国庫財政資金	53,436	56,894	46,551	△129,648	23,414
	地方財政資金	110	2,835	38,526	25,669	32,697
	農林中金前渡金増加額(△)	△1,714	994	△354	△9,424	7,925
	公金預金増加額(△)	△922	△4,533	△23,472	△10,913	△22,826
	＜産業資金＞	67,168	162,418	348,837	481,926	469,918
	金融機関貸出増	68,776	155,437	334,382	480,109	388,502
	(内復金分)	(7,236)	(53,472)	(72,500)	(△11,950)	(△19,037)
	対日援助見返資金貸出増	—	—	—	24,483	33,285
	その他	△1,608	6,981	14,455		
	＜資金放出合計＞	119,830*	218,696*	410,088	357,610	511,128
資金吸収 (B)	＜一般預金増加額＞	70,408	181,091	301,152	340,846	386,911
	＜その他＞	△51,205	△56,965	40,967	24,778	56,403
	＜資金吸収合計＞	19,203	124,126	342,119	365,624	443,314
資金放出超過額 (A-B)		100,627	94,570	67,969	△8,014	67,814
金融機関手持現金増 (C)		4,007	9,362	10,747	2,259	3,403
(A-B+C)		104,634	103,932	78,716	△5,755	71,217
通貨(日銀券・補助貨・小額紙幣)増		97,177	103,204	93,832	△124	85,603
還流率 (%) $\frac{B}{A}$		16.0	56.8	83.4	103.0	86.7

備考：1.「国庫財政資金」は，預金部収支中の対民間・対地方公共団体収支や郵便貯金受払ならびに公募国債代り金，金融機関に対する政府出資，国債償還額等を除いて計算したものである．
2.「地方財政資金」は金融機関（預金部を含む）の保有地方債増減額，および地方公共団体貸付金増減額を計上したものである．
3.「農林中金前渡金」とは，農林中金に前渡された食糧薪炭買入資金の中，まだ使用されずに同金庫勘定に滞留している部分である．
4. 産業資金中の「その他」は，農協兼営事業資金増加額，金融機関保有株式社債（金融債を除く）増加額，コール・ローン差額増加額である．
5.「一般預金増加額」は金融機関手持小切手手形増加額（Window Dressing）を除いたものであり，資金吸収中の「その他」は，金融機関借入，金融機関利益金，日銀対民間直接取引額，政府対民間直接国債発行額，代理店預金未達増加額の合計である．
6. (A-B+C) は通貨増に対応する額となるが，これにかなり著しい相違が生ずる理由は，金融機関の仮勘定，本支店勘定，雑勘定を除いているためである．
7. この表における通貨増減の計数が前出の政府・日銀資金対民間収支表中の日銀券増減と合わないのは，そのほかに補助貨と小額紙幣とを含むからである．
8. ＊は金融緊急措置令による新旧券交換のため期限後認められた旧券引換額を含む．

b)．金融機関を通ずる産業資金の変遷はこの表から大体的確に把えることができよう．しかしこの産業資金と財政資金とを比較して通貨増発の要因として産業資金の方が大きな役割を演じたと速断してはならない．なぜなら，財政資金はこの場合収支の差額であるのに対して，産業資金は放出額そのものであって，その還流分を除いていないからである．

c)．いずれにせよ，この表から大体戦後財政・金融の推移を概観できる．ドッジ・ラインの影響による赤字財政から黒字，もしくは均衡財政への転換，金融機関貸出増のなかで復金融資の占

める比重，24年度以降のその回収状況，更には対日援助見返資金（援助物資を一般に売出すことによって生じた資金のプール）からの長期貸出の推移などを判読できる．ここには見返資金からの私企業投資のみが掲げられているが，いま同特別会計の運用状況を調べてみよう（下表）．

	収入計	支出計	債務償還	公企業投資	私企業投資	経済再建および安定	余裕金増
24年度	百万円 129,329	百万円 114,070	百万円 62,467	百万円 27,000	百万円 24,603	百万円 —	百万円 15,258
25年度	162,968	79,953	—	35,682	33,795	10,441	83,015

備考：1. 25年度の支出計とその費目の合計が合わないのは，事務取扱手数料があるためである．
2. 本表と前表の計数が違うのは，本表は大蔵省調であって，日銀における処理との時間的ズレにもとづく．

これから観察できるように，1,000億円以上にのぼる見返資金中私企業投資の部分は200～300億円程度である．しかも24年度は624億円の債務償還を見返資金から行って，これにディス・インフレの役割を担当せしめた．25年度はこれから債務償還は行われなかったが，約830億円の余裕金の増加が生じた．25年度末においては余裕金983億円のうち436億円が短期証券に運用され，残り547億円が日銀の預金となっていた．対日援助は講和後には打切られるが，資金のプールはその後も残存して，インフレ抑圧のため，或は長期投資のため重要な役割を演じよう．

d)．インフレの収束とともに貨幣価値激変の不安が解消し，還流率が著しく好転している．

e)．資金の放出吸収の計数は実績としても重要であるが，資金計画としても極めて重要である．一方において，生産・物価・賃金の予測その他に基づいて産業資金を推測し，これと財政資金とを合算した上で資金放出額を概算するが，他方において資金還流率などに基づいて資金の吸収額を予測して，両者の差額だけ通貨が増減するという方式で資金計画が樹立されるのが常であった．しかし実績数字としても通貨増減と放出・吸収差額の間にかなりの開きがあったくらいであるから，かかる方式を土台にした通貨量のプランは実際上大きな誤差を伴っているようである．

参考 1．政府資金対民間移動については，日銀調査局「調査時報」（最近は調査月報と改名）に，日銀国庫局の「政府資金移動概況」を基礎にして，これに各種の調整を加え，国の予算に対応すべき財政資金の対民間収支が推算されている．また大蔵省「財政金融統計月報」第10号及び第30号，「国庫金収支特集」はこの種の説明としては非常によく纏った文献である．ただ10号と30号とでは財政資金の定義に相違がある．

2．資金放出・吸収実績としては，現在以上に掲げた日銀統計局調のもののほか，経済安定本部財政金融局調と，大蔵省理財局調とがある．いずれもいずれを**財政資金**とし，産業資金とするかについて，かなりちがった分類をしており，使用に際してはその分類，意味をよく考える必要がある．

索　引

訓令式ローマ字により，アルファベット順ニ配列した．

B

伐採量（木材）　61
貿易
　――外収支　93, 97, 108, 109
　――利益指数　93, 97
　――資金証券　192
　――数量指数　94, 96
　――収支　95, 106, 109
物価指数　67, 110, 117, 119, 123, 131, 162
　――の標準　110
　――の相対性　111
　――の多数性　111
物価（水準）の地域差　133, 147
分配国民所得　2, 10, 190
分配率　11
　――の国際比較　11
物的方法　21
物納小作料　49

C

c. i. f. 価格　94, 108
CPI　120, 121, 147
CPS　121, 130, 135, 136, 139, 147

D

第Ⅰ次産業　8, 42
第Ⅱ次産業　8
第Ⅲ次産業　8
第三種所得税　191
デフレーター　123, 149
出来高賃金率　127
電力消費量　75
土木費　189

E

沿岸漁業　63
エンゲル　151
　――法則　137
　――係数　21, 137, 145, 147, 151

F

FIS　130, 133, 139
f. o. b. 価格　94

G

外部
　――負債比率　90
　――資金調達額　17
外貨手取（取得）率　92, 101
外国
　――為替貸付　159
　――為替資金証券　192
　――債　193
現物
　――家計支出額　145
　――収入（家計の）　133
限界
　――生産性　57
　――支出　146
　――支出率　146
　――消費性向　15
　――貯蓄　146
　――貯蓄率　146
原価構成　78, 80, 88
減価償却　2, 141, 177
現金
　――収入（家計の）　133
　――通貨　156, 157, 161, 162
原単位　80
現在人口　28
銀行

―――収益率　173, 174
―――集中　166, 167
漁獲高　62
業務会計　185

H

配付税収入　187
配当比率　91
平均
　―――生産性　57
　―――賃金　127
　―――貯蓄性向　138
費目分類　135
品目
　―――別生産額　82
　―――の選定　45
費用
　―――構成　88
　―――率　59
フィッシャー（Fisher）
　―――の交換方程式　162
　―――（理想算）式　116, 117, 122, 125
附加価値　2, 67, 69, 71, 73, 89
復金融資　198
復興金融金庫公布公債　193
不耕作地主　48
不正保有物資登録公債　193
負担的支出　134, 135
普通預金　170, 173
不在地主　48
標準産業分類　34, 36, 37, 71

I

ILO　135
インフレーション　135, 142, 157
印紙収入　181
一般
　―――物価指数　110
　―――会計　178, 181, 185
移転支出　15, 178

K

貨幣
　―――回転速度　162
　―――の購買力　110
　―――数量説　161
海外
　―――依存度　101
　―――純投資　15
回転基金クレディット　109
価格
　―――系列　45, 113, 149
　―――指数　110
　―――体系　112
　―――調整費　185
家計
　―――の安定度　130, 138, 139
　―――仕向額　145
　―――単位　130
　―――調査　130, 134, 141, 150
加工貿易　99
加工・修理料　82
架空利益　91
貨物輸送量　75
家内工業の労働生産性　87
勧業・社会事業費　189
還付税収入　187
間接税　178, 183
貸出利廻　173
可処分所得　4, 5, 136, 142
課税所得　12
家族従業者　36, 37, 38
経常益金　174
経費率　173
経費的消費　21
警察・警防費　189
傾斜生産　78
兼業農家　54
建築景気の循環　19
ケット　136

索引　203

飢餓輸出　97
企業
　——の結合程度　89
　——集中　87
機能的分配　2
勤労
　——外収入　133
　——所得　10, 11
　——収入　133
金融資本　166
記帳調査　59
購買力のパリティー　125
個別
　——指数　45, 67
　——数量指数　69
公営企業　187
　——の会計　178
交易条件　92, 96, 97, 101
広義の国税　181
工業活動　73
交付国債　193
国家財政の実質的バランス　185
国庫
　——金収支　195
　——内振替収支　196
　——歳出純計　184
国富　22
国民
　——総生産額　2, 3, 14, 95, 161
　——総投資　13
　——貯蓄実績　19
　——純生産額　2
国債
　——保有　193
　——見返りの担保貸付　193
国際収支　92, 93, 106, 108, 109
国勢調査　28, 35, 38, 39, 40, 54
国有財産　23
コマーシャル・ベース　109
購入量水準　150

コーリン・クラーク (Colin Clark)　42
小作
　——農家　54
　——料　48
　——料率　48, 49
　——地　48
耕作地主　48
公定物価指数　117
固定比率　90, 91
固定資産償却率　91
耕地率　141
小売物価指数　110, 119
雇用
　——指数　83, 85
　——者人口　40
個人
　——業主所得　11
　——の納税人員　181
　——消費支出　3, 20, 130
　——所得税　181
　——的分配　2
狭義の国税　181
教育費　189
鋏状価格差　125

M

マーシャル (Marshall) の k　162
マルチプル　136, 146
免税点　183
見返資金　194
民間
　——貸出　159
　——国内総資本形成　17
　——資本形成　3, 15, 19
　——投資　3, 179
見積
　——資本利子　145
　——住居費　145
木材生産指数　61
無業

204　　　　　　　　　索　　引

──者　38
──人口　24

N

日本銀行（日銀）
　──貸出　196
　──オペレーション　193
　──主要勘定　159
任意抽出調査　133
農外所得　141, 142
農業
　──販売物価指数　57
　──経営費　141, 143
　──経営所得　143
　──センサス　55
　──粗収益　141
　──所得　54, 59, 141, 143
　──有業人口　55, 57
農家
　──販売物価指数　110, 125
　──標準物価指数　125
　──経済の安定度　142
　──購入物価指数　110, 125, 146
　──の形態　54
　──の規模　54
　──の消費水準　146, 147
　──の定義　53, 54
　──支払物価指数　125
　──所得　54, 141, 142
　──受取物価指数　125
農林業生産指数　44
農産物
　──購買力指数　125
　──綜合生産指数　45, 57
農村人口　24, 30, 32
農地
　──改革　47, 49, 142, 143
　──証券　193

O

オーヴァー・ローン　152, 171
沖合漁業　63
大蔵省証券　191, 193
オープン
　──・アカウント地域　105
　──勘定返済金　194
卸売物価指数　95, 96, 110, 115, 116

P

パレート (Pareto) 係数　13
パリティー指数　125
パーシェ (Paasche) 式　111, 116, 122, 146
パーシェ数量指数　150
ペンローズ (Penrose, E.F.)　44
プラント輸出　101

R

ラスパイレス (Laspeyres) 式　45, 67, 69, 71, 73, 111, 116, 121, 122, 146
ラスパイレス数量指数　150
連鎖および集団銀行制度　167
臨軍費特別会計　185
林産指数　61
臨時工　79, 85, 129
臨時的現金給与　127
利潤率　89
労働
　──生産性　2, 25, 57, 78, 85
　──時間　25, 40, 41
　──日数　25, 40, 41
　──力　24, 25, 38, 39
　──力人口　38, 39
　──人口　24
ローレンツ (Lorenz) 曲線　13
流動性選好　152
流動資産比率　90

S

再評価による積立金　90
産業

——別人口　35, 36
——分類　34, 35, 37, 82
——活動指数　71
——資金　177
蚕糸証券　192
政府
——貸上金　159
——資金の対民間収支　195
——資金撒布超　196
——の財貨用役の購入　3, 178
生活水準　71, 148, 151
生計費指数　120, 122, 157
　朝日新聞社——　119, 121
　統計局——　121
　上田氏——　121
生計費調査　135
生産
——物統計　42
——国民所得　2, 6
——年令人口　29, 32, 33, 38
生産指数　75, 162
　ダイヤモンド社——　68
　GHQ——　68, 69, 71, 72
　経済安定本部——　68, 69, 70
　国民経済研究協会——　68, 69
　東洋経済新報社——　68, 69
　通商産業省——　68
生産数量指数　44
生産者耐久設備　19
成長率　23
石炭消費量　75
専売局益金　181
専業農家　54
戦災被害総額　23
設備資金　177, 178
死亡率　28, 29
資本
——係数　23
——・所得比率　22
——の蓄積率　23

資金
——計画　199
——還流率　199
——の放出吸収表　197
——間の重複項目　17
——循環　197
申告納税制度　181
森林の所有形態　61
薪炭
——林　61
——証券　192
資産的一般国富　23
指数のリンク　116
失業　39
——者　39
——人口　24
指定預金　196
使用総資本利益率　91
自然増加（人口の）　28, 29
総
——交易条件　92, 97
——投資　2
——人口　26, 28, 39
層別抽出法　135
操業率（操業度）　79
粗生産性　57
租税負担率　191
水田率　141
数量指数　45, 67, 95
社会保障　191
社内留保　19
——率　91
社債投資　171
消費
——性向　3, 15, 137
——支出　25, 134, 136
——水準　5, 24, 25, 130, 147, 148, 149
——水準の恢復率　149
——数量指数　130, 149
——者物価指数　110, 116, 118, 119, 120,

123, 131
——単位　136
証券
——利廻　173
——投資　170, 171
食糧
——証券　192
——の消費水準　149
——管理特別会計　185
所得
——分布　13
——率　7, 57, 59, 65, 88
——流通速度　151, 161, 162, 163
——水準　4
——税　181, 187
収益率　65
就業者　36, 39
出生率　28, 29
終戦処理費　185
収支のバランス（家計の）　138, 142

T

滞貨金融　196
対日援助見返資金　199
対日銀収支以外の収支　196
反当
——米収量　57
——収繭量　57
短期預金　170
蛋白熱量生産指数　45
手形交換高　162
定期
——的現金給与　127
——預金　170, 173
適正通貨量　152
地方
——分与税分与金制度　187
——配付金制度　187
——債の現在高　187
——債と預金部資金　187

——有財産　23
——財政平衡交付金制度　187
——財政統計　178
賃金
——分布　127
——の硬直性　129
——率　127
——支払総額　89, 129
——指数　111, 128
——水準　129
等価価値計算　191
特別会計　178, 185, 189
特殊預金　170
都市人口　24, 30, 32
土地
——利用　50
——生産性　57
——所有　47
——所有の形態　49
当座
——貸越　155, 156, 161, 170
——預金　155, 156, 161
——預金回転率　161
通貨流通
——額（高）　152, 157
——速度　152
長期預金　170
直接
——被害率　23
——税　178, 181, 183
朝鮮食糧証券　192
貯蓄　134, 138, 139
——率　23, 138, 139
——性向　171
中間生産物　88, 142
抽出調査　59

U

ウェイト　45, 71
売上高利益率　91

索引

W

Window Dressing 170, 198

Y

預金
　――平均利率　173
　――コスト　173
　――吸収　170
　――通貨　155, 156, 157, 161, 162, 163
預金部
　――資金　187, 194, 196
　――収支　196
要求払預金　170
用材林　61
有業者　38
有業人口　8, 24
　――一人当り所得　8
有価証券投資　19
輸入
　――率　100, 101
　――食糧補給金　185
輸出入
　――数量指数　95
　――単価指数　95, 96
輸出率　92, 100, 101

Z

財産税等収入金　181
在村地主　48
税負担の苦痛度　191
事業別生産額　82
時間賃金率　127
実効価格　113, 135
自己資本比率　91
自給率　92, 93, 99

人員修正係数　136, 146
人口
　――動態統計　28
　――密度　28, 29, 32
　――の性別構成　28
人的方法　21
自作
　――兼小作農家　54
　――農家　54
　――地　48
実支出　135
　――以外の支出　135
実質
　――農業所得　57
　――支出　3, 21, 137
　――所得　3, 5, 123, 136
　――収入水準　149
　――賃金　149
実際労働時間　41
実収賃金　127
実物給与　128
属地主義　47, 51
属人主義　47, 51
剰余価値率　89
常住人口　28
従業者の性別構成　85
純
　――益金　174
　――交易条件　89, 92, 97
　――生産性　57, 78
　――資本回転率　91
　――資本形成　17
　――投資　2
　――輸出率　101
住宅建築　19

■岩波オンデマンドブックス■

一橋大学経済研究叢書 別冊
解説 経済統計──日本経済分析のために

1953年 7月 5日	第 1 刷発行
2004年 2月20日	第14刷発行
2018年12月11日	オンデマンド版発行

編 者　一橋大学経済研究所
発行者　岡本　厚
発行所　株式会社 岩波書店
　　　　〒101-8002 東京都千代田区一ツ橋2-5-5
　　　　電話案内 03-5210-4000
　　　　http://www.iwanami.co.jp/

印刷／製本・法令印刷

© 一橋大学経済研究所 2018
ISBN 978-4-00-730834-5　　Printed in Japan